Original illisible
NF Z 43-120-10

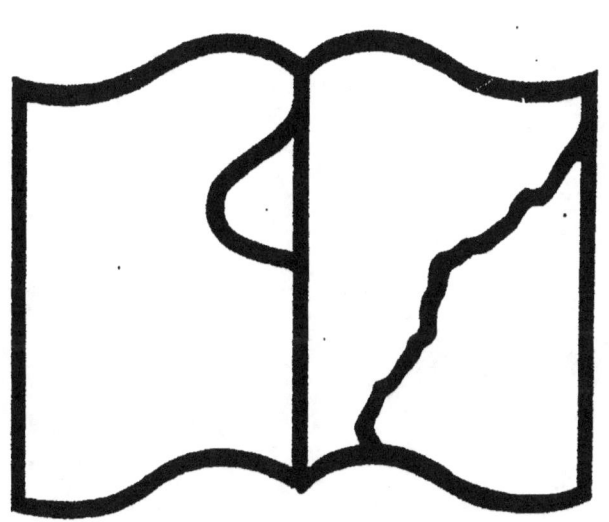

Texte détérioré — reliure défectueuse
NF Z 43-120-11

"VALABLE POUR TOUT OU PARTIE
DU DOCUMENT REPRODUIT".

Lb⁴ 128

MÉMOIRES

DES CONTEMPORAINS.

MÉMOIRES

DU

MARÉCHAL BERTHIER,

PRINCE

DE NEUCHATEL ET DE WAGRAM,

MAJOR-GÉNÉRAL DES ARMÉES FRANÇAISES.

CAMPAGNE D'ÉGYPTE,

Iʳᵉ PARTIE.

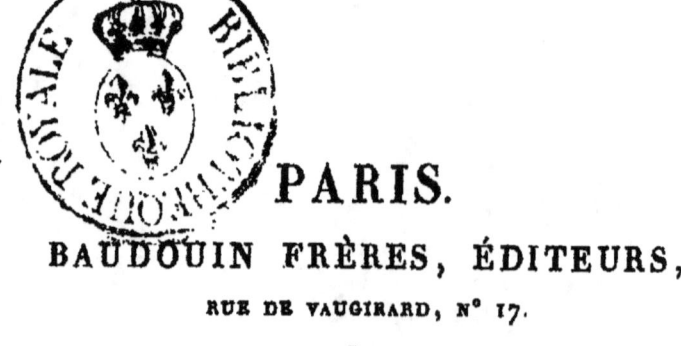

PARIS.
BAUDOUIN FRÈRES, ÉDITEURS,
RUE DE VAUGIRARD, N° 17.
1827.

AVERTISSEMENT
DE L'ÉDITEUR.

Les écrits que nous ont laissés sur l'Égypte les généraux Berthier et Reynier, forment encore la meilleure histoire que nous ayons de l'expédition d'Orient : l'un a tracé à grands traits, les vues, les mouvemens, qui ont amené la conquête de cette belle colonie; l'autre a dévoilé la nullité, les fausses combinaisons, qui l'ont perdue. Malheureusement le récit du premier finit à la bataille d'Aboukir, et celui du second ne commence qu'après la victoire d'Héliopolis. J'ai tâché de combler la lacune. J'ai écrit sans haine, sans passions, comme dictaient les pièces. Cependant, comme l'exposé qu'elles ont produit est en contradiction manifeste avec les tableaux que quelques écrivains se sont plu à faire, j'ai dû justifier mon récit. J'ai mis en conséquence, à la suite de chaque chapitre, des documens dont on ne sera pas tenté, je pense, d'accuser les intentions ni la véracité.

J'en ai fait autant pour les événemens d'Alexandrie. J'ai joint à l'écrit de Reynier une partie de

AVERTISSEMENT DE L'ÉDITEUR.

la correspondance de Menou, ainsi que quelques unes des délations qu'il savait susciter à ses adversaires. Je n'ai pas seulement pour but, en imprimant ces pièces, de faire voir que Reynier n'a pas exagéré dans ses récriminations contre l'inepte Abdallah, je veux encore montrer combien sont peu fondées les accusations d'avilissement, de corruption, dont on ne cesse de poursuivre Napoléon. Sans doute le chef de l'empire devait éclairer la conduite, les projets de ceux à qui il confiait des commandemens, mais il avait, à cet égard, peu de frais à faire; il n'avait qu'à laisser aller les officieux.

NOTICE

SUR

LE PRINCE BERTHIER.

Berthier (Louis-Alexandre), prince de Neuchâtel et de Wagram, major-général, vice-connétable, etc., naquit à Versailles le 20 novembre 1753. Destiné de bonne heure à la carrière des armes, il s'appliqua avec soin aux études que cette profession exige, et montra dès l'âge le plus tendre toutes les qualités qui l'ont distingué depuis. Il saisissait au premier coup d'œil, il était toujours frais, dispos, semblait inépuisable au travail. Cette promptitude de conception, cette force de tempérament si précieuse à la guerre, lui valurent bientôt une considération que son modeste rang d'ingénieur-géographe comportait peu. Estimé, recherché par ses chefs, il fut fait lieutenant d'état-major, en 1770, et obtint peu de temps après une compagnie aux dragons de Lorraine. La guerre venait d'éclater en Amérique; les colonies anglaises, d'abord victorieuses, étaient près de succomber sous les efforts des Hessois. La cause de la liberté semblait perdue, la métropole triomphait sur tous les points. Mais le cri de détresse de tout une population, qui périssait pour avoir généreusement réclamé ses droits, avait retenti d'un bout de la France à l'autre. De toutes parts on s'empressait d'accourir au secours; Berthier fit partie de cette noble croisade. Il passa sur l'Ohio, se distingua dans une foule de rencontres, et contribua par ses connaissances, sa bravoure, aux succès qui couronnèrent les efforts des Américains. Nommé colonel au milieu de cette lutte mémorable, et rappelé en France dès qu'elle fut finie, il y retrouva tous les principes pour lesquels il avait combattu. C'était même horreur du privilége, même amour de l'égalité. Personne ne voulait plus être à la merci du pouvoir, chacun réclamait des droits, un état de choses assuré, défini, qui eût ses garanties. La cour alarmée chercha à comprimer ces prétentions. Elle fit avancer des troupes; on lui opposa une institution plus redoutable pour le despotisme que les réclamations qu'il repoussait, celle des gardes nationales. Berthier, dont les principes n'étaient pas douteux, réunit les suffrages de ses concitoyens, et fut fait major-général du corps qu'ils avaient formé. Cette nomination ne tarda pas à lui devenir fatale. Chef d'une milice citoyenne destinée à servir la liberté, il ne voulut pas qu'elle devînt un instrument de troubles et d'oppression. Ses sous-ordres, moins modérés, moins calmes, s'emportaient à la moindre répugnance, s'impatientaient du plus léger retard. Les regrets les mettaient en fureur, ils bondissaient de colère à la plus faible hésitation. Ils ne concevaient ni la puissance des habitudes ni celle des souvenirs; ils voulaient tout enlever de haute lutte. Lecointre demandait qu'on rassemblât les gardes-du-corps, qu'on leur fît prêter le serment décrété par l'Assemblée Nationale, et qu'on les obligeât d'arborer le drapeau tricolore. Un autre s'opposait au départ de Mesdames; la multitude était en mouvement, tout présgeait les plus grands excès. Berthier ne craignit pas de combattre ces mesures violentes; il s'éleva contre la motion de Lecointre, fit voir qu'elle n'était propre qu'à exaspérer des hommes dont la révolution avait déjà ruiné les espérances, à allumer la guerre civile, et réussit à la faire ajourner. Il ne fut pas moins heureux avec la foule qui se pressait autour du château. Il la harangua, lui représenta l'illégalité de sa démarche, et, moitié crainte, moitié persuasion, parvint à la dissiper. Ces actes de courage et de modération furent appréciés. Ceux dont ils contrariaient les vues, sentirent quels obstacles leur opposerait un homme qui avait assez d'indépendance pour ne craindre de se compromettre ni avec son état-major, ni avec la multitude, et résolurent de l'éloigner. Tout fut disposé dans ce but; on attaqua ses principes, on accusa ses liaisons; il n'y eut pas de dégoûts, de contrariétés, qu'on ne lui donnât. Sa constance était au-dessus de ces manœuvres; on eut recours à une sorte de dénonciation qui, à cette époque, manquait rarement son effet. On fit insérer dans le Moniteur que le commandant de la garde nationale de Versailles s'était démis de ses fonctions. Berthier ne se dissimula pas combien cette manière de le signaler comme un ennemi du peuple pouvait devenir dangereuse; mais plus elle était grave, plus il mit de force à la repousser : il ne se borna pas à déclarer à ses concitoyens que le fait était faux; il voulut que le démenti fût aussi public que l'avait été l'imputation. Il exigea que le journal qui l'avait répandue, consignât dans ses colonnes la résolution qu'il avait prise de ne pas quitter le poste qui lui était confié. Il tint parole jusqu'au 22 mai de l'année suivante (1792), qu'il fut fait général de brigade, et nommé chef d'état-major de l'armée que commandait Luckner. Il se rendit à ses fonctions : mais les intrigues qui l'avaient désolé à Versailles le suivirent au quartier-général. Il n'était pas installé que déjà il était signalé comme un homme suspect, dangereux, dont les vues étaient loin d'être patriotiques. Le maréchal prit sa défense, et adressa à l'Assemblée Législative une lettre énergique où il le vengea de toutes ces lâches accusations. Mais le coup était porté, Berthier fut suspendu. Custine essaya de le faire rappeler à ses fonctions; et s'appuyant d'une part sur son habileté, de l'autre sur les besoins du service, il adressa à Pache la lettre qui suit. Je la reproduis parce qu'elle constate la confiance qu'inspirait déjà celui qui en était l'objet, et qu'elle répond à d'obscures calomnies qui ont été essayées plus tard.

A Usnigen, le 14 octobre 1792.

Le général Custine a Pache, ministre de la guerre.

« Citoyen Ministre,

« Vous aurez vu par l'état des officiers-généraux de cette armée, combien il y en a pénurie; il n'y a pas plus d'adjudans-généraux que d'officiers-généraux, et j'ai devant moi l'armée de l'Europe où il y a le plus d'officiers-généraux distingués; elle est en totalité devant moi l'armée prussienne, commandée par le Roi, le duc de Brunswick, les fils du Roi! Et au milieu du travail auquel il faut que je me livre pour tenir la campagne devant cette armée avec douze mille hommes, seule force que j'aie pu réunir, il faut que ce soit moi qui m'occupe des moindres détails. Vous connaissez cependant la grande tâche que je me suis donné à remplir.

« Je ne sais si Alexandre Berthier a commis un crime, s'il a tramé contre sa patrie; alors je le renonce; mais s'il n'a été que soupçonné à raison de l'attachement que devaient lui donner pour le ci-devant Roi les marques de bonté qu'il en avait reçues, en vérité, je crois qu'il est non seulement de votre pouvoir, mais du devoir du conseil exécutif provisoire de rendre à des fonctions militaires un homme qui peut être très utile.

« Je puis en parler avec plus de connaissance que qui que ce soit, car c'est moi qui l'ai formé en Amérique. C'est moi qui, à la paix, ai achevé son éducation militaire dans un voyage en Prusse où je l'avais emmené. Enfin, je ne connais personne qui ait plus d'aisance et de coup d'œil pour la reconnaissance d'un pays, qui s'en acquitte avec plus de sévérité, à qui tous les détails soient plus familiers qu'à lui. J'apprendrai peut-être à connaître quelqu'un qui puisse le remplacer, mais je ne le connais pas encore.

« Au nom de la république, et pour mon soulagement, envoyez-le-moi, citoyen ministre, s'il est possible, à moins que le conseil exécutif provisoire n'ait envie de se défaire de moi. Il aurait d'autant plus de torts que personne ne rend plus de justice que moi à ceux qui le composent, et nommément à vous, citoyen ministre.

« Le citoyen général d'armée,

« Custine. »

Quelque pressante qu'elle fût, cette recommandation ne produisit aucun effet. L'homme du moment, la créature de Pache, Custine ne put, malgré ses instances, triompher des préventions que Lecointre et ses amis avaient répandues dans les bureaux. Ce ne fut que l'année suivante, et sur la réquisition du comité de salut public, que Berthier fut remis en activité. Il fut envoyé à l'armée de l'Ouest, essaya d'introduire quelque ordre, quelque organisation parmi les troupes dont elle se composait, et encourut par ses efforts la disgrâce de Ronsin. Cet homme, qui félicitait son ami Vincent d'avoir fait périr Custine, s'applaudissait d'avoir contribué à la chute de Biron. Il voulait achever sur Beauharnais, sur tous les nobles, une *proscription salutaire*, et chargeant méchamment Berthier de tous les crimes qui conduisaient alors à l'échafaud, il le rangeait, pour dernier trait, dans cette périlleuse catégorie.

L'armée postée sur les hauteurs de Vihier, n'avait pas attendu le choc de l'ennemi. Elle s'était mise en déroute en menaçant ses chefs; elle avait refusé de prendre position à Doué, avait marché sur Saumur, et s'était portée à tout ce que le pillage, l'indiscipline, ont de plus odieux.

Les représentans, alarmés d'une démoralisation semblable, chargèrent une députation de se rendre auprès du comité de salut public, de lui faire connaître le véritable état des choses, et de demander qu'on leur envoyât, non des désorganisateurs ramassés dans les rues de Paris, mais des soldats rompus à la guerre et à ses fatigues. Berthier, qui en faisait partie, rédigea un mémoire où, exposant sans détour les causes des revers qui signalaient les guerres de l'Ouest, il se plaignit de la composition des troupes, de l'ignorance, de l'insubordination qu'elles présentaient, et ne ménagea pas davantage le système qui présidait à cette lutte d'extermination. Le courage avec lequel il avait abordé la question lui attira des représailles d'autant plus vives. On ne l'accusa pas d'avoir exagéré, d'avoir dit faux, on eut recours à une imputation plus grave. On répandit qu'il était noble, allié de l'intendant de Paris, parent du secrétaire du Roi, qu'il avait, en un mot, pris part à tous les complots que la cour avait ourdis contre le peuple. Cette manœuvre réussit, Berthier perdit ses lettres de service, et fut sur le point de succomber sous les griefs qu'on lui imputait. Il ne se déconcerta pas

néanmoins ; il n'est jamais sûr de fléchir, il l'est souvent de faire tête à l'orage. Ce fut le parti auquel il s'arrêta. Il rédigea une espèce de réponse aux principaux chefs d'accusation, où forcé d'emprunter le langage de l'époque :
« J'ai été, dit-il, employé à l'armée de la Vendée, en conséquence d'un arrêté du comité de salut public ; j'ai fait mon devoir.

« On m'inculpe sur mon nom ; je ne suis l'allié ni le parent de Berthier, intendant de Paris, ni de Berthier secrétaire du Roi.

« On dit que j'étais au château des Tuileries, le 10 août.

« On en a menti ; j'étais à Fontoy, près Thionville, et j'ai des certificats de bravoure, de capacité, et d'un civisme de républicain dont je me fais gloire, car je méprise la calomnie ; mon cœur est mon garant, et il est pur.

« Les représentans du peuple près l'armée de la Vendée, les commissaires du pouvoir exécutif, ont tous donné des preuves authentiques de la conduite républicaine que j'ai tenue à l'armée.

« Eh bien, citoyens ! c'est au moment où j'ai mérité la confiance de vos représentans, celle de l'armée, des commissaires du conseil exécutif ; c'est au moment où j'ai acquis les connaissances utiles à la guerre de la Vendée que l'on m'empêche de rejoindre l'armée.

« Je demande à être accusé et jugé, ou libre et sous la protection de la loi. Je dois retourner à mon poste ou à tel autre que l'on jugera plus utile. »

La réclamation fut inutile et ne put le rendre à des fonctions dont le repoussait Ronsin; mais elle eut du moins cet avantage qu'elle imposa silence à ses ennemis et fit cesser la persécution. Les démagogues disparurent peu à peu. Robespierre succomba; Ronsin, Momoro, Vincent, ne tardèrent pas à le suivre; les hommes modérés purent de nouveau prendre part aux affaires dont ils les avaient exclus. Berthier, qu'ils avaient si cruellement persécuté, fut nommé général de division le 13 juin 1795, et chef d'état-major des armées des Alpes et d'Italie. Il fit, en cette qualité, la campagne de l'an III, où Kellermann, aux prises avec tous les besoins, tous les dangers, triompha cependant avec une poignée de braves, et sauva la France d'une invasion. Berthier partagea ses sollicitudes, coopéra à ses travaux, dirigea ses reconnaissances, choisit, discuta ses lignes, prit en un mot, à la plus belle défense qu'on ait peut-être jamais faite, toute la part qu'un homme d'un coup d'œil aussi rapide et d'un patriotisme aussi sûr pouvait y prendre. Aussi Kellermann se plut-il souvent à payer à son chef d'état-major le tribut d'éloges que méritaient son habileté, sa bravoure. Il aimait surtout à rappeler l'héroïsme dont il avait fait preuve à la prise du *Petit-Gibraltar*. Mais une carrière plus vaste allait s'ouvrir, des succès plus éclatans devaient couronner nos armes, et entourer Berthier d'un lustre que ne pouvaient donner des rencontres de postes, une guerre de montagnes.

Chargé près du général Bonaparte des fonctions qu'il remplissait sous Kellermann, il franchit les Alpes avec son nouveau chef, prépara, disposa la victoire, et vit bientôt l'Italie, devant laquelle nous nous consumions depuis quatre ans, céder à ses efforts. Il se distingua par l'activité, la vigilance qu'il déploya à Montenotte, fit preuve d'audace à Mondovi, et accourant de Fombio à la nouvelle du désordre que la mort du général Laharpe avait répandu parmi ses troupes, il forme, rassure la division, marche aux Autrichiens, les culbute, et entre avec eux dans Casal.

L'armée se porta sur Lodi ; mais Beaulieu était en bataille derrière l'Adda, trente pièces de position défendaient les approches du fleuve ; il fallait emporter un pont étroit, prolongé, que les Autrichiens couvraient de feu et de mitraille. Nos colonnes néanmoins ne se laissent pas arrêter par les difficultés de l'entreprise ; elles s'élancent, culbutent tout ce qu'elles trouvent sur leur passage, et arrivent à l'entrée de ce long espace sur lequel éclatent, se pressent les projectiles. La grandeur du péril leur impose ; elles balancent, elles hésitent, elles peuvent céder à l'effroi ; Berthier accourt réveiller leur courage. Masséna arrive sur ses pas ; Cervoni, Dallemagne, Lannes, Dupas, se joignent à eux, les troupes s'ébranlent et le pont est emporté.

L'intrépidité dont le chef d'état-major avait fait preuve dans cette occasion difficile, lui valut les éloges de l'armée et ceux de son chef, qui manda au Directoire qu'il avait été dans cette journée *canonnier, cavalier, grenadier*. Ses services habituels, quoique moins éclatans, étaient peut-être plus méritoires encore. Chargé de transmettre les ordres, de surveiller des détails immenses, de suivre une correspondance étendue, il fallait encore qu'il ajoutât à ces fonctions déjà si vastes, celles des officiers qui lui manquaient. Dépourvu d'ingénieurs-géographes, privé d'hommes capables de faire un croquis, de lever un terrain, il était obligé de diriger lui-même les reconnaissances, d'explorer de sa personne le pays où l'on devait en venir aux mains. Cette tâche à laquelle tout autre eût succombé, ne fut qu'un jeu pour lui. Ordres de mouvemens, instructions, rapports, il trouva le moyen de faire face à tout. Ses soins et la victoire réorganisèrent peu à peu les services. Les hommes capables accoururent, les armes savantes furent mieux conduites, l'armée put se livrer à son élan, et l'ennemi, défait toutes les fois qu'il osa nous attendre, fut enfin obligé de souscrire à la paix. Chargé d'en présenter les conditions au Directoire, Berthier reçut dans cette occasion solennelle un hommage auquel il dut être sensible. « Le général Berthier, portait la lettre d'envoi qu'écrivit Bonaparte, le général Berthier, dont les talens distingués égalent le courage et le patriotisme, est une des colonnes de la république comme un des plus zélés défenseurs de la liberté. Il n'est pas une victoire de l'armée d'Italie à laquelle il n'ait contribué. Je ne craindrais pas que l'amitié me rendît partial en retraçant les services que ce brave général a rendus à la patrie, mais l'histoire prendra ce soin, et l'opinion de toute l'armée fondera ce témoignage de l'histoire. »

Berthier ne tarda pas à repasser les monts, et fut chargé du commandement de l'armée qu'abandonnait Bonaparte pour se rendre à Rastadt. Il s'appliqua à maintenir les relations d'amitié qui existaient entre les républiques que le traité de Campo-Formio avait créées et les anciens états de la Péninsule. Ses efforts ne furent pas heureux, le gouvernement papal répudia la modération dont il lui donnait l'exemple, et Duphot fut massacré. Chargé de venger cet attentat, Berthier marcha sur Rome, l'occupa, revint à Milan, d'où il se rendit à Paris, et partit bientôt après pour l'Égypte. Nous reproduisons le récit qu'il a donné de cette expédition.

MÉMOIRES
DU MARÉCHAL BERTHIER,
SUR LES CAMPAGNES
DES FRANÇAIS EN ÉGYPTE.

EXPÉDITION D'ÉGYPTE.

DÉBARQUEMENT DES FRANÇAIS EN ÉGYPTE. — PRISE D'ALEXANDRIE.

Huit jours avaient suffi à Bonaparte pour prendre possession de l'île de Malte, y organiser un gouvernement provisoire, se ravitailler, faire de l'eau, et régler toutes les dispositions militaires et administratives. Il avait paru devant cette île le 22 prairial ; il la quitta le 1ᵉʳ messidor, après en avoir laissé le commandement au général Vaubois.

Les vents de nord-ouest soufflaient grand frais. Le 7 messidor, la flotte est à la vue de l'île de Candie ; le 11, elle est sur les côtes d'Afrique ; le 12 au matin, elle découvre la tour des Arabes ; le soir, elle est devant Alexandrie.

Bonaparte fait donner l'ordre de communiquer avec cette ville, pour y prendre le consul français, et avoir des renseignemens, tant sur les Anglais que sur la situation de l'Égypte.

Le consul arrive le 13 à bord de l'amiral; il annonce que la vue de l'escadre française a occasionné dans la ville un mouvement contre les chrétiens, et qu'il a couru lui-même de grands dangers pour s'embarquer. Il ajoute que quatorze vaisseaux anglais ont paru le 10 messidor à une lieue d'Alexandrie, et que l'amiral Nelson, après avoir envoyé demander au consul anglais des nouvelles de la flotte française, a dirigé sa route vers le nord-est. Il assure enfin que la ville et les forts d'Alexandrie sont disposés à se défendre contre ceux qui tenteraient un débarquement, de quelque nation qu'ils fussent.

Tout devait faire craindre que l'escadre anglaise, paraissant d'un moment à l'autre, ne vînt attaquer la flotte et le convoi dans une position défavorable. Il n'y avait pas un instant à perdre; le général en chef donna donc, le soir même, l'ordre du débarquement; il en avait décidé le point au Marabou; il avait même ordonné de faire mouiller l'armée navale aussi près de ce point qu'il serait possible; mais deux vaisseaux de guerre, en l'abordant, tombent sur le vaisseau amiral, et cet accident oblige de mouiller à l'endroit même où il est arrivé. La distance de l'endroit du mouillage, éloigné de trois lieues de la terre; le vent du nord qui soufflait avec violence; une mer agitée qui se brisait contre les récifs dont cette côte est bordée; tout rendait le débarquement aussi difficile que périlleux; mais ces dangers, cette contrariété des élémens ne peuvent arrêter des braves, impatiens de prévenir les dispositions hostiles des habitans du pays.

Bonaparte veut être à la tête du débarquement; il monte une galère, et bientôt il est suivi d'une foule de canots sur lesquels les généraux Bon et Kléber avaient reçu l'ordre de faire embarquer une partie de leurs divisions qui se trouvaient à bord des vaisseaux de guerre.

Les généraux Desaix, Regnier et Menou, dont les divisions étaient sur les bâtimens du convoi, reçoivent l'ordre d'effectuer leur débarquement sur trois colonnes, vers le Marabou.

La mer en un instant est couverte de canots qui luttent contre l'impétuosité et la fureur des vagues.

La galère que montait Bonaparte s'était approchée le plus près du banc des récifs, où l'on trouve la passe qui conduit à l'anse du Marabou. Là, il attend les chaloupes sur lesquelles étaient les troupes qui avaient eu ordre de se réunir à lui; mais elles ne parviennent à ce point qu'après le coucher du soleil, et ne peuvent traverser le banc de récifs que pendant la nuit. Enfin, à une heure du matin, le général en chef débarque à la tête des premières troupes, qui se forment successivement dans le désert, à trois lieues d'Alexandrie.

Bonaparte envoie des éclaireurs en avant, et passe en revue les troupes débarquées. Elles se composaient d'environ mille hommes de la division Kléber, dix-huit cents de la division Menou, et quinze cents de celle du général Bon. La position des vaisseaux et la côte du Marabou n'avaient permis de débarquer ni chevaux, ni canons; les généraux Desaix et Regnier n'avaient encore pu gagner la terre, par les difficultés qu'ils avaient éprouvées dans leur navigation; mais Bonaparte sait qu'il commande à des hommes qui ne comptent pas leurs ennemis. Il fallut profiter de la nuit pour se porter sur Alexandrie; et à deux heures et demie du matin il se met en marche sur trois colonnes.

Au moment du départ, on voit arriver quelques chaloupes de la division Regnier. Ce général reçoit l'ordre de prendre position pour garder le point du débarquement : le général Desaix avait reçu celui de suivre le mouvement de l'armée aussitôt que sa division aurait débarqué.

L'ordre est donné aux bâtimens de transport d'appareiller et de venir mouiller dans le port du Marabou, pour faciliter le débarquement du reste des troupes, et amener à terre deux pièces de campagne, avec les chevaux qui doivent les traîner.

Bonaparte marchait à pied avec l'avant-garde, accompagné de son état-major et des généraux. Il avait recommandé au général Caffarelli, qui avait une jambe de bois, d'attendre qu'on eût pu débarquer un cheval; mais le général qui ne veut pas qu'on le devance au poste d'honneur, est sourd à toutes les instances, et brave les fatigues d'une marche pénible.

La même ardeur, le même enthousiasme règnent dans toute l'armée. Le général Bon commandait la colonne de droite, le général Kléber celle du centre ; celle de gauche était sous les ordres du général Menou qui côtoyait la mer. Une demi-heure avant le jour, un des avant-postes est attaqué par quelques Arabes qui tuent un officier. Ils s'approchent : une fusillade s'engage entre eux et les tirailleurs de l'armée. A une demi-lieue d'Alexandrie, leur troupe se réunit au nombre de trois cents cavaliers environ ; mais à l'approche des Français, ils abandonnent les hauteurs qui dominent la ville et s'enfoncent dans le désert.

Bonaparte se voyant près de l'enceinte de la vieille ville des Arabes, donne l'ordre à chaque colonne de s'arrêter à la portée du canon. Désirant prévenir l'effusion du sang, il se dispose à parlementer ; mais des hurlemens effroyables d'hommes, de femmes et d'enfans, et une canonnade qui démasque quelques pièces, font connaître les intentions de l'ennemi.

Réduit à la nécessité de vaincre, Bonaparte fait battre la charge. Les hurlemens redoublent avec une nouvelle fureur. Les Français s'avancent vers l'enceinte qu'ils se disposent à escalader, malgré le feu des assiégés et une grêle de pierres qu'on fait pleuvoir sur eux ; généraux et soldats escaladent les murs avec la même intrépidité.

Le général Kléber est atteint d'une balle à la tête; le général Menou est renversé du haut des murailles qu'il avait gravies et est couvert de contusions. Le soldat rivalise avec les chefs. Un guide nommé Joseph Cala devance les grenadiers, et monte un des premiers sur le mur, où, malgré le feu de l'ennemi et les nuées de pierres qui fondent sur lui, il aide les grenadiers Sabathier et Labruyère à escalader le rempart. Les murs sont bientôt couverts de Français, les assiégés fuient dans la ville; la terreur devient générale. Cependant ceux qui sont dans les vieilles tours continuent leur feu et refusent obstinément de se rendre.

D'après les ordres de Bonaparte, les troupes ne doivent point entrer dans la ville, mais se former sur les hauteurs du port qui la dominent. Le général en chef se rend sur ces monticules, dans l'intention de déterminer la ville à capituler; mais le soldat furieux de la résistance de l'ennemi, s'était laissé entraîner par son ardeur. Déjà une grande partie se trouvait engagée dans les rues de la ville, où il s'établissait une fusillade meurtrière : Bonaparte fait battre à l'instant la générale. Il mande vers lui le capitaine d'une caravelle turque qui était dans le port Vieux; il le charge de porter aux habitans d'Alexandrie des paroles de paix, de les rassurer sur les intentions de la république française, de leur annoncer que leurs propriétés, leur liberté, leur religion seront respectées; que la France, jalouse de conserver leur amitié et celle de la Porte, ne prétend diriger ses forces que contre les mamelroucks. Ce capitaine, suivi de quelques officiers français, se rend dans la ville, et engage les habitans à se rendre, pour éviter le pillage et la mort.

Bientôt les imans, les cheikcs, les chérifs viennent se présenter à Bonaparte, qui leur renouvelle l'assurance des dispositions amicales et pacifiques de la république française. Ils se retirent pleins de confiance dans ces dispositions ; les forts du Phare sont remis aux Français qui prennent en même temps possession de la ville et des deux ports.

Bonaparte ordonne que les prières et cérémonies religieuses continuent d'avoir lieu comme avant l'arrivée des Français, que chacun retourne à ses travaux et à ses habitudes. L'ordre et la sécurité commencent à renaître.

Les Arabes qui avaient attaqué le matin l'avant-garde de l'armée, envoient eux-mêmes des députés qui ramènent quelques Français tombés en leurs mains. Ils déclarent que, puisque les Français ne viennent combattre que les mamelroucks, et ne veulent pas faire la guerre aux Arabes, ni enlever leurs femmes, ni renverser la religion de Mahomet, ils ne peuvent être leurs ennemis. Bonaparte mange avec eux le pain, gage de la foi des traités, et leur fait des présens. Ils acceptent ces dons qui étaient l'objet de leur visite ; ils font éclater les démonstrations de leur reconnaissance, ils jurent fidélité à l'alliance.... et retournent piller les Français qu'ils rencontrent. Tel est l'Arabe.

Cette journée mémorable, qui assurait aux Français la principale entrée de l'Égypte, a coûté la vie au chef de brigade de la 3ᵉ, le citoyen Massé, et à cinq officiers de différentes divisions.

L'adjudant-général Escale a eu le bras cassé; vingt soldats se sont noyés dans le débarquement, soixante ont été blessés et quinze tués à l'attaque de la ville.

L'amiral Brueix, le citoyen Gantheaume, chef de l'état-major de l'armée navale, tous les officiers de marine ont secondé les efforts de l'armée de terre avec un dévouement qu'on ne saurait trop louer : on leur doit une partie des succès qu'on a obtenus.

Mais pour assurer ces avantages, il fallait profiter de la terreur qu'inspirait l'armée française, et marcher contre les mameloucks, avant qu'ils eussent le temps de disposer un plan de défense ou d'attaque.

C'est dans ces vues que le général en chef donna l'ordre au général Desaix, qui venait d'arriver avec sa division et les deux pièces qu'on avait débarquées, de se porter sans délai dans le désert sur la route du Caire. Ce général était dès le lendemain à trois lieues d'Alexandrie.

MARCHE DE L'ARMÉE FRANÇAISE AU CAIRE. — BATAILLE DE CHEBREISSE. — BATAILLE DES PYRAMIDES.

Aussitôt que Bonaparte se fut rendu maître d'Alexandrie, il fit donner l'ordre aux bâtimens de transport d'entrer dans le port de cette ville, et de procéder au débarquement des chevaux, des munitions, et de tous les objets dont ils étaient chargés. Les jours et les nuits sont employés à cette opération. Les vaisseaux de guerre ne pouvaient entrer dans le port, et restaient mouillés dans la rade à une grande distance, ce qui rendait le débarquement de l'artillerie de siége également long et pénible.

Bonaparte convient, avec l'amiral Brueix, que la flotte ira mouiller à Aboukir, où la rade est bonne et le débarquement facile, et d'où l'on peut également communiquer avec Rosette et Alexandrie : il donne en même temps l'ordre à l'amiral de faire sonder avec précision la passe du vieux port d'Alexandrie : son intention est que l'escadre y entre, s'il est possible, ou, dans le cas contraire, qu'elle se rende à Corfou. Tout commandait de presser le débarquement avec une nouvelle activité; les Anglais pouvaient se présenter d'un instant à l'autre : l'escadre ne pouvait donc trop tôt se rendre indépendante de l'armée. D'un autre côté, il était essentiel, tant pour prévenir les dispositions hostiles des mameloucks, que pour ne pas leur laisser le temps d'évacuer les magasins, de marcher sur le Caire avec rapidité. Il fallait donc se hâter de procurer aux troupes tout ce qui était nécessaire à ce mouvement.

Pendant ces préparatifs, Bonaparte visitait la ville et les forts, ordonnait de nouveaux travaux, prenait toutes les mesures civiles et militaires pour assurer la défense et la tranquillité de la ville, organisait un divan, et disposait tout pour que l'armée fût bientôt en état de rejoindre la division du général Desaix.

Deux routes conduisent d'Alexandrie au Caire ; la première est celle qui passe par le désert, et Demenhour. Pour suivre l'autre, il faut gagner Rosette en côtoyant la mer, et traverser à une lieue d'Aboukir un détroit de deux cents toises de large qui joint le lac Madié à la mer; mais ce passage, auquel on n'était point préparé, eût nécessairement retardé la marche de l'armée.

Bonaparte avait fait équiper une petite flottille destinée à remonter le Nil. Cette flottille, commandée par le chef de division Pérée, et composée de plusieurs chaloupes canonnières et d'un chebeck, aurait été d'un grand secours pour l'armée. Si on avait pris la route de Rosette, elle eût porté les équipages et les vivres des troupes, et suivi tous leurs mouvemens; mais les Français n'avaient pas encore pris possession de Rosette, et en prenant le parti de suivre cette route, Bonaparte eût retardé de huit à dix jours la marche de l'armée sur le Caire. Il décide que l'armée s'avancera par le désert et par Demenhour. C'est cette route que la division Desaix avait reçu ordre de suivre.

Le général en chef s'était rendu maître d'Alexandrie le 17 messidor. Dès le lendemain, l'armée se mit en marche pour le Caire ; et ce jour-là même le général Desaix arrivait à Demenhour, après avoir traversé quinze lieues de désert.

Bonaparte laisse en partant le commandement d'Alexandrie au général Kléber, qui avait été blessé au siége de cette ville. La division de ce général, commandée par le général Dugua, reçoit l'ordre de partir avec les hommes de troupes à cheval qui ne sont pas montés, de protéger l'entrée de la flottille française dans le Nil, de s'emparer de Rosette, d'y établir un divan provisoire, d'y laisser une garnison, de faire construire une batterie à Lisbé, de faire embarquer du riz sur la flottille, de suivre la route du Caire sur la rive gauche du Nil, et de faire toute diligence pour rejoindre l'armée. L'armée partit d'Alexandrie les 18 et 19 messidor avec son artillerie de campagne, un petit corps de cavalerie, si toutefois on peut donner ce nom à trois cents hommes montés sur des chevaux qui, épuisés par une traversée de deux mois, pouvaient à peine porter leurs cavaliers. L'artillerie, par la même raison, était mal attelée. Le 20 messidor, les divisions arrivent à Demenhour. Pendant toute la route elles avaient été harcelées par les Arabes, qui avaient comblé les puits de Beda et de Birket, de sorte que le soldat, brûlé par l'ardeur du soleil et en proie à une soif dévorante, ne pouvait trouver à se désaltérer. On fouille dans ces puits d'eau saumâtre, mais on n'en peut retirer qu'un peu d'eau bourbeuse : un verre d'eau se paie au poids de l'or.

L'armée d'Alexandre, dans une pareille extrémité, poussa des cris séditieux contre le vainqueur du monde; les Français accélèrent leur marche.

Les troupes, arrivées le 20 messidor à Demenhour, y séjournent le 21. Jamais les Arabes ne s'étaient montrés en aussi grand nombre. Ils harcèlent les grand'gardes, plusieurs actions s'engagent, et le général de brigade Mireur est blessé mortellement.

Le 22, au lever du soleil, l'armée se met en marche pour Rahmanié; le petit nombre de puits force les divisions de marcher à deux heures l'une de l'autre.

A neuf heures et demie du matin, les divisions Menou, Regnier et Bon avaient pris position. Le soldat découvre le Nil; il s'y précipite tout habillé et s'abreuve d'une eau délicieuse. Presque au même instant le tambour le rappelle à ses drapeaux. Un corps d'environ huit cents mameloucks s'avançait en ordre de bataille. On court aux armes. Les ennemis s'éloignent, se dirigent sur la route de Demenhour, où ils rencontrent la division Desaix : le feu de l'artillerie avertit qu'elle est attaquée. Bonaparte marche à l'instant contre les mameloucks; mais l'artillerie du général Desaix les avait déjà éloignés. Ils avaient pris la fuite, et s'étaient dispersés après avoir eu quarante hommes tués ou blessés. Parmentier, de la sixième demi-brigade, a été tué dans cette action, ainsi qu'un guide à cheval; dix fantassins ont été légèrement blessés.

Le soldat, épuisé par la marche et les privations, avait besoin de repos; les chevaux, faibles et harassés par les fatigues de la mer, en avaient plus besoin encore. Bonaparte prend le parti de séjourner à Rahmanié le 23 et le 24, et d'y attendre la flottille et la division Menou.

Ce général avait exécuté les ordres qu'il avait reçus. Il s'était emparé de Rosette sans obstacle. Il rejoint l'armée par des marches forcées, et annonce que la flottille était heureusement entrée dans le Nil, mais qu'elle remontait ce fleuve avec difficulté, les eaux étant encore basses. Elle arrive enfin dans la nuit du 24. Cette nuit même l'armée part pour Miniet-Salamé. Elle y couche; et le 25, avant le jour, elle est en marche pour livrer bataille à l'ennemi partout où elle pourra le rencontrer.

Les mameloucks, au nombre de quatre mille, étaient à une lieue plus loin. Leur droite était appuyée au village de Chebreisse, dans lequel ils avaient placé quelques pièces de canon, et au Nil, sur lequel ils avaient une flottille, composée de chaloupes canonnières et de djermes armées.

Bonaparte avait donné ordre à la flottille française de continuer sa marche, en se dirigeant de manière à pouvoir appuyer la gauche de l'armée sur le Nil, et attaquer la flotte ennemie au moment où l'on attaquerait les mameloucks et le village de Chebreisse : malheureusement la violence des vents ne permit pas de suivre en tout ces dispositions. La flottille dépasse la gauche de l'armée, gagne une lieue sur elle, se trouve en présence de l'ennemi, et se voit obligée d'engager un combat d'autant plus inégal, qu'elle avait à la fois à soutenir le feu des mameloucks, et à se défendre contre la flottille ennemie.

Les fellâhs, conduits par les mameloucks, se jettent, les uns à l'eau, les autres dans des djermes, et parviennent à prendre à l'abordage une galère et une chaloupe canonnière. Le chef de division Pérée dispose aussitôt ce qui lui reste de monde, fait attaquer à son tour, et parvient à reprendre la chaloupe canonnière et la galère. Son chebeck, qui vomit de tous côtés le feu et la mort, protége la reprise de ces bâtimens, et brûle les chaloupes canonnières de l'ennemi. Il est puissamment secondé dans ce combat inégal et glorieux par l'intrépidité et le sang-froid du général Andréossy, et par les citoyens Monge, Berthollet, Junot, Payeur et Bourrienne, secrétaire du général en chef, qui se trouvent à bord du chebeck.

Cependant le bruit du canon avait fait connaître au général en chef que la flottille était engagée; il fait marcher l'armée au pas de charge, elle s'approche de Chebreisse et aperçoit les mameloucks rangés en bataille en avant de ce village. Bonaparte reconnaît la position et forme l'armée. Elle est composée de cinq divisions, chaque division forme un carré qui présente à chaque face six hommes de hauteur; l'artillerie est placée aux angles; au centre sont les équipages et la cavalerie. Les grenadiers de chaque carré forment des pelotons qui flanquent les divisions, et sont destinés à renforcer les points d'attaque.

Les sapeurs, les dépôts d'artillerie prennent position et se barricadent dans deux villages en arrière, afin de servir de point de retraite en cas d'événement.

L'armée n'était plus qu'à une demi-lieue des mameloucks. Tout à coup ils s'ébranlent par masses, sans aucun ordre de formation, et caracolent sur les flancs et les derrières; d'autres masses fondent avec impétuosité sur la droite et le front de l'armée. On les laisse approcher jusqu'à la portée de la mitraille. Aussitôt l'artillerie se démasque et son feu les met en fuite. Quelques pelotons des plus braves fondent avec intrépidité le sabre à la main sur les flanqueurs. On les attend de pied ferme, et presque tous sont tués, ou par le feu de la mousqueterie, ou par la baïonnette.

Animée par ce premier succès, l'armée s'ébranle au pas de charge, et marche sur le village de Chebreisse, que l'aile droite a l'ordre de déborder. Ce village est emporté après une très faible résistance. La déroute des mameloucks est complète; ils fuient en désordre vers le Caire. Leur flottille prend également la fuite, en remontant le Nil, et termine ainsi un combat qui durait depuis deux heures avec le même acharnement. C'est surtout à la valeur des hommes de troupes à cheval embarqués sur la flottille qu'est due la gloire de cette journée. La perte de l'ennemi a été de plus de six cents hommes, tant tués que blessés : celle des Français d'environ soixante-dix.

Aussitôt après l'action, Bonaparte ordonne au général de brigade Zayoncheck de débarquer avec les hommes de troupes à cheval au nombre d'environ quinze cents, et de suivre la rive droite du Nil à la hauteur de la marche de l'armée qui s'avance sur la rive gauche.

L'armée couche à Chebreisse, et le 26 à Chabour. Le 27, elle couche à Qom-el-Cheriq; elle était sans cesse harcelée dans sa marche par les Arabes. L'on ne pouvait s'éloigner à la portée du canon sans tomber dans quelque embuscade. Ces barbares assassinaient et pillaient s'ils étaient les plus nombreux; ils prenaient la fuite, s'ils étaient en nombre égal, et s'il fallait combattre.

L'adjoint aux adjudans-généraux Gallois, officier distingué, est tué en portant un ordre du général en chef. L'adjudant Denano tombe entre leurs mains. Ils le conduisent à leur camp, et cet intéressant jeune homme meurt assassiné. Toute communication est interceptée à trois cents toises derrière l'armée. On ne peut faire parvenir aucune nouvelle à Alexandrie; on n'en reçoit aucune de cette ville.

Tous les villages où l'armée arrive sont abandonnés. Elle n'y trouve plus ni hommes ni bestiaux; elle couche sur des tas de blé et elle est sans pain. Elle manque également de viande et ne subsiste qu'avec des lentilles ou de mauvaises galettes que le soldat fait lui-même en écrasant du blé. Elle continue sa marche vers le Caire, couche le 28 à Alcan, le 29 à Abounichabé, le 30 à Ouardan où elle séjourne. Le 1ᵉʳ thermidor, elle se rend à Omm-el-Dinar. Le général Zayoncheck prend position à la pointe du Delta, où le Nil se partage en deux branches, celle de Damiette et celle de Rosette.

Bonaparte, informé que Mouràd-Bey, à la tête de six mille mameloucks et d'une foule d'Arabes et de fellâhs, est retranché au village d'Embabé, à la hauteur du Caire, vis-à-vis Boulac, et qu'il attend les Français pour les combattre, s'empresse d'aller lui présenter bataille.

Le 2 thermidor, à deux heures du matin, l'armée part d'Omm-el-Dinar. Au point du jour, la division Desaix, qui formait l'avant-garde, a connaissance d'un corps d'environ six cents mameloucks et d'un grand nombre d'Arabes qui se replient aussitôt. A deux heures après midi, l'armée arrive aux villages d'Ehrerach et de Boutis. Elle n'était plus qu'à trois quarts de lieue d'Embabé, et apercevait de loin le corps de mameloucks qui se trouvait dans le village. La chaleur était brûlante, le soldat extrêmement fatigué. Bonaparte fait faire halte; mais les mameloucks n'ont pas plus tôt aperçu l'armée, qu'ils se forment en avant de sa droite dans la plaine. Un spectacle aussi imposant n'avait point encore frappé les regards des Français. La cavalerie des mameloucks était couverte d'armes étincelantes. On voyait en arrière de sa gauche ces fameuses pyramides dont la masse indestructible a survécu à tant d'empires, et brave depuis trente siècles les outrages du temps. Derrière sa droite étaient le Nil, le Caire, le Mokattam et les champs de l'antique Memphis.

Mille souvenirs se réveillent à la vue de ces plaines où le sort des armes a tant de fois changé la destinée des empires. L'armée, impatiente d'en venir aux mains, est aussitôt rangée en ordre de bataille. Les dispositions sont les mêmes qu'au combat de Chebreisse. La ligne, formée dans l'ordre par échelons et par divisions qui se flanquent, refusait sa gauche. Bonaparte ordonne à la ligne de s'ébranler; mais les mameloucks, qui jusqu'alors avaient paru indécis, préviennent l'exécution de ce mouvement, menacent le centre, et se précipitent avec impétuosité sur les divisions Desaix et Regnier, qui formaient la droite. Ils chargent intrépidement les colonnes qui, fermes et immobiles, ne font usage de leur feu qu'à demi-portée de la mitraille et de la mousqueterie; la valeur téméraire des mameloucks essaie en vain de renverser ces murailles de feu, ces remparts de baïonnettes; leurs rangs sont éclaircis par le grand nombre de morts et de blessés qui tombent sur le champ de bataille; et bientôt ils s'éloignent en désordre sans oser entreprendre une nouvelle charge.

Pendant que les divisions Desaix et Regnier repoussaient avec tant de succès la cavalerie des mameloucks, les divisions Bon et Menou, soutenues par la division Kléber, commandée par le général Dugua, marchaient au pas de charge sur le village retranché d'Embabé. Deux bataillons des divisions Bon et Menou, commandés par les généraux Rampon et Marmont, sont détachés, avec ordre de tourner le village, et de profiter d'un fossé profond pour se mettre à couvert de la cavalerie de l'ennemi, et lui dérober leurs mouvemens jusqu'au Nil.

Les divisions, précédées de leurs flanqueurs, continuent de s'avancer au pas de charge. Les mameloucks attaquent sans succès les pelotons des flanqueurs; ils démasquent et font jouer quarante mauvaises pièces d'artillerie. Les divisions se précipitent alors avec plus d'impétuosité, et ne laissent pas à l'ennemi le temps de recharger ses canons. Les retranchemens sont enlevés à la baïonnette; le camp et le village d'Embabé sont au pouvoir des Français. Quinze cents mameloucks à cheval et autant de fellâhs, auxquels les généraux Marmont et Rampon ont coupé toute retraite en tournant Embabé, et prenant une position retranchée derrière un fossé qui joignait le Nil, font en vain des prodiges de valeur; aucun d'eux ne veut se rendre, aucun d'eux n'échappe à la fureur du soldat; ils sont tous passés au fil de l'épée ou noyés dans le Nil. Quarante pièces de canon, quatre cents chameaux, les bagages et les vivres de l'ennemi tombent entre les mains du vainqueur.

Mouràd-Bey, voyant le village d'Embabé emporté, ne songe plus qu'aux moyens d'assurer sa retraite. Déjà les divisions Desaix et Regnier avaient forcé sa cavalerie de se replier : l'armée, quoiqu'elle marchât depuis deux heures du matin et qu'il fût six heures du soir, le poursuit encore jusqu'à Gisëh. Il n'y avait plus de salut pour lui que dans une prompte fuite; il en donne le signal, et l'armée prend position à Gisëh, après dix-neuf heures de marche ou de combats.

Jamais victoire aussi importante ne coûta moins de sang aux Français : ils n'eurent à regretter dans cette journée que dix hommes tués et environ trente blessés. Jamais avantage ne fit mieux sentir la supériorité de la tactique moderne des Européens sur celle des Orientaux, du courage discipliné sur la valeur désordonnée.

Les mameloucks étaient montés sur de superbes chevaux arabes richement harnachés; ils portaient les plus brillantes armures; leurs bourses étaient pleines d'or, et leurs dépouilles dédommagèrent le soldat des fatigues excessives qu'il venait de supporter. Il y avait quinze jours qu'il n'avait pour toute nourriture qu'un peu de légumes sans pain; les vivres trouvés dans le camp des ennemis lui firent faire un repas délicieux.

La division Desaix a ordre de prendre position en avant de Gisëh sur la route de Fayoum. La division Menou passe pendant la nuit une branche du Nil, et s'empare de l'île de Roda. L'ennemi, dans sa fuite, brûlait tous les bâtimens qui ne pouvaient remonter le Nil. Toute la rive était en feu.

Le lendemain matin, 4 thermidor, les grands du Caire se présentent sur le Nil, offrant de remettre la ville au pouvoir des Français. Ils étaient accompagnés du kyàyà du pacha. Ibrahim-Bey, qui avait abandonné le Caire pendant la nuit, avait emmené le pacha avec lui. Bonaparte les reçoit à Gisëh; ils demandent protection pour la ville et protestent de sa soumission. Bonaparte leur répond que le désir des Français est de rester les amis du peuple égyptien et de la Porte ottomane, que les mœurs, les usages et la religion du pays seront scrupuleusement respectés. Ils retournent au Caire, accompagnés d'un détachement commandé par un officier français. Le peuple avait profité de la défaite et de la fuite des mameloucks pour se porter à quelques excès; la maison de Mouràd-Bey avait été pillée et brûlée; mais les chefs font des proclamations, la force armée paraît, et l'ordre se rétablit.

Le 7 thermidor, Bonaparte porte son quartier-général au Caire. Les divisions Regnier et Menou prennent position au Vieux-Caire; les divisions Bon et Kléber à Boulac; un corps d'observation est placé sur la route de Syrie, et la division Desaix reçoit l'ordre de prendre une position retranchée, à trois lieues en avant d'Embabé, sur la route de la Haute-Égypte.

COMBAT DE SALÉHIËH. — IBRAHIM-BEY EST CHASSÉ DE L'ÉGYPTE.

Au moment où les Français étaient entrés au Caire, l'armée des mameloucks s'était séparée en deux corps; l'un, commandé par Mourâd-Bey, suivait la route de la Haute-Égypte; l'autre, sous les ordres d'Ibrahim-Bey, avait pris la route de Syrie. C'était entre ces deux beys que l'autorité de l'Égypte était partagée. Mourâd-Bey était à la tête du militaire, Ibrahim-Bey dirigeait la partie administrative.

Desaix, chargé de poursuivre le premier et de le tenir en échec, établit un camp retranché à quatre lieues en avant de Gisëh, sur la rive gauche du Nil. Ses avant-postes et ceux de Mourâd-Bey étaient en présence les uns des autres.

Ibrahim-Bey s'était retiré à Belbéis, où il attendait le retour de la caravane de la Mecque; son intention était de profiter du renfort des mameloucks qui escortaient cette caravane, pour exécuter un plan d'attaque combiné avec Mourâd-Bey et les Arabes. Il mettait provisoirement tout en œuvre pour soulever les fellâhs du Delta, et pousser les habitans du Caire à la révolte.

L'armée avait beaucoup souffert de la marche, des chaleurs excessives, de la mauvaise nourriture; elle avait besoin de repos avant de se mettre à la poursuite des mameloucks et de les chasser entièrement de l'Égypte. Bonaparte sentait d'ailleurs la nécessité d'organiser un gouvernement provisoire pour la capitale et le reste du pays, d'assurer la subsistance du peuple et de l'armée, d'organiser tous les services, et de se mettre, par des positions retranchées, à l'abri de toute surprise, soit de la part des mameloucks, soit de la part des habitans.

Cependant, comme le voisinage d'Ibrahim-Bey était le plus dangereux, le général de brigade Leclerc reçut l'ordre de partir du Caire le 15 thermidor, avec trois cents hommes de cavalerie, trois compagnies de grenadiers, un bataillon et deux pièces d'artillerie légère, d'aller prendre position à El-Hanka, et d'observer Ibrahim-Bey.

Le 16, il est attaqué par quatre mille mameloucks et Arabes, que plusieurs décharges d'artillerie mettent en fuite.

La tranquillité du pays tenait à l'éloignement des mameloucks, et surtout à celui d'Ibrahim-Bey. Bonaparte s'empresse donc de pourvoir aux besoins les plus urgens, d'établir les bases les plus essentielles de la nouvelle administration, et se dispose à marcher contre Ibrahim-Bey en personne. Il laisse au Caire la division Bon, et les hommes des autres divisions qui ont encore besoin de repos.

Le 20 thermidor, l'armée, composée des trois divisions Bon, Regnier et Menou, part du Caire pour joindre Ibrahim-Bey, lui livrer bataille, détruire son corps et le chasser de l'Égypte; elle se réunit à l'avant-garde du général Leclerc, et couche le 22 à Belbéis. Ibrahim-Bey n'avait pas cru prudent de l'attendre, et fuyait vers Saléhiëh.

L'armée était à quelques lieues de ce village, lorsqu'on aperçut dans le désert une caravane escortée par une troupe d'Arabes. La cavalerie se porte aussitôt en avant, met les Arabes en fuite et arrête la caravane : c'était celle de la Mecque. La plus grande partie de ceux qui la composaient s'étaient réunis à Ibrahim-Bey, qui emmenait avec lui une foule de marchands avec leurs marchandises : il avait consenti que le reste prît la route du Caire sous l'escorte de quelques Arabes payés par les marchands; mais à peine cette portion de la caravane avait-elle été abandonnée par les mamelocks, que les Arabes, qui devaient l'escorter et la protéger, pillèrent eux-mêmes toutes les marchandises, sous prétexte que les marchands ne pouvaient éviter d'être pillés par les Français. Il ne restait plus sous leur conduite qu'environ six cents chameaux, chargés d'hommes, de femmes et d'enfans, que Bonaparte fit conduire au Caire sous une escorte de troupes françaises.

Dans presque tous les villages que l'armée traverse, on rencontre des individus qui faisaient partie de la caravane et avaient pris la fuite; Bonaparte les rassure, leur promet sûreté et protection; et pour leur prouver que les promesses des Français ne ressemblent en rien à celles des Arabes, à peine est-il arrivé au village arabe de Goreid, qu'il fait arrêter le cheik, et le met en présence d'un des principaux marchands avec lesquels il avait traité de l'escorte qui les avait pillés. Le cheik, menacé d'être fusillé, retrouve à l'instant la plus grande partie des objets volés, et restitue aux marchands leurs femmes et leurs esclaves.

L'armée continuait sa marche à grandes journées pour atteindre Ibrahim-Bey. Le 24, à quatre heures de l'après-midi, l'avant-garde, composée d'environ trois cents hommes de cavalerie, arrive en vue de Salêhiëh. Au moment où la tête de l'avant-garde entrait dans le village, Ibrahim-Bey surpris fuyait à la hâte, couvrant son arrière-garde d'environ mille mameloucks.

L'infanterie française était encore à une lieue et demie de distance; les chevaux étaient harassés de fatigue, des nuées d'Arabes couvraient la plaine, attendant l'issue du combat pour tomber sur les vaincus. La seule arrière-garde d'Ibrahim-Bey était trois fois plus nombreuse que l'avant-garde des Français. Malgré l'infériorité du nombre, Bonaparte, à la tête de cette avant-garde, poursuit Ibrahim dans le désert. Deux cents braves, tant du 7e régiment de hussards, que du 22e de chasseurs, et des guides à cheval, fondent avec impétuosité sur l'arrière-garde des mameloucks, et s'ouvrent un passage à travers les rangs; mais ce succès même augmente les dangers, ils se trouvent au milieu d'une masse cinq fois plus nombreuse qu'eux. La valeur supplée au nombre; ils combattent comme des lions et en désespérés; les mameloucks, sans cesse repoussés, ne combattent plus qu'en s'éloignant et pour protéger leur retraite. Ils abandonnent dans leur fuite deux mauvaises pièces de canon et quelques chameaux. Mais Ibrahim-Bey parvient à sauver avec lui ses équipages, dans lesquels étaient ses femmes, celles de ses mameloucks, ses trésors et les plus riches marchandises de la caravane. Il avait disparu, quand l'infanterie française arriva au village de Salêhiëh, où elle prit position. Ibrahim continua de fuir vers la Syrie; il avait pour neuf jours de route, à travers le désert, avant d'y être rendu.

Cet avantage a coûté à la république une vingtaine de braves tués dans les rangs ennemis. Parmi les officiers qui ont chargé à la tête de la cavalerie, et soutenu par leur exemple la valeur du soldat, le chef de brigade Destrées, qui a reçu plusieurs blessures graves, l'adjudant-général Leturq, le chef de brigade Lassalle, les aides-de-camp Duroc et Sulkousky, l'adjudant Arrighi, méritent d'être distingués.

Bonaparte détermine avec le général Caffarelli, commandant le génie, les fortifications nécessaires à la défense de Salêhiëh et de Belbéis. La division Dugua reçoit ordre de se porter sur Damiette, pour en prendre possession et soumettre le Delta. La division Regnier reste en position à Saléhiëh, pour soumettre la province de Charkié, et Bonaparte reprend avec le reste des troupes le chemin du Caire, où il arrive le 27. Il reçoit sur la route la nouvelle et les détails du combat naval d'Aboukir.

L'Égypte, pour être entièrement affranchie du despotisme des mameloucks, n'offrait plus d'ennemi à combattre que Mouràd-Bey. Le général Desaix reçoit l'ordre de se mettre en mouvement pour le poursuivre. Les provinces de l'Égypte sont commandées par des généraux français; les autorités civiles y sont organisées, et y remplacent le gouvernement monstrueux qui la tyrannisait. Déjà Bonaparte peut réaliser une partie de ses promesses, et prouver au pays qu'il vient de soumettre, que les Français n'avaient en effet d'autres ennemis que ses oppresseurs, d'autre ambition que celle d'être ses libérateurs.

L'ARMÉE MARCHE EN SYRIE. — AFFAIRE DE ÈL-A'RYCH. — BATAILLE DU MONT THABOR. — PRISE DE GHAZAH ET DE JAFFA.

La conduite politique et militaire de Bonaparte depuis son entrée en Égypte avait pour but de rendre à la civilisation et à leur antique splendeur ces contrées jadis si florissantes. Mais en même temps qu'il travaillait à l'affranchissement des peuples, et à l'expulsion de leurs tyrans, il n'avait négligé aucune occasion de convaincre la Porte du désir qu'avait la république française de conserver l'amitié qui subsistait entre les deux puissances. La cour ottomane avait de justes sujets de plaintes contre les beys d'Égypte, dont les révoltes et les usurpations ne lui avaient laissé qu'une ombre de souveraineté dans cette province. Les Français eux-mêmes en avaient reçu de fréquens outrages. Punir les usurpateurs, c'était donc venger à la fois la France, la Porte ottomane et l'Égypte.

Les établissemens de commerce que Bonaparte voulait former, devaient enrichir les habitans, faire de l'Égypte l'entrepôt du commerce de l'Europe et de l'Asie, augmenter les revenus du grand-seigneur, devenir pour la France et les puissances méridionales une source de prospérité, et ruiner dans l'Inde le commerce des Anglais, contre lesquels cette expédition était plus particulièrement dirigée.

La Porte, une fois éclairée sur le but de l'entrée des Français en Égypte, et sur leurs projets ultérieurs, ne pouvait voir qu'avec plaisir une expédition qui devait lui être si avantageuse. Dans cette conviction, Bonaparte n'avait cessé de se conduire avec la Porte ottomane comme envers l'amie et l'alliée fidèle de la France.

A la prise de Malte, il avait trouvé dans les cachots de l'ordre un grand nombre d'esclaves turcs; ils furent aussitôt mis en liberté, et renvoyés à Constantinople.

Depuis l'entrée des Français en Égypte, les agens de la Porte étaient respectés; le pavillon turc flottait avec le pavillon français. Une caravelle turque se trouvait dans le port d'Alexandrie, ainsi que quelques bâtimens de commerce. Bonaparte assure le capitaine de la protection et de l'amitié des Français. Cette caravelle reçoit un ordre du grand-seigneur de quitter Alexandrie pour se rendre à Constantinople; c'était l'époque où tous les bâtimens turcs ont coutume de quitter l'Égypte. Bonaparte, après avoir fait accepter un présent au capitaine de la caravelle, le chargea de prendre à son bord le citoyen Beauchamp, porteur de dépêches pour la Porte ottomane.

Cet envoyé était chargé de protester de nouveau des dispositions pacifiques et amicales du gouvernement français envers le grand-seigneur; de faire connaître à la Porte les sujets de mécontentement que Bonaparte avait contre Ahmed-Djezzar, pacha d'Acre, et de déclarer que le châtiment qu'il lui réservait, s'il continuait à se mal conduire, ne devait donner aucun ombrage, aucune inquiétude à l'empire ottoman. Ce pacha, que ses cruautés avaient fait nommer Djezzar (le boucher), était regardé comme un monstre de férocité par les barbares les plus sanguinaires d'Orient.

Ibrahim-Bey, après l'affaire de Salêhiëh, s'était retiré avec mille mameloucks et ses trésors vers Ghazah : il avait reçu de Djezzar le plus favorable accueil. Non seulement ce pacha continuait d'accorder asile et protection aux mameloucks, il menaçait encore les frontières de l'Égypte par des dispositions hostiles. Bonaparte, qui voulait éviter de donner le moindre ombrage à la Porte, dépêcha par mer à Djezzar un officier chargé d'une lettre dans laquelle il assurait le pacha que les Français désiraient conserver l'amitié du grand-seigneur, et vivre en paix avec lui; mais il exigeait que Djezzar éloignât Ibrahim-Bey et ses mameloucks, et ne leur accordât aucun secours.

Le pacha n'avait fait aucune réponse à Bonaparte, il avait renvoyé l'officier avec arrogance; les Français étaient mis aux fers à Saint-Jean-d'Acre.

L'armée ne recevait aucune nouvelle d'Europe. Depuis le funeste combat d'Aboukir, les ports de l'Égypte étaient bloqués par les Anglais. Bonaparte n'avait aucun renseignement officiel sur les résultats de la négociation que le directoire avait dû entamer avec la Porte ottomane, relativement à l'expédition d'Égypte; mais tous les rapports de l'intérieur annonçaient que le ministère anglais avait su profiter de la victoire d'Aboukir pour entraîner la Porte dans son alliance et celle de la Russie contre la république française. Bonaparte jugea que, si la Porte cédait aux suggestions de ses ennemis naturels, il y aurait une opération combinée contre l'Égypte, et qu'il serait attaqué par mer et par la Syrie. Il n'y avait pas un moment à perdre pour prendre un parti; Bonaparte se décide.

Marcher en Syrie, châtier Djezzar, détruire les

préparatifs de l'expédition contre l'Égypte, dans le cas où la Porte se serait unie aux ennemis de la France; lui rendre, au contraire, la nomination du pacha de Syrie, et son autorité primitive dans cette province, si elle restait l'amie de la république; revenir en Égypte aussitôt après pour battre l'expédition par mer; expédition qui, vu les obstacles qu'opposait la saison, ne pouvait avoir lieu avant le mois de messidor; tel est le plan auquel Bonaparte s'arrête, et qu'il va exécuter.

Aussitôt après son retour au Caire, il avait envoyé contre l'armée de Mouràd-Bey, qui se tenait dans la Haute-Égypte, le général Desaix et sa division qui obtenait chaque jour de nouveaux succès.

Après avoir ainsi éloigné les ennemis, Bonaparte songe à organiser le gouvernement des provinces de l'Égypte. Il établit un divan dans chacune d'elles, et fait jouir le peuple de la plus belle prérogative de la liberté, celle de concourir à l'élection de ses magistrats. Il forme un système de guerre jusqu'alors inconnu contre les Arabes, qui de tout temps ont désolé ces belles contrées. Il arrête une nouvelle répartition d'impôts plus utile au fisc, et moins onéreuse au peuple; il porte la plus sévère économie dans la partie administrative de l'armée; il établit une compagnie de commerce dans la vue de faciliter l'échange et la circulation de toutes les denrées. Il avait formé un institut au Caire; il y établit une bibliothèque, et fait construire un laboratoire de chimie. Un grand atelier est ouvert pour les arts mécaniques. Déjà la fabrication du pain et celle des liqueurs fermentées est perfectionnée; on épure le salpêtre, on construit de nouvelles machines hydrauliques.

Pendant que Bonaparte semblait recréer la ville du Caire, des savans voyageaient par son ordre dans l'intérieur de l'Égypte, et y faisaient les reconnaissances, les découvertes les plus importantes pour la géographie, l'histoire et la physique.

Le général Andréossy avait reçu l'ordre de soumettre le lac Menzaléh, les bouches Pélusiaques, et d'en faire la reconnaissance, tant sous le rapport militaire que sous le rapport des sciences.

Il sonde, le 2 vendémiaire, la rade de Damiette, de Bougafic et du camp Bougan, ainsi que l'embouchure du Nil, afin de déterminer les passes du Boghaz et la forme de la baie. Il part de Damiette le 11 à deux heures du matin, avec deux cents hommes et quinze djermes conduites par des reis du Nil. Trois de ces djermes sont armées d'un canon. Il passe le Boghaz à sept heures, longe la côte et prend position, à trois heures après midi, à la bouche de Bibëh, où il fait les mêmes opérations qu'à l'embouchure du Nil. Le 12, il pénètre dans le lac jusqu'à cinq lieues; il voulait gagner Matariëh, mais les reis, intimidés par l'apparition subite d'environ cent trente djermes chargées d'Arabes embarqués à Matariëh, le conduisent vers Menzaléh. Tombé sous le vent, il est attaqué et poursuivi; mais, malgré la supériorité du nombre, l'ennemi est obligé de se retirer avec perte. Il se rejette alors sur Damiette, et mouille devant Minié à neuf heures du soir. La nuit du 14 au 15, il est attaqué avec plus d'acharnement, et pas avec plus de succès. Le 16, il se porte sur Mensalëh, et le 17 sur les îles de Matariëh.

Il mouille, le 20, à l'île de Tourna, le 24 à celle de Tumis, le 25 à la bouche d'Omm-Faredje, et il arrive, le 28, sur les ruines de Tinëh, de Péluse, de Farouna; il part le 29, et se dirige sur le canal de Moëz où il pénètre; le 30, il visite San et relève Salëhiëh, prend des renseignemens précis sur le canal de ce nom, et repart le même jour pour Menzalëh et Damiette, où il arrive le 2 brumaire, après avoir terminé la reconnaissance, les sondes, la carte du lac, pour la construction de laquelle il avait fait mesurer à la chaîne une étendue de plus de quarante-cinq mille toises.

Le général Andréossy, revenu au Caire, repart aussitôt avec le citoyen Berthollet pour reconnaître les lacs de natron. Il se rend, escorté de quatre-vingts hommes, à Terranëh, d'où il part dans la nuit du 3 au 4. Après quatorze heures de marche, il arrive aux lacs Natron, situés dans une vallée qui a plus de deux lieues de large, et dont la direction est de quarante-quatre degrés ouest. Ces lacs comprennent une étendue d'environ six lieues. Trois couvens cophtes, dont un isolé, sont situés dans la vallée, vers le sommet de la pointe opposée à Terranëh.

Le 4, il visite les lacs, et se rend au *fleuve sans eau*. C'est une grande vallée encombrée de sables, adjacente à celle des natrons, et dont le bassin a près de trois lieues d'un bord à l'autre. Il y trouve de grands corps d'arbres entièrement pétrifiés; le même jour il va bivouaquer au quatrième couvent qui est dans la direction d'Ouardan; dans la vallée du lac de Natron, on rencontre quelques sources de très bonne eau. Le natron y est d'une bonne qualité, et peut faire une branche de commerce très importante.

Tous les savans qui ont accompagné Bonaparte sont occupés à des travaux analogues à leurs talens et à leurs connaissances. Nouet et Méchain déterminent la latitude d'Alexandrie, celle du Caire, de Salêhiëh, de Damiette et de Suez.

Lefèvre et Malus font la reconnaissance du canal de Moëz; le premier avait accompagné, avec Bouchard, le général Andréossy dans la reconnaissance du lac Menzalëh.

Peyre et Girard font le plan d'Alexandrie; Lanorey fait la reconnaissance d'Abou-Menedgé; il est, de plus, chargé de diriger les travaux du canal d'Alexandrie.

Geoffroy examine les animaux du lac Menzalëh et les poissons du Nil; Delisle, les plantes qui se trouvent dans la Basse-Égypte.

Arnolet et Champy fils sont chargés d'observer les minéraux de la mer Rouge, et d'y faire des reconnaissances.

Girard est chargé d'un travail sur tous les canaux de la Haute-Égypte.

Denon voyage dans le Faïoum et dans la Haute-Égypte pour en dessiner les monumens. La passion des sciences et des arts lui fait surmonter tous les obstacles, et braver des périls et des fatigues sans nombre.

Conté dirige l'atelier destiné aux arts mécaniques; il fait construire des moulins à vent, et une infinité de machines inconnues en Égypte.

Savigny fait une collection des insectes du désert et de la Syrie.

Beauchamp et Nouet dressent un almanach contenant cinq calendriers, celui de la république française et ceux des Églises romaine, grecque, cophte et musulmane.

Costaz rédige un journal; Fourrier, secrétaire de l'Institut, est commissaire près le divan.

Berthollet et Monge sont à la tête de tous ces travaux, de toutes ces entreprises; on les retrouve partout où il se forme des établissemens utiles, où il se fait des découvertes importantes.

Tandis qu'on fait les préparatifs de l'expédition de Syrie, Bonaparte s'associe aux travaux des savans, et assiste exactement aux séances de l'Institut, où chacun d'eux rend compte de ses opérations. Il veut aller visiter lui-même l'isthme de Suez, et résoudre l'un des problèmes les plus importans et les plus obscurs de l'histoire; il se disposait à cet intéressant voyage, lorsqu'un événement fâcheux et inattendu le força d'ajourner ses projets.

La plus grande tranquillité n'avait cessé de régner dans la ville du Caire; les notables de toutes les provinces délibéraient avec calme, et d'après les propositions des commissaires français Monge et Berthollet, sur l'organisation définitive des divans, sur les lois civiles et criminelles, sur l'établissement et la répartition des impôts, et sur divers objets d'administration et de police générale. Tout à coup des indices d'une sédition prochaine se manifestent. Le 30 vendémiaire, à la pointe du jour, des rassemblemens se forment dans divers quartiers de la ville, et surtout à la grande mosquée. Le général Dupuy, commandant la place, s'avance à la tête d'une faible escorte pour les dissiper; il est assassiné, avec plusieurs officiers et quelques dragons, au milieu de l'un de ces attroupemens. La sédition devient aussitôt générale; tous les Français que les révoltés rencontrent sont égorgés; les Arabes se montrent aux portes de la ville.

La générale est battue; les Français s'arment et se forment en colonnes mobiles; ils marchent contre les rebelles avec plusieurs pièces de canon. Ceux-ci se retranchent dans leurs mosquées, d'où ils font un feu violent. Les mosquées sont aussitôt enfoncées; un combat terrible s'engage entre les assiégeans et les assiégés; l'indignation et la vengeance doublent la force et l'intrépidité des Français. Des batteries placées sur différentes hauteurs, et le canon de la citadelle, tirent sur la ville; le quartier des rebelles et de la grande mosquée sont incendiés.

Les chérifs et les principaux du Caire viennent enfin implorer la générosité des vainqueurs et la clémence de Bonaparte; un pardon général est aussitôt accordé à la ville, et le 2 brumaire l'ordre est entièrement rétabli. Mais, pour prévenir dans la suite de pareils excès, la place est mise dans un tel état de défense, qu'un seul bataillon suffit pour la mettre à l'abri des mouvemens séditieux d'une population nombreuse. Des mesures sont prises aussi pour la garantir à l'extérieur contre toute entreprise de la part des Arabes.

Bonaparte, après avoir imprimé à tout le pays la terreur de ses armes, continue de suivre ses plans d'administration intérieure, sans oublier ce qu'il doit à l'intérêt des sciences, du commerce et des arts.

Le général Bon reçoit ordre de traverser le désert à la tête de quinze cents hommes, et avec deux pièces de canon, et de marcher vers Suez, où il entre le 17 brumaire.

Bonaparte, accompagné d'une partie de son état-major, des membres de l'Institut, Monge, Berthollet, Costaz, de Bourrienne, et d'un corps de cavalerie, part lui-même du Caire le 4 nivôse, et va camper à Birket-el-Hadj, ou lac des Pèlerins; le 5, il bivouaque à dix lieues dans le désert; le 6, il arrive à Suez; le 7, il reconnaît la côte et la ville, et ordonne les ouvrages et les fortifications qu'il juge nécessaires à sa défense.

Le 8, il passe la mer Rouge près de Suez, à un gué qui n'est praticable qu'à la marée basse. Il se rend aux Fontaines de Moïse, situées en Asie, à trois lieues et demie de Suez. Cinq sources forment ces fontaines qui s'échappent en bouillonnant du sommet de petits monticules de sable; l'eau en est douce et un peu saumâtre. On y trouve les vestiges d'un petit aquéduc moderne qui conduisait cette eau à des citernes creusées sur le bord de la mer, dont les fontaines sont éloignées de trois quarts de lieue.

Bonaparte retourne le soir même à Suez; mais la mer étant haute, il est forcé de remonter la pointe de la mer Rouge. Le guide le perd dans les marais, et il ne parvient à en sortir qu'avec la plus grande peine, ayant de l'eau jusqu'à la ceinture.

Les magasins de Suez indiquent assez que cette ville a été l'entrepôt d'un commerce considérable; les barques seules peuvent maintenant arriver au port; mais des frégates peuvent mouiller auprès d'une pointe de sable qui s'avance à une demi-lieue dans la mer. Cette pointe est découverte à la marée basse, et il serait possible d'y construire une batterie qui protégerait le mouillage et défendrait la rade.

Bonaparte encourage le commerce par plusieurs établissemens utiles; il le rassure contre les exactions auxquelles le livraient et les mameloucks et les pachas. Une nouvelle douane, dont les droits sont moins forts que ceux de l'ancienne, remplace celle qui existait avant son arrivée. Il prend des mesures pour assurer et garantir le transport de Suez au Caire et à Belbéis ; enfin ses dispositions sont telles, qu'elles doivent dans peu de temps rendre à Suez son antique splendeur.

Quatre bâtimens de Djedda arrivent dans cette ville pendant le séjour qu'y fait Bonaparte. Les Arabes de Tor viennent aussi demander l'amitié des Français. Bonaparte quitte Suez le 10 nivôse, côtoyant la mer Rouge au nord. A deux lieues et demie de cette ville, il trouve les restes de l'entrée du canal de Suez ; il le suit pendant quatre lieues. Le même jour, il couche au fort d'Adgeroud ; le 11, à dix lieues dans le désert ; et le 12 à Belbéis. Le 14, il se porte dans l'oasis d'Houareb, où il retrouve les vestiges du canal de Suez, à son entrée sur les terres cultivées et arrosées de l'Égypte.

Il le suit l'espace de plusieurs lieues, et, satisfait de cette double reconnaissance, il donne ordre au citoyen Peyre, ingénieur, de se rendre à Suez, et d'en partir avec une escorte suffisante pour lever géométriquement et niveler tout le cours du canal, opération qui va résoudre enfin le problème de l'existence d'un des plus grands et des plus importans travaux du monde. De retour à Suez, Bonaparte apprend que Djezzar, pacha de Syrie, s'était emparé du fort de El-A'rych, qui défendait les frontières de l'Égypte. Ce fort, situé à deux journées de Cathié, et à dix lieues dans le désert, était même occupé par l'avant-garde du pacha. Ces mouvemens hostiles ne laissaient aucun doute sur les intentions de Djezzar et de la Porte, qui venait de déclarer la guerre à la France.

Certain d'une attaque, il ne restait plus à Bonaparte d'autre parti à prendre que celui de déconcerter les plans de ses nouveaux ennemis en les prévenant. Il quitte Suez sur-le-champ pour se rendre au Caire. Il passe par Salêhiëh, où se trouvaient les troupes destinées à former l'avant-garde de l'expédition de Syrie : il met cette avant-garde en mouvement, et continue sa route vers le Caire, marchant jour et nuit. Aussitôt qu'il y est rendu, il réunit l'armée qui doit le suivre.

Elle est composée de la division du général Kléber, qui a sous ses ordres les généraux Verdier et Junot, d'une partie des deux demi-brigades d'infanterie légère, et des 25e et 75e de ligne ;

De la division du général Regnier, ayant sous ses ordres le général Lagrange, la 9e et la 95e demi-brigade de ligne ;

De celle du général Lannes, ayant sous ses ordres les généraux Vaud, Robin et Rambeau, avec une partie de la 22e demi-brigade d'infanterie légère, des 13e et 69e de ligne ;

De celle du général Bon, ayant sous ses ordres les généraux Rampon, Vial, et une partie des 4e demi-brigade d'infanterie légère, 18e et 32e demi-brigades de ligne ;

De celle du général Murat, avec neuf cents hommes de cavalerie et quatre pièces de 4.

Le général Dommartin commande l'artillerie, et le général Caffarelli le génie.

Le parc d'artillerie est composé de quatre pièces de 12, trois de 8, cinq obusiers, et trois mortiers de cinq pouces.

L'artillerie de chaque division est composée de deux pièces de 8, deux obusiers de six pouces : ces différens corps forment une armée d'environ dix mille hommes.

La 19ᵉ demi-brigade, les 3ᵉ bataillons des demi-brigades de l'expédition de Syrie, la Légion nautique, les dépôts du corps de cavalerie, la Légion maltaise, sont répartis dans les villes d'Alexandrie, de Damiette et du Caire, pour les garnisons et les colonnes mobiles destinées à protéger contre les Arabes, et à retenir dans l'obéissance les provinces de la Basse-Égypte.

Le général Desaix continuait d'occuper la Haute-Égypte avec sa division.

Le commandement de la province du Caire est remis entre les mains du général Dugua ; les autres sont confiés aux généraux Belliard, Lanusse, Zayoncheck, Fugières, Leclerc, et à l'adjudant-général Almeyras. Le citoyen Poussielgue, administrateur-général des finances, reste au Caire ; le payeur-général de l'armée, nommé Estève, jeune homme recommandable sous tous les rapports, suit l'expédition.

Le commandement d'Alexandrie était très important. Il ne pouvait être confié qu'à un officier actif, qui réunît les connaissances de l'artillerie à celles du génie et des autres parties militaires. Cette place, par l'éloignement du général en chef, devenait presque indépendante sous les rapports militaires et administratifs. Les Anglais étaient en présence, et des symptômes de peste commençaient à s'y manifester. Le choix du général en chef tomba sur le général de brigade Marmont.

Bonaparte ordonne à l'adjudant-général Almeyras, qu'il charge du commandement de Damiette, de presser les travaux des fortifications, et de faire embarquer des vivres et des munitions pour l'armée de Syrie, en profitant de la navigation du lac Menzaléh et du port de Tinëh, d'où l'on devait les transporter dans les magasins établis à Cathiëh, à cinq heures de marche.

L'armée avait besoin de quelques pièces de siége pour battre la place d'Acre, en cas de résistance. Les difficultés du désert en rendaient le transport impraticable par terre. Les charger sur quelques frégates mouillées dans la rade d'Alexandrie, et braver la croisière anglaise, était un projet audacieux sans doute; mais sans audace marche-t-on à la victoire?

Bonaparte ordonne au contre-amiral Pérée, d'embarquer à Alexandrie l'artillerie de siége dont il avait besoin, d'appareiller avec *la Junon*, *la Courageuse* et *l'Alceste*, de croiser devant Jaffa et de se mettre en communication avec l'armée. Il calcule et détermine l'époque à laquelle il doit arriver.

On rassemble au Caire, en toute diligence, les mulets et les chameaux qui doivent transporter le parc d'artillerie, les vivres, les munitions, et tout ce qui est nécessaire à une armée qui traverse le désert.

Le général Kléber reçoit l'ordre de s'embarquer avec sa division, à Damiette. Les Français s'étaient rendus maîtres de la navigation du lac Menzalêh. Bonaparte ordonne à Kléber de se rendre par ce lac à Tinêh et de là à Cathiëh, de manière à y arriver le 16 pluviôse.

Le général Regnier était parti de Belbéis, avec son état-major, le 4 pluviôse, pour se rendre à Salêhiëh, qu'il avait quitté le 14, afin d'arriver le 16 à Cathiëh où il rejoint son avant-garde; il en part le 18 et prend la route de Él-A'rych. Ce village et le fort étaient occupés par deux mille hommes de troupes du pacha d'Acre.

Le général Lagrange, avec deux bataillons de la 85ᵉ demi-brigade, un bataillon de la 75ᵉ et deux pièces de canon, formait l'avant-garde du général Regnier. Le 20 pluviôse, il aperçoit, en approchant des fontaines de Massoudiac, un parti de mamelouks auxquels ses tirailleurs donnent la chasse. Il arrive le soir au bois de palmiers près de la mer, en avant de Él-A'rych. Le 21, il se porte avec rapidité sur les montagnes de sable qui dominent Él-A'rych; il y prend position et y place son artillerie.

Le général Regnier fait battre la charge; à l'instant l'avant-garde se précipite de droite et de gauche sur le village, que Regnier attaquait de front. Malgré la position favorable de l'ennemi dans ce village, situé sur un amphithéâtre, bâti en maisons de pierres crénelées et soutenu par le fort; malgré la vivacité du feu et la résistance la plus opiniâtre, le village est enlevé à la baïonnette; l'ennemi se retire dans le fort et barricade les portes avec tant de précipitation, qu'il abandonne environ trois cents hommes qui sont tués ou faits prisonniers.

Dès le soir, le blocus du fort de Êl-A'rych est formé par le général Regnier. Ce jour-là même, on avait signalé, sur la route de Ghazah, un corps de cavalerie et d'infanterie qui escortait un convoi destiné à l'approvisionnement de Êl-A'rych. Ce renfort s'augmente et se grossit jusqu'au 25, où l'ennemi, devenu audacieux par la supériorité que lui donne sa cavalerie, vient camper à une demi-lieue de Êl-A'rych, sur un plateau couvert d'un ravin très escarpé, position dans laquelle il se croit inexpugnable.

Cependant le général Kléber arrive avec quelques troupes de sa division. Dans la nuit du 26 au 27, une partie de la division Regnier tourne le ravin qui couvrait le camp des mameloucks; elle se précipite dans le camp dont elle est bientôt maîtresse, et tout ce qui ne peut échapper par une prompte fuite est tué ou fait prisonnier. Une multitude de chameaux et de chevaux, des provisions de bouche et de guerre, et tous les équipages des mameloucks tombent au pouvoir des vainqueurs. Deux beys et quelques kiachefs sont tués sur le champ de bataille. C'est le surlendemain de cette glorieuse journée que Bonaparte paraît devant Êl-A'rych.

Il était encore le 21 au Caire, lorsqu'il reçut un exprès d'Alexandrie, qui lui annonça que le 15, la croisière anglaise, renforcée de quelques bâtimens, bombardait le port et la ville. Il juge aussitôt que ce bombardement ne peut avoir d'autre but que de le détourner de son expédition de Syrie, dont le mouvement commencé avait déjà alarmé les Anglais et le pacha d'Acre. Il laisse donc les Anglais continuer leur bombardement, qui n'a d'autre effet que de couler quelques bâtimens de transport, et part le 22 du Caire, avec son état-major, pour aller coucher à Belbéis. Le 23, il couche à Coreid; le 24 à Saléhiëh; le 25 à Kantara, dans le désert; le 26 à Cathiëh; le 27 au puits de Bir-êl-Ayoub; le 28 au puits de Massoudiac; et le 29, enfin, à Êl-A'rych, où se réunissent en même temps les divisions Bon et Lannes et le parc de l'expédition.

Le général Regnier avait fait tirer contre le fort quelques coups de canon, et commencer des boyaux d'approche; mais n'ayant pas assez de munitions pour battre en brèche, il avait sommé le commandant du fort et resserré le blocus; il avait aussi fait pousser une mine sous l'une des tours; elle fut éventée par l'ennemi.

Le 30 pluviôse, l'armée prend position devant Èl-A'rych, sur les monticules de sable, entre le village et la mer. Bonaparte fait canonner une des tours du château, et dès que la brèche est commencée, il somme la place de se rendre.

La garnison était composée d'Arnautes, de Maugrabins, tous barbares sans chefs, ne connaissant aucun des usages, aucun des principes professés dans la guerre par les nations policées. Il s'établit une correspondance également bizarre et curieuse, et qui seule suffirait pour peindre les barbares.

Bonaparte, qui avait le plus grand intérêt à ménager son armée et ses munitions, se prête patiemment à la bizarrerie de leurs procédés; il diffère l'assaut. On continue à parlementer et à tirer successivement. Enfin, le 2 ventôse, la garnison, forte de seize cents hommes, se rend, et met bas les armes, sous la condition de se retirer à Bagdad par le désert. Une partie des Maugrabins prend du service dans l'armée française. On trouve dans le fort environ deux cent cinquante chevaux, deux pièces d'artillerie démontées, et des vivres pour plusieurs jours. Le 3, Bonaparte fait partir pour le Caire les drapeaux enlevés à l'ennemi, et les mameloucks faits prisonniers.

Le 4 ventôse, le général Kléber, à la tête de sa division et de la cavalerie, part de Èl-A'rych, pour se porter sur Kan-Jounes, premier village qu'on trouve dans la Palestine en sortant du désert

Le 5, le quartier-général quitte aussi Èl-A'rych,

avec la même destination. Il arrive jusque sur les hauteurs de Kan-Jounes sans avoir de nouvelles de la division Kléber. Le général en chef pousse quelques hommes de son escorte dans le village; les Français n'y avaient point encore paru; quelques mamelucks qui s'y trouvent prennent la fuite, et se retirent au camp d'Abdalla-Pacha, qu'on aperçoit à une lieue de là, sur la route de Ghazah.

Bonaparte n'avait qu'un simple piquet pour escorte. Convaincu que la division Kléber s'est égarée, il se retire sur Santon, trois lieues en avant de Kan-Jounes, dans le désert. Il y trouve l'avant-garde de la cavalerie. Les guides avaient égaré la division Kléber dans le désert; mais ce général ayant arrêté quelques Arabes, les avait forcés de le remettre dans la route dont il s'était éloigné d'une journée de chemin. La division arrive le 6, à huit heures du matin, après quarante-huit heures de la marche la plus pénible, sans avoir pu se procurer une goutte d'eau.

Les divisions Bon et Lannes, qui avaient suivi ses traces, s'égarent également une partie du chemin; ces trois divisions, qui, d'après les ordres, n'auraient dû arriver que successivement, se réunissent presque en même temps au Santon. Les puits sont bientôt à sec. On creuse avec peine pour obtenir un peu d'eau; l'armée, qu'une soif ardente dévore, ne peut obtenir qu'un léger soulagement à ses souffrances et à ses besoins.

La division Reguier était restée à El-A'rych,

avec l'ordre d'y attendre que tous les prisonniers de guerre l'eussent évacué, que le fort, qui était la clef de l'Égypte, fût mis dans un état de défense respectable, et que le parc d'artillerie fût en marche. Elle devait former l'arrière-garde de l'armée à deux journées de distance.

Le 6 ventôse, le quartier-général et l'armée marchent sur Kan-Jounes.

A une lieue en avant de ce village, on voit sur la route quelques colonnes de granit, et quelques morceaux de marbre épars qu'on pourrait prendre d'abord pour les débris d'un ancien monument; mais comme à quelques toises de là on trouve le puits de Reffa, d'une belle construction, et qui donne de l'eau en grande abondance, il est naturel de penser que ces ruines sont les restes d'un kervan-serai, où s'arrêtaient les caravanes, pour faire de l'eau à l'entrée du désert qui sépare la Syrie de l'Égypte.

L'armée venait de traverser soixante lieues du désert le plus aride, car les habitations de Cathiëh et de Él-A'rych ne présentent que des huttes de terre, et quelques palmiers près des puits. Elle trouva une véritable jouissance à son entrée dans les plaines de Ghazah, et à l'aspect des montagnes de la Syrie.

A l'approche de l'armée, Abdalla, qui était campé avec les mameloucks et son infanterie, à une lieue de Kan-Jounes, avait levé son camp, et s'était replié sur Ghazah.

Le 7, l'armée part de Kan-Jounes, et marche

sur Ghazah. A deux lieues de cette ville, on aperçoit un corps de cavalerie qui occupait la hauteur.

Bonaparte dispose en carré chacune des divisions. Celle du général Kléber forme la gauche, et se dirige sur Ghazah, à la droite de l'ennemi; le général Bon occupe le centre, et marche vers son front; la colonne de droite est formée par la division Lannes, qui se dirige sur les hauteurs, et tourne les positions qu'occupait Abdalla; le général Murat, ayant sous ses ordres la cavalerie et six pièces de canon, marchait en avant de l'infanterie, et se disposait à charger l'ennemi.

A son approche, la cavalerie d'Abdalla fait plusieurs mouvemens qui annoncent de l'indécision dans ses desseins. Elle s'ébranle, et paraît vouloir charger; mais bientôt elle rétrograde, et se retire au galop pour prendre une nouvelle position. Le général Murat pousse des partis et fait manœuvrer la cavalerie, pour engager les Turcs à le charger ou à attendre la charge; mais bientôt ils se replient à mesure qu'il avance, et à la nuit ils avaient entièrement disparu; la division Kléber avait coupé quelques uns de leurs tirailleurs, et en avait tué une vingtaine.

L'armée se trouvait à une lieue au-delà de Ghazah; elle prend position sur les hauteurs qui dominent la place, et le quartier-général campe près de cette ville.

Le fort de Ghazah est de forme circulaire, du diamètre d'environ quarante toises, et flanqué de tours. Il renfermait seize milliers de poudre, une grande quantité de cartouches, des munitions de guerre, et quelques pièces de canon. On trouva en outre dans la ville cent mille rations de biscuit, du riz, des tentes et une grande quantité d'orge.

Les habitans avaient envoyé des députés au-devant des Français; ils sont traités en amis. L'armée séjourne le 8 et le 9 dans la ville. Bonaparte consacre ces deux jours à l'organisation civile et militaire de la place et du pays : il forme un divan composé de plusieurs Turcs habitans de la ville, et part, le 10 ventôse, pour Jaffa, où l'ennemi rassemblait ses forces.

Les convois de vivres et de munitions expédiés des magasins de Cathiëh, n'avaient pu suivre la marche de l'armée. Ils étaient arriérés de plusieurs jours de marche, mais les magasins que l'ennemi avait abandonnés à Ghazah mirent l'armée en état de ne pas souffrir de ce retard.

Le désert qui conduit de Ghazah à Jaffa est une plaine immense, couverte de monticules de sable mouvant, que la cavalerie ne parvient à franchir qu'avec beaucoup de difficultés. Les chameaux s'y traînent lentement et péniblement; on est contraint, l'espace d'environ trois lieues, de tripler les attelages de l'artillerie.

L'armée couche le 11 à Ezdoud, et le 12 à Ramlëh, village habité en grande partie par des chrétiens : elle y trouve des magasins de biscuit, que l'ennemi n'avait pas eu le temps d'évacuer; on en trouve également au village de Lida. Des hordes d'Arabes rôdaient autour de ces villages pour les piller; des partis les repoussent et les mettent en déroute. Le 13 ventôse, l'avant-garde, formée par la division Kléber, arrive devant Jaffa. A son approche, l'ennemi se retire dans l'intérieur de la place, et canonne les éclaireurs. Les autres divisions et la cavalerie arrivent quelques heures après.

La cavalerie et la division Kléber ont ordre de couvrir le siége de Jaffa, en prenant position sur la rivière de Lahoya, à deux lieues environ sur la route d'Acre. Les divisions Bon et Lannes forment l'investissement de la ville.

Le 14, on fait la reconnaissance de la place. Jaffa est entouré d'une muraille sans fossés, flanquée de bonnes tours avec du canon. Deux forts défendent le port et la rade; la place paraissait bien armée. On décide le front de l'attaque au sud de la ville, contre les parties les plus élevées et les plus fortes.

Dans la nuit du 14 au 15, la tranchée est ouverte; on établit une batterie de brèche et deux contre-batteries sur la tour carrée, la plus dominante du front d'attaque. On construit une batterie au nord de la place, afin d'établir une diversion.

Les journées du 15 et du 16 sont employées à avancer et perfectionner les travaux. L'ennemi fait deux sorties; il est repoussé vigoureusement et avec perte dans la place; les batteries commencent enfin leur feu.

Le 16, à la pointe du jour, on commence à canonner la place. La brèche est jugée praticable à quatre heures du soir. L'assaut est ordonné. Les carabiniers de la 22ᵉ demi-brigade d'infanterie légère s'élancent à la brèche; l'adjudant-général Rambaud, l'adjudant Netherwood, l'officier de génie Vernois sont à leur tête; ils ont avec eux des ouvriers du génie et de l'artillerie. Les chasseurs suivent les éclaireurs. Ils gravissent la brèche sous le feu de quelques batteries de flanc qu'on n'avait pu éteindre. Ils parviennent, après des prodiges de valeur, à se loger dans la tour carrée. Le chef de brigade de la 22ᵉ, le citoyen Lejeune, officier très distingué, est tué sur la brèche. L'ennemi fait à plusieurs reprises les plus grands efforts pour repousser la 22ᵉ demi-brigade; mais elle est soutenue par la division Lannes, et par l'artillerie des batteries qui mitraillent l'ennemi dans la ville, en suivant les progrès des assiégeans.

La division Lannes gagne de toit en toit, de rue en rue; bientôt elle a escaladé et pris les deux forts. L'aide-de-camp Duroc se distingue par son intrépidité.

La division Bon, qui avait été chargée des fausses attaques, pénètre dans la ville; elle est sur le port. La garnison poursuivie se défend avec acharnement, et refuse de poser les armes; elle est passée au fil de l'épée. Elle était composée de douze cents canonniers turcs et de deux mille cinq cents Maugrabins ou Arnautes. Trois cents Égyptiens qui s'étaient rendus, sont renvoyés au sein de leurs familles. La perte de l'armée française est d'environ trente hommes tués et deux cents blessés.

Bonaparte, maître de la ville et des forts, ordonne qu'on épargne les habitans. Le général Robin prend le commandement, et parvient à arrêter les désordres qui suivent ordinairement un assaut, surtout quand il est soutenu par des barbares qui ne connaissent aucun des usages militaires des nations policées. Les habitans sont protégés; et, le 17, chacun était rentré dans son habitation.

On trouve dans la place quarante pièces de canon ou obusiers de seize, formant l'équipage de campagne envoyé à Djezzar par le grand-seigneur, et une vingtaine de pièces de rempart, tant en fer qu'en bronze; il y avait dans le port environ quinze petits bâtimens de commerce.

Le général en chef donne les ordres nécessaires pour mettre la place et le port en état de défense, et pour établir dans la ville un hôpital et des magasins; il y forme un divan composé des Turcs les plus notables du pays, et expédie, avec l'heureuse nouvelle de la reddition de cette place, l'ordre au contre-amiral Pérée de sortir d'Alexandrie avec les trois frégates, et de se rendre à Jaffa. Cette place allait devenir le port et l'entrepôt de tout ce qu'on devait recevoir de Damiette et d'Alexandrie; elle pouvait être exposée à des descentes et à des incursions. Bonaparte en confie le commandement à l'adjudant-général Gresier, militaire également distingué par ses talens et sa bravoure. Il est mort de la peste.

Le général Regnier était arrivé à Rombih le 19 ventôse. Il y reçoit l'ordre de se rendre à Jaffa, d'y prendre position avec sa division, de donner des escortes aux convois, et de rejoindre ensuite l'armée.

La division Kléber était campée à Misky, en avant de la position qu'elle avait occupée pour couvrir le siége de Jaffa; le 24, les divisions Bon, Lannes et le quartier-général partent de Jaffa, et rejoignent à Misky l'avant-garde. Le 25, l'armée marche sur Zeta. A midi, l'avant-garde a connaissance d'un corps de cavalerie ennemie. Abdalla-Pacha avait pris position, avec deux mille chevaux, sur les hauteurs de Korsoum, ayant à sa gauche un corps de dix mille Turcs qui occupaient la montagne. Le projet du pacha était d'arrêter l'armée, en prenant position sur son flanc, de la déterminer à s'engager dans les montagnes de Naplouze, et de retarder ainsi sa marche sur la ville d'Acre.

Les divisions Kléber et Bon se forment en carré, et marchent sur la cavalerie ennemie qui évite le combat. La division Lannes reçoit l'ordre de se porter sur la droite d'Abdalla, de manière à le couper et à le contraindre de se retirer sous Acre ou Damas, sans s'engager elle-même dans les montagnes.

Cette division se laisse emporter par son ardeur; et, suivant au milieu des rochers l'ennemi qui se retire, elle attaque les Naplouzains, qu'elle met en déroute. L'infanterie légère se met à leur poursuite, et s'élance beaucoup trop en avant; le général en chef est obligé de lui réitérer plusieurs fois l'ordre de se replier, et de cesser un combat engagé sans aucun but; elle obéit enfin et cesse de poursuivre l'ennemi. Les Naplouzains prennent ce mouvement rétrograde pour une fuite, et poursuivent à leur tour l'infanterie légère, qu'ils fusillent avec avantage au milieu des rochers qu'ils connaissent. La division soutient les chasseurs, et tâche d'attirer les Naplouzains dans la plaine; mais ils s'arrêtent au débouché des montagnes. Cette affaire a coûté quatre cents hommes à l'ennemi; les Français ont eu quinze hommes tués et trente blessés.

Le 25, l'armée et le quartier-général bivouaquent à la tour de Zeta, à une lieue de Korsoum; le 26, à Sabarin, au débouché des gorges du mont Carmel, sur la plaine d'Acre. La division Kléber se porte sur Caïffa, que l'ennemi abandonne à son approche; on y trouve environ vingt mille rations de biscuit et autant de riz.

Caïffa est fermé de bonnes murailles flanquées de tours. Un château défend la rade et le port. Une tour, avec embrasures et créneaux, domine la ville à cent cinquante toises; elle-même, elle est dominée par le mont Carmel. Le port de Caïffa aurait été d'une grande utilité pour l'armée française, si, en l'évacuant, l'ennemi n'eût emmené avec lui l'artillerie et les munitions du fort. On laisse une garnison dans le château, et, le 27, on marche sur Saint-Jean-d'Acre. Les chemins étaient très mauvais, le temps très brumeux; l'armée n'arrive que très tard à l'embouchure de la rivière d'Acre, qui coule, à quinze cents toises de la place, dans un fond marécageux. Ce passage était d'autant plus dangereux à tenter de nuit, que l'ennemi avait fait paraître sur la rive opposée des tirailleurs d'infanterie et de cavalerie. Cependant le général Andréossy fut chargé de reconnaître les gués. Il passa avec le second bataillon de la 4ᵉ d'infanterie légère, et s'empara, à l'entrée de la nuit, de la hauteur du camp retranché. Le chef de brigade Bessières, avec une partie des guides et deux pièces d'artillerie, prit position entre le plateau et la rivière de Saint-Jean-d'Acre.

On travaille pendant la nuit à un pont sur lequel toute l'armée passe la rivière, le 28, à la pointe du jour. Bonaparte se porte aussitôt sur une hauteur qui domine Saint-Jean-d'Acre, à mille toises de distance. L'ennemi tenait encore en dehors de la place, dans les jardins dont elle est entourée; Bonaparte le fait attaquer, et le force de se renfermer dans la place.

SIÉGE DE SAINT-JEAN-D'ACRE.

L'armée prend position, et bivouaque sur une hauteur isolée, qui se prolonge au nord jusqu'au cap Blanc, l'espace d'une lieue et demie, et domine une plaine d'environ une lieue trois quarts de longueur; terminée par les montagnes qui joignent le Jourdain. Les provisions trouvées, tant dans les magasins de Caïffa, que dans les villages de Cheif-Amrs et Nazareth, servent à la subsistance de l'armée; les moulins de Tanoux et de Kerdonné sont employés à moudre les blés; l'armée n'avait pas eu de pain depuis le Caire.

Bonaparte, pour éclairer les débouchés de la route de Damas, fait occuper les châteaux de Saffet, Nazareth et Cheif-Amrs.

Le 29, les généraux Dommartin et Caffarelli font une première reconnaissance de la place, et l'on se décide à attaquer le front de l'angle saillant à l'est de la ville; le chef de brigade du génie Samson, en faisant la reconnaissance de la contrescarpe, est atteint d'une balle qui lui traverse la main.

Le 30, on ouvre la tranchée à environ cent cinquante toises de la place, en profitant des jardins, des fossés de l'ancienne ville, et d'un aquéduc qui traverse le glacis. La blocus est établi de manière à repousser les sorties avec avantage, et à empêcher toute communication. On travaille aux brèches et aux contre-brèches; on n'avait point encore eu de nouvelles de l'artillerie embarquée à Alexandrie.

Le commandant de l'escadre anglaise, informé qu'il y avait dans Caïffa des approvisionnemens considérables, forma le projet de les enlever, et de se rendre maître en même temps de quelques bâtimens chargés de vivres et récemment arrivés de Jaffa. Le commandement de Caïffa avait été confié au chef d'escadron Lambert, militaire distingué.

Le 2 germinal, on entend du camp d'Acre une vive canonnade vers Caïffa ; bientôt on apprend que plusieurs chaloupes anglaises, armées de canons de 32, étaient venues attaquer Caïffa, et s'étaient portées sur les bâtimens de transport pour s'en emparer. Le chef d'escadron Lambert avait ordonné de laisser approcher les Anglais jusqu'à terre, sans paraître faire aucun mouvement de défense ; mais il avait masqué un obusier, et embusqué les soixante hommes qui composaient sa garnison ; au moment où les Anglais touchent terre, il se jette sur eux à la tête de ses braves, aborde une de leurs chaloupes, s'en empare, leur enlève une pièce de 32, et leur fait dix-sept prisonniers. Enfin le feu de son obusier est dirigé sur les autres chaloupes avec tant de succès qu'elles prennent la fuite, ayant plus de cent hommes tués ou blessés. Le commodore anglais ainsi repoussé abandonne ses projets contre Caïffa, et vient mouiller devant Acre.

Les travaux du siége se continuaient avec activité. Le 6, l'ennemi fait une sortie ; il est repoussé avec perte. Le 8, les batteries de brèche et les contre-batteries sont prêtes. L'artillerie de siége n'est pas encore arrivée : on est réduit à faire jouer l'artillerie de campagne. Au jour, on bat en brèche la tour d'attaque ; vers trois heures, elle se trouve percée ; on avait en même temps poussé un rameau de mine pour faire sauter la contrescarpe. La mine joue; on assure qu'elle a produit son effet, et que la contrescarpe est entamée. Les troupes demandent vivement l'assaut; on cède à leur impatience; l'assaut est décidé.

On jugeait la brèche semblable à celle de Jaffa; mais les grenadiers s'y sont à peine élancés qu'ils se trouvent arrêtés par un fossé de quinze pieds, revêtu d'une bonne contrescarpe. Cet obstacle ne ralentit pas l'ardeur. On place des échelles; la tête des grenadiers est déjà descendue; la brèche était encore à huit ou dix pieds; quelques échelles y sont placées. L'adjoint aux adjudans-généraux Mailly, monte le premier, et meurt percé d'une balle.

Le feu de la place était terrible; il n'était résulté d'autre effet de la mine qu'un entonnoir sur le glacis; la contrescarpe n'est point entamée; elle arrête et force à la retraite une partie des grenadiers destinés à soutenir les premiers qui avaient passé. Les adjudans-généraux Escale et Laugier sont tués.

Un premier mouvement de terreur s'était emparé des assiégés; déjà ils fuyaient vers le port; mais bientôt ils se rallient et reviennent à la brèche. Son élévation, à huit ou dix pieds au-dessus des décombres, rend inutiles tous les efforts des grenadiers français pour y monter.

L'ennemi a le temps de revenir sur le haut de la tour, d'où il fait pleuvoir sur les assiégeans les pierres, les grenades et les matières inflammables. Le peloton de grenadiers, qui est parvenu au pied de la brèche, frémit de ne pouvoir la franchir, et de se voir forcé de rentrer dans les boyaux. Six hommes sont tués, vingt sont blessés dans cette attaque.

La prise de Jaffa avait donné à l'armée française une confiance qui lui fit d'abord considérer la place d'Acre avec trop peu d'importance. On traitait comme affaire de campagne un siége qui exigeait toutes les ressources de l'art, privé surtout, comme on l'était, de l'artillerie et des munitions nécessaires à l'attaque d'une place environnée d'un mur flanqué de bonnes tours, et entouré d'un fossé avec escarpe et contrescarpe.

Étonné et fier de sa résistance, l'ennemi fait, le 10, une vive sortie; repoussé avec une perte considérable, il se retire, ou plutôt il fuit dans ses murs. Le chef de brigade du génie Detroye, périt dans cette action.

Le 12, une frégate vient mouiller dans la rade de Caïffa. Le chef d'escadron Lambert ayant reconnu le pavillon turc, avait défendu à ses braves de se montrer; la frégate, ignorant que Caïffa est au pouvoir des Français, envoie son canot à terre avec le capitaine en second et vingt hommes; ils débarquent avec sécurité; mais à l'instant Lambert les enveloppe, les fait prisonniers, et s'empare du canot.

Djezzar avait envoyé des émissaires aux Naplouzains, et aux villes de Saïd, de Damas et d'Alep. Il leur avait fait passer beaucoup d'argent pour faire lever en masse tous les musulmans en état de porter les armes, afin, disait-il dans ses firmans, de combattre les infidèles.

Il leur annonçait que les Français n'étaient qu'une poignée d'hommes; qu'ils manquaient d'artillerie, tandis qu'il était soutenu par des forces anglaises formidables, et qu'il suffisait de se montrer pour exterminer Bonaparte et son armée.

Cet appel produisit son effet. On apprit par les chrétiens qu'il se faisait à Damas des rassemblemens de troupes, et qu'on établissait des magasins considérables au fort de Tabarié, occupé par les Maugrabins.

Djezzar, dans l'assurance de voir paraître au premier moment l'armée combinée de Damas, faisait de fréquentes sorties, qui lui coûtaient beaucoup de monde.

Bonaparte attendait encore, le 12, son artillerie de siége qui devait lui arriver par mer; il apprend ce jour-là même que trois bâtimens de la flottille partie de Damiette, et chargée de provisions de bouche et de guerre, avaient, par une brume très forte, donné dans l'escadre anglaise qui s'en était emparée, mais que le reste de la flottille était heureusement arrivé à Jaffa. Ces trois bâtimens portaient quelques pièces de siége; quant aux frégates, qui, après la prise de Jaffa, avaient dû appareiller d'Alexandrie, on n'en avait point encore de nouvelles.

On continue de battre en brèche, on fait sauter

une portion de la contrescarpe. Bonaparte ordonne qu'on tente de se loger dans la tour de la brèche; mais l'ennemi l'avait tellement remplie de bois, de sacs de terre, et de balles de coton auxquelles les obus avaient mis le feu, que l'entreprise ne put réussir. On fut contraint d'attendre quelques pièces de siége et d'autres munitions pour faire une nouvelle attaque. Provisoirement, on travaille à pousser un rameau, à l'effet d'établir une mine sous la tour de brèche et de la faire sauter; ce qui aurait ouvert la place. Cet ouvrage était important; l'ennemi en a connaissance et fait de nouvelles sorties, dans l'intention de s'emparer de la mine; mais il est toujours repoussé avec perte.

Djezzar était parvenu à soulever et faire armer les habitans de Sour, l'ancienne Tyr. Le général Vial part le 14, à la pointe du jour, pour s'en rendre maître. Il y arrive après onze heures de marche, par des chemins impraticables pour l'artillerie. Il trouve au passage du cap Blanc, sur le haut de la montagne, les restes d'un château bâti par les Mutualis, il y a cent cinquante ans, et détruit par Djezzar. Après avoir passé le cap Blanc, et en entrant dans la plaine, il reconnaît les vestiges d'un fort et les ruines de deux temples.

A l'approche du général Vial et de ses troupes, les habitans de Sour effrayés avaient pris la fuite. On les rassure; on leur promet paix et protection s'ils renoncent à leurs dispositions hostiles, ils rentrent dans la ville; Turcs et chrétiens sont également protégés. Le général Vial laisse à Sour une garnison de deux cents Mutualis, et rentre le 16 germinal, avec son détachement, dans le camp sous Acre.

Le 18, à la pointe du jour, l'ennemi fait une sortie générale sur trois colonnes; à la tête de chacune d'elles on voit des troupes anglaises tirées des équipages et des garnisons des vaisseaux; les batteries de la place étaient servies par des canonniers de cette nation.

On reconnaît aussitôt que le but de cette sortie est de s'emparer des premiers postes et des travaux avancés; à l'instant on dirige, des places d'armes et des parallèles, un feu si violent et si bien nourri sur les colonnes, que tout ce qui s'est avancé est tué ou blessé. La colonne du centre montre plus d'opiniâtreté que les autres. Elle avait ordre de s'emparer de l'entrée de la mine; elle était commandée par un capitaine anglais, ce même Thomas Aldfield qui entra le premier dans le cap de Bonne-Espérance. Cet officier s'élance avec quelques braves de sa nation à la porte de la mine; il tombe à leurs pieds, et sa mort arrête leur audace. L'ennemi fuit de toutes parts, et se renferme avec précipitation dans la place. Les revers des parallèles restent couverts de cadavres anglais et turcs.

Des déserteurs grecs et turcs s'échappent de la place; ils confirment, par leurs rapports, que les batteries sont servies par des Anglais, et que le commodore Sydney Smith a près de lui des émigrés français, entre autres l'ingénieur Phelippeaux.

On leur demande ce que sont devenus quelques soldats français qui ont été blessés et faits prisonniers dans diverses attaques; ils répondent qu'après les avoir fait mutiler, Djezzar a ordonné de promener par la ville leurs têtes sanglantes et leurs membres palpitans.

Quelques jours après l'assaut du 8, les soldats avaient remarqué sur le rivage une grande quantité de sacs; ils les ouvrent. O crime!... ils voient des cadavres attachés deux à deux. On questionne les déserteurs, et l'on apprend d'eux que plus de quatre cents chrétiens qui étaient dans les prisons de Djezzar, en ont été tirés par les ordres de ce monstre, pour être liés deux à deux, cousus dans des sacs et jetés à l'eau.

Nations, qui savez allier avec les droits de la guerre ceux de l'hohneur et de l'humanité, si les événemens vous eussent forcées d'unir votre pavillon et vos drapeaux à ceux d'un Djezzar, j'en appelle à votre magnanimité, vous n'eussiez point souffert qu'un barbare les souillât par de pareilles atrocités; vous l'eussiez contraint de se soumettre aux principes d'honneur et d'humanité que professent tous les peuples civilisés.

Bonaparte est informé par des chrétiens de Damas, qu'un rassemblement considérable, composé de mameloucks, de janissaires de Damas, de Deleti, d'Alepins, de Maugrabins, se met en marche pour passer le Jourdain, se réunir aux Arabes et aux Naplouzains, et attaquer l'armée devant Acre en même temps que Djezzar faisait une sortie soutenue par le feu des vaisseaux anglais.

Le commandant du château de Saffet prévient que quelques corps de troupes ont passé le pont de Jacoub sur le Jourdain. L'officier qui commande les avant-postes de Nazareth, annonce de son côté qu'une autre colonne a passé le pont dit Djesr-el-Mekanié, et se trouve déjà à Tabarié; que les Arabes se montrent au débouché des montagnes de Naplouze; que Genin et Tabarié reçoivent des approvisionnemens considérables.

Le général de brigade Junot avait été envoyé à Nazareth pour observer l'ennemi; il apprend qu'il se forme sur les hauteurs de Loubi, à quatre lieues de Nazareth, dans la direction de Tabarié, un rassemblement dont les partis se montrent dans le village de Loubi. Il se met en marche avec une partie de la 2ᵉ légère, trois compagnies de la 19ᵉ, formant environ trois cent cinquante hommes, et un détachement de cent soixante chevaux de différens corps, pour faire une reconnaissance. A peu de distance de Ghafar-Kana, il aperçoit l'ennemi sur la crête des hauteurs de Loubi; il continue sa route, tourne la montagne et se trouve engagé dans une plaine où il est environné, assailli par trois mille hommes de cavalerie. Les plus braves se précipitent sur lui; il ne prend alors conseil que des circonstances et de son courage. Les soldats se montrent dignes d'un chef aussi intrépide, et forcent l'ennemi d'abandonner cinq drapeaux dans leurs rangs. Le général Junot, sans cesser de combattre, sans se laisser entamer, gagne successivement les hauteurs jusqu'à Nazareth; il est suivi jusqu'à Ghafar-Kana, à deux lieues du champ de bataille. Cette journée coûte à l'ennemi, outre les cinq drapeaux, cinq à six cents hommes tant tués que blessés. On ne peut donner trop d'éloges au courage et au sang-froid qu'a déployés le chef de brigade Duvivier dans cette affaire.

Bonaparte, à la nouvelle du combat de Loubi, donne ordre au général Kléber de partir du camp d'Acre avec le reste de l'avant-garde, pour rejoindre le général Junot à Nazareth.

Kléber bivouaque le 20 à Bedaouïé, près Safarié, et se rend le lendemain à Nazareth pour y prendre des vivres. Informé que l'ennemi n'a point quitté la position de Loubi, il prend la résolution de marcher à lui et de l'attaquer le lendemain 22 germinal. Il était à peine à la hauteur de Ledjarra, à un quart de lieue de Loubi, et à une lieue et demie de Kana, que l'ennemi, descendant des hauteurs, débouche dans la plaine. Le général Kléber est aussitôt enveloppé par quatre mille hommes de cavalerie et cinq ou six cents d'infanterie, qui se mettent en devoir de le charger. Il les prévient, attaque à la fois et la cavalerie et le camp de Ledjarra, qu'il emporte. L'ennemi abandonne le champ de bataille et se retire en désordre vers le Jourdain, où il aurait été poursuivi, si la division n'eût été dépourvue de cartouches. Les troupes rentrent dans la position de Safarié et de Nazareth. Après l'affaire de Ledjarra ou Kana, l'ennemi se retire, partie sur Tabarié, partie sur le pont de Él-Mekanié, et partie sur le Baïzard. Ce dernier point devient le rendez-vous d'un rassemblement général, d'où, le 25, toute l'armée ennemie se rend dans la plaine de Fouli, anciennement dite d'Esdrelon; elle y opère sa jonction avec les Samaritains ou Naplouzains. Cette armée pouvait monter, d'après les rapports du général Kléber, à quinze ou dix-huit mille hommes environ; les récits exagérés des habitans du pays la portaient à quarante ou cinquante mille hommes. Kléber annonce en même temps qu'il part pour l'attaquer.

Bonaparte est de plus informé par le capitaine Simon, commandant de Saffet, que le 24 les ennemis se sont présentés, qu'ils ont dévasté les environs, qu'il s'est retiré avec son détachement dans le fort, où il a été attaqué; que les assiégeans ont tenté l'escalade, qu'ils ont été repoussés avec une grande perte, mais qu'il se trouve bloqué avec peu de vivres et de munitions. Le capitaine Simon s'était conduit, dans cette occasion, avec autant de talent que de bravoure. Le citoyen Tedesio, employé dans l'administration, qui était fort bien monté, et se trouvait en outre le seul du détachement qui eût un cheval, ayant été reconnaître l'ennemi avec quelques Mutualis, fut malheureusement atteint d'une blessure mortelle.

Bonaparte juge qu'il faut une bataille générale

et décisive pour éloigner une multitude qui, avec l'avantage du nombre, viendrait le harceler jusque dans son camp. Une fois battus, ces peuples, qu'on ne peut conduire malgré eux au combat, seraient moins confians dans les assurances de Djezzar, et peu tentés de se mesurer de nouveau avec les Français.

Bonaparte reconnaît les inconvéniens d'un combat devant la place d'Acre, et se décide à faire attaquer l'ennemi sur tous les points, afin de le forcer à repasser le Jourdain.

On arrive de Damas en traversant le Jourdain, soit à la droite du lac de Tabarié, sur le pont de Jacoub, à trois lieues duquel est situé le château de Saffet; soit à la gauche de ce lac, sur le pont de Él-Mekanié, à très peu de distance du fort de Tabarié. Chacun de ces deux forts est bâti sur la rive droite du Jourdain.

Le 24, le général de brigade Murat part du camp d'Acre, avec mille hommes d'infanterie et un régiment de cavalerie. Il a ordre de marcher à grandes journées sur le pont de Jacoub, et de s'en emparer, de prendre en revers l'ennemi qui bloquait Saffet, et de se réunir ensuite avec le plus de célérité possible au général Kléber, qui devait avoir en présence des forces considérables.

Le général Kléber avait prévenu qu'il partait le 25 pour tourner l'ennemi dans sa position de Fouli et Tabarié, le surprendre et l'attaquer de nuit dans son camp.

Bonaparte laisse devant Acre les divisions Regnier et Lannes; il part le 26 avec le reste de sa cavalerie, la division Bon et huit pièces d'artillerie. Il prend position sur les hauteurs de Safarié où il bivouaque. Le 27, au point du jour, il marche sur Fouli, en suivant les gorges qui tournent les montagnes que l'artillerie ne peut traverser. A neuf heures du matin, il arrive sur les dernières hauteurs, d'où il découvre Fouli et le mont Thabor. Il aperçoit, à environ trois lieues de distance, la division Kléber qui était aux prises avec l'ennemi, dont les forces paraissaient être de vingt-cinq mille hommes de cavalerie, au milieu desquels se battaient deux mille Français. Il découvre en outre le camp des mameloucks, établi au pied des montagnes de Naplouze, à près de deux lieues en arrière du champ de bataille.

Bonaparte fait former trois carrés, dont deux d'infanterie et un de cavalerie; il fait ses dispositions pour tourner l'ennemi à une grande distance, dans l'intention de le séparer de son camp, de lui couper la retraite sur Jenin où étaient ses magasins, et de le culbuter dans le Jourdain, où il devait être coupé par le général Murat.

La cavalerie se porte, avec deux pièces d'artillerie légère, sur le camp des mameloucks; elle est commandée par l'adjudant-général Leturq : les deux colonnes d'infanterie se dirigent de manière à tourner l'ennemi.

Le général Kléber, qui avait reçu des munitions, quatre pièces de canon et un renfort de cavalerie, était parti le 26 de son camp de Safarié, avait marché au hasard dans l'intention d'attaquer l'ennemi le 27 avant le jour, en quelque nombre qu'il pût être; mais égaré par ses guides, retardé par la difficulté des chemins et des défilés qu'il avait rencontrés, il n'avait pu arriver, quelque diligence qu'il eût faite, qu'une heure après le soleil levé : de sorte que l'ennemi, prévenu par ses avant-postes de la hauteur d'Harmoun, avait eu le temps de monter à cheval.

Le général Kléber avait formé deux carrés d'infanterie, et avait fait occuper quelques ruines où il avait placé son ambulance. L'ennemi occupait le village de Fouli avec l'infanterie naplouzaine, et deux petites pièces de canon portées à dos de chameaux. Toute la cavalerie, au nombre de vingt-cinq mille hommes, environnait la petite armée de Kléber; plusieurs fois elle l'avait chargée avec impétuosité, mais toujours sans succès; toujours elle avait été vigoureusement repoussée par la mousqueterie et la mitraille de la division, qui combattait avec autant de valeur que de sang-froid.

Bonaparte, arrivé à une demi-lieue de distance du général Kléber, fait aussitôt marcher le général Rampon à la tête de la 52ᵉ, pour le soutenir et le dégager, en prenant l'ennemi en flanc et à dos. Il donne ordre au général Vial de se diriger avec la 18ᵉ vers la montagne de Noures, pour forcer l'ennemi à se jeter dans le Jourdain, et aux guides à pied de se porter à toute course vers Jenin, pour couper la retraite à l'ennemi sur ce point.

Au moment où les différentes colonnes prennent leur direction, Bonaparte fait tirer un coup de canon de douze. Le général Kléber, averti par ce signal de l'approche de Bonaparte, quitte la défensive ; il attaque et enlève à la baïonnette le village de Fouli, passe au fil de l'épée tout ce qu'il rencontre, et continue sa marche au pas de charge sur la cavalerie, qui est aussi chargée par la colonne du général Rampon ; celle du général Vial la coupe vers les montagnes de Naplouze, et les guides à pied fusillent les Arabes qui se sauvent vers Jenin.

Le désordre est dans tous les rangs de la cavalerie de l'ennemi ; il ne sait plus à quel parti s'arrêter ; il se voit coupé de son camp, séparé de ses magasins, entouré de tous côtés, enfin il cherche un refuge derrière le mont Thabor ; il gagne pendant la nuit et dans le plus grand désordre, le pont de Él-Mekanié, et un grand nombre se noie dans le Jourdain en essayant de le passer à gué.

Le général Murat avait, de son côté, parfaitement rempli le but de sa mission. Il avait chassé les Turcs du pont de Jacoub, surpris le fils du gouverneur de Damas, enlevé son camp, et tué tout ce qui n'avait pas fui ; il avait débloqué Saffet, et poursuivi l'ennemi sur la route de Damas l'espace de plusieurs lieues. La colonne de cavalerie, envoyée sous la conduite de l'adjudant-général Leturq, avait surpris le camp des mameloucks, enlevé cinq cents chameaux avec toutes les provisions, tué un grand nombre d'hommes, et fait deux cent cinquante prisonniers. L'armée bivouaque le 27, au mont Thabor. L'ordre du jour est expédié de ce point aux différens corps de l'armée française qui occupent Tyr, Césarée, les cataractes du Nil, les bouches Pélusiaques, Alexandrie et les rives de la mer Rouge qui portent les ruines de Korsoum et d'Arsinoé.

Les Naplouzains de Noures, Jenin et Fouli n'avaient cessé, depuis le commencement du siége, d'attaquer les convois de l'armée française, d'entretenir des intelligences avec Djezzar, et de lui fournir des secours. Ces hostilités, d'un exemple si dangereux, méritaient un châtiment exemplaire. Bonaparte ordonne de brûler ces villages, et de passer au fil de l'épée tout ce qui s'y rencontrera; il reproche aux habitans, qui implorent sa clémence, d'avoir pris les armes contre lui, et d'avoir égorgé avec des circonstances horribles des soldats qui servaient d'escorte aux convois qu'ils avaient pillés. Cependant il se laisse fléchir, arrête la vengeance, et leur promet protection, s'ils restent tranquilles dans leurs montagnes.

Le général Murat n'avait pris encore aucun repos. Après avoir laissé un poste au pont de Jacoub, approvisionné Saffet, il s'était emparé des munitions de guerre et de bouche que l'ennemi avait abandonnées; les vivres renfermés dans ces magasins auraient suffi à nourrir l'armée pendant plus d'un an.

Le général Kléber prend position au bazar de

Nazareth; il a l'ordre d'occuper les ponts de Jacoub et de Él-Mekanié, les forts Saffet et de Tabarié, et de garder la ligne du Jourdain.

Le résultat de la bataille d'Esdrelon ou du mont Thabor est la défaite de vingt-cinq mille hommes de cavalerie, et de dix mille d'infanterie par quatre mille Français, la prise de tous les magasins de l'ennemi, de son camp, et sa fuite en désordre vers Damas. Ses propres rapports font monter sa perte à plus de cinq mille hommes. Il ne pouvait concevoir qu'au même moment il fût battu sur une ligne de neuf lieues, tant les mouvemens combinés sont inconnus à ces barbares.

Bonaparte rentre au camp d'Acre avec son état-major, la division Bon, et le corps de cavalerie aux ordres du général Murat. Il n'avait point encore eu de nouvelles de la manière dont le contre-amiral Pérée avait exécuté l'ordre qu'il lui avait expédié, après la prise de Jaffa, de sortir d'Alexandrie avec les frégates *la Junon*, *la Courageuse* et *l'Alceste*. Il apprend enfin que ce contre-amiral est devant Jaffa, qu'il a débarqué trois pièces de vingt-quatre, et six de dix-huit, avec des munitions.

Il donne ordre au contre-amiral Gantheaume de faire croiser ses frégates sur la côte de Tripoli, de Syrie et de Chypre, pour enlever les bâtimens qui approvisionnent la place d'Acre en vivres et en munitions.

Quelques Arabes, campés aux environs du mont Carmel, inquiétaient les communications de l'armée, l'adjudant-général Leturq part le 30 germinal avec un corps de trois cents hommes, surprend les Arabes dans leur camp, en tue une soixantaine, et leur enlève huit cents bœufs qui servent à nourrir l'armée.

Le 3 floréal, l'ennemi travaille à une place d'armes pour couvrir la porte par laquelle il faisait ses sorties, vers les bords de la mer du côté du sud. Le 5, la mine destinée à faire sauter la tour de siége est achevée; les batteries commencent à canonner la place; on met le feu à la mine; mais un souterrain qui se trouve sous la tour, offre une ligne de moindre résistance, et une partie de l'effort de la mine s'échappe vers la place. Il ne saute qu'un seul côté de la tour, et elle reste dans un état de brèche qui la rend aussi difficile à gravir qu'auparavant.

Bonaparte ordonne qu'une trentaine d'hommes essayent de s'y loger pour reconnaître comment elle se lie au reste de la place; les grenadiers parviennent aux décombres sous la voûte du premier étage, ils s'y logent; mais l'ennemi qui communiquait par la gorge, et qui occupait les débris des voûtes supérieures, les force à se retirer.

Le 6, les batteries continuent à démolir la tour de brèche; le soir on essaye de se loger au premier étage; les travailleurs y restent jusqu'à une heure du matin. L'ennemi, qu'on n'avait pu chasser des étages supérieurs, foudroie ces braves avec avantage, lance sur eux des matières incendiaires, et les force, malgré leur opiniâtreté, à évacuer le premier étage de la tour. Le général Vaud est dangereusement blessé dans cette attaque.

Le 8, l'armée fait une perte qui sera ressentie par toute la France ; le brave Caffarelli meurt des suites de la blessure qu'il avait reçue à la tranchée du 20 germinal. Une balle lui avait cassé le bras, et il fallut recourir à l'amputation. Caffarelli emporte au tombeau les regrets universels. La patrie perd en lui un de ses plus glorieux défenseurs, la société un citoyen vertueux, les sciences et les arts un savant distingué, le génie un commandant rempli de connaissances et de ressources, les soldats un compagnon d'armes plein de bravoure, de dévouement et d'activité. L'expérience l'aurait rendu l'un des premiers généraux de son arme.

Cette perte est bientôt suivie de celle du chef de bataillon du génie, Say, jeune officier d'une grande espérance. Une balle l'avait blessé au bras sous les murs de Saint-Jean-d'Acre. Il est mort à Qaisarié des suites de l'amputation. Il était chef de l'état-major du génie.

L'ennemi, pour défendre son front d'attaque, dont presque toutes les pièces étaient démontées, était parvenu à établir une place d'armes en avant de sa droite ; il cherche à en établir une seconde à la gauche, vis-à-vis le palais de Djezzar. Il y fait construire des batteries, et à la faveur de leur feu et de celui de la mousqueterie, ces ouvrages flanquent avec avantage la tour et la brèche. Il travaille sans relâche, élève des cavaliers, pousse des sapes pour augmenter ses feux de revers ; enfin il marche en contre-attaque sur les boyaux des assiégeans.

Par la protection de la fusillade de ses tours et de ses murailles élevées, d'où il plongeait sur les assiégeans, l'ennemi avait une grande facilité à pousser ses ouvrages extérieurs. Pour éteindre ses feux et parvenir à se loger dans ses ouvrages, il aurait fallu une grande supériorité d'artillerie et des munitions qu'on était loin d'avoir. On parvenait bien, après des prodiges de valeur, à les enlever; mais on manquait de moyens suffisans pour s'y maintenir, et l'ennemi ne tardait pas à y rentrer.

Le 12, quatre pièces de dix-huit sont mises en batterie, et dirigées contre la tour de brèche, pour en continuer la démolition. Le soir, vingt grenadiers sont commandés pour se loger dans la tour; mais l'ennemi, profitant du boyau qu'il avait établi dans le fossé, fusille la brèche à revers. Les grenadiers reconnaissent l'impossibilité de descendre de la tour dans la place, et se voient forcés de se retirer.

Au moment où l'on montait à la tour de brèche, les assiégés avaient fait, avec un corps de troupes nombreux, une sortie à leur droite ; ils sont chargés par deux compagnies de grenadiers avec tant de succès et d'impétuosité, qu'on parvient à les couper, et tout ce qui n'a pu rester sous la protection du feu de la place est culbuté dans la mer. La perte de l'ennemi dans cette journée est d'environ cinq cents hommes tués ou blessés.

Bonaparte ordonne de faire une seconde brèche sur la courtine de l'est, et une sape pour marcher sur les fossés, y attacher le mineur, et faire sauter la contrescarpe.

Jusqu'au 15, les ouvrages des assiégeans et des assiégés se poussent avec ardeur; mais l'armée manque de poudre, et Bonaparte est obligé d'ordonner de ralentir le feu; alors l'ennemi redouble d'audace; il travaille aux sapes avec une nouvelle activité; il pousse surtout avec ardeur celle de sa droite, dont le but était de couper la communication de la sape des assiégeans avec la nouvelle mine.

Bonaparte ordonne qu'à dix heures du soir des compagnies de grenadiers se jettent dans les ouvrages extérieurs de la place. L'ordre est exécuté; l'ennemi est surpris, égorgé; on s'empare de ses ouvrages, trois de ses canons sont encloués; mais le feu de la place, qui plonge sur ses ouvrages, ne permet pas d'y tenir assez long-temps pour les détruire entièrement; l'ennemi y rentre le 16, et travaille à les réparer. Il s'obstinait opiniâtrément à trouver les moyens de cheminer sur le boyau de la mine destinée à faire sauter la contrescarpe établie vis-à-vis la nouvelle brèche de la courtine. Le 17, dans la matinée, il fait une nouvelle tentative, qui ne réussit pas au gré de ses désirs, et il prend aussitôt le parti de couper sa contrescarpe le plus près possible de la mine.

On s'aperçoit à trois heures que l'ennemi débouche par une sape couverte sur le masque de la mine; on le canonne; le mal était fait; on parvient dans la nuit à le chasser de son logement; mais la mine était éventée, les châssis défaits et le puits comblé.

Cet événement était d'autant plus funeste, que la mine aurait pu jouer, à la rigueur, dans la nuit du 16 au 17, ainsi que Bonaparte l'avait ordonné; mais le général commandant l'artillerie avait insisté pour un délai de vingt-quatre heures, espérant voir enfin arriver dans la journée les poudres demandées au commandant de Ghazah. L'ancienne tour de brèche devenait alors le seul point où l'on pût continuer l'attaque; Bonaparte ordonne que, dans la nuit du 17 au 18, on s'empare de nouveau des places d'armes de l'ennemi, des boyaux qu'il a établis pour flanquer la brèche, et particulièrement de celui qui couronnait le glacis de la première mine, qu'on surprenne et qu'on égorge tout ce qui s'y trouvera, qu'on attaque les ouvrages et qu'on s'y loge.

Les éclaireurs de la 87e, et les grenadiers s'emparent de tous les ouvrages, excepté du boyau qui couronne le glacis de l'ancienne mine et prend la tour à revers; le feu terrible de l'ennemi rend inutiles tous les efforts de la valeur; on ne peut ni travailler au logement, ni le faire évacuer.

Le 18, on a connaissance d'environ trente voiles turques venant du port de Mœris, de l'île de Rhodes, et apportant aux assiégés des vivres, des munitions et un renfort de troupes considérable. Ce convoi était sous l'escorte d'une caravelle et de plusieurs corvettes armées.

Bonaparte veut prévenir l'arrivée de ces secours. Il ordonne de renouveler, dans la nuit du 18 au 19, la même attaque qui avait eu lieu la nuit précédente, à dix heures du soir; les deux places d'armes de l'ennemi, son boyau de glacis et la tour de brèche sont enlevés. On parvient à se loger dans la tour et dans le boyau. Les 18ᵉ et 32ᵉ demi-brigades comblent les boyaux et les places d'armes de cadavres ennemis; elles enlèvent plusieurs drapeaux et enclouent les pièces; la résistance opiniâtre des ennemis, le feu de ses batteries, rien n'arrête leur intrépidité. Jamais on ne déploya plus d'audace et de valeur. Les généraux Bon, Vial et Rampon étaient eux-mêmes à la tête de ces demi-brigades, et donnaient l'exemple du courage et du sang-froid. Le chef de la 18ᵉ, Boyer, militaire distingué, périt dans l'attaque; cent cinquante autres braves, dont dix-sept officiers, sont tués ou blessés; mais la perte des assiégés est considérable, et leurs cadavres servent d'épaulement aux assiégeans.

On apprend dans la nuit que les poudres venant de Ghazah arriveront le lendemain. Bonaparte ordonne qu'à la pointe du jour, on batte à la fois en brèche et la courtine à la droite de la tour de brèche, et cette tour elle-même. La courtine tombe et offre une brèche qui paraît praticable; Bonaparte s'y porte et ordonne l'assaut; la division Lannes marche précédée de ses éclaireurs et de ses grenadiers que conduit le général de brigade Rambaud; les autres divisions sont disposées pour les soutenir.

On s'élance à la brèche, on s'en empare; deux cents hommes sont déjà dans la place. D'après les ordres de Bonaparte, les troupes qui étaient dans la tour devaient, au moment où l'on s'emparerait de la brèche, attaquer quelques Turcs logés dans les débris d'une seconde tour, qui dominaient la droite de la brèche; les bataillons de tranchée devaient en outre se porter dans les places d'armes extérieures de l'ennemi, pour qu'il ne pût ni en sortir, ni fusiller la brèche en revers; ces ordres importans ne sont point exécutés avec assez d'ensemble.

L'ennemi, sorti de ses places d'armes extérieures, file dans le fossé de droite et de gauche, et parvient à établir une fusillade qui prend la brèche à revers. Les Turcs qui n'avaient point été délogés de la seconde tour qui domine la droite de la brèche, font une vive fusillade, ils lancent sur les assiégeans des matières enflammées; les troupes qui escaladaient hésitent et s'arrêtent; l'incertitude est dans leurs rangs; elles ne filent plus dans les rues avec la même impétuosité. Le feu des maisons, des barricades des rues, du palais de Djezzar, qui prenait de face et à revers ceux qui descendaient de la brèche, et ceux qui étaient déjà dans la ville, occasionne un mouvement rétrograde parmi les troupes qui sont entrées dans la place et ne s'y voient point assez soutenues. Elles abandonnent deux pièces de canon et deux mortiers dont elles s'étaient déjà emparées derrière les remparts.

Le mouvement se communique bientôt à toute la colonne. Le général Lannes parvient enfin à l'arrêter et à reporter sa colonne en avant. Les guides à pied, qui étaient en réserve, s'élancent à la brèche. On se bat corps à corps avec un acharnement réciproque. Mais l'ennemi avait repris le haut de la brèche, l'effet de la première impulsion ne subsistait plus, le général Lannes était grièvement blessé; le général Rambaud avait été tué dans la place. L'ennemi avait eu le temps de se rallier. Le débarquement s'était opéré. Non seulement on avait à combattre toutes les troupes qui se trouvaient sur la flotte, mais tous les matelots turcs étaient placés à la brèche pour la défendre : on se battait depuis le point du jour, et il était nuit. Tout l'avantage était désormais du côté de l'ennemi; la retraite devenait nécessaire, et l'ordre en fut donné.

En arrivant au camp, on apprend par le contre-amiral Gantheaume, que le chef de division Pérée, en croisant devant Jaffa, avait pris deux petits bâtimens qui avaient été séparés de la flotte turque, et sur lesquels se trouvaient six pièces d'artillerie de campagne, une quantité considérable de harnais et de provisions de bouche, cent cinquante mille francs en numéraire, quatre cents hommes de troupes, et l'intendant de la flottille turque. On avait trouvé sur lui l'état des forces embarquées sur la flotte, celui des munitions et des vivres; et il résultait de ses déclarations et de ses réponses, que la flotte faisait partie d'une expédition projetée contre Alexandrie, et combinée avec une autre expédition que Djezzar devait tenter par terre; mais à la nouvelle de l'attaque inopinée de Saint-Jean-d'Acre, on avait détaché de cette expédition tout ce dont on pouvait déjà disposer pour l'envoyer au secours de cette place.

Bonaparte avait fait continuer le feu des batteries, dans la journée du 20 et pendant la nuit. Le 21, à deux heures du matin, il se rend au pied de la brèche et ordonne un nouvel assaut.

Les éclaireurs des différentes divisions, les grenadiers de la 15°, ceux de la 19°, les carabiniers de la 2° légère montent à la brèche. Ils surprennent les postes de l'ennemi, les égorgent; mais ils sont arrêtés par de nouveaux retranchemens intérieurs qu'il leur est impossible de franchir; ils sont contraints de se retirer.

Le feu des batteries continue toute la journée; à quatre heures du soir, les grenadiers de la 25° demi-brigade arrivent de l'avant-garde; ils sollicitent et obtiennent l'honneur de monter à l'assaut. Ces braves s'élancent; mais l'ennemi avait établi une deuxième et une troisième ligne de défense, qu'on ne pouvait forcer sans de nouvelles dispositions : la retraite est ordonnée. Ces trois assauts coûtent à l'armée environ deux cents tués et cinq cents blessés. Elle a surtout à regretter la perte du général Bon blessé à mort; celle de l'adjudant-général Fouler; du chef de la 25ᵉ, le citoyen Venoux; de l'adjoint Pinault, de l'adjoint aux adjudans-généraux Gerbault, du citoyen Croisier, aide-de-camp du général en chef.

Le citoyen Arrighi, aide-de-camp du général Berthier; les adjoints aux adjudans-généraux Nethervood et Monpatris, sont grièvement blessés. Dans les deux derniers assauts, les grenadiers et les éclaireurs étaient commandés par le général Verdier.

Les revers des parallèles étaient remplis de cadavres turcs qui exhalaient une infection insupportable et dangereuse; comme on ne pouvait y entrer, Bonaparte envoie, le 22 au matin, un parlementaire à Djezzar, avec une lettre ainsi conçue :

« Alexandre Berthier, chef de l'état-major-général
« de l'armée,

« A Amet-Pacha-el-Djezzar.

« Le général en chef me charge de vous proposer
« une suspension d'armes pour enterrer les cada-
« vres qui sont sans sépulture sur le revers des tran-
« chées. Il désire aussi établir un échange de pri-
« sonniers; il a en son pouvoir une partie de la
« garnison de Jaffa, le général Abdallah, et spé-
« cialement les canonniers et bombardiers qui font
« partie du convoi arrivé il y a trois jours à Acre,
« venant de Constantinople. »

Le parlementaire dont Bonaparte avait fait choix était un Turc arrêté comme espion. On n'aurait pu, sans imprudence, hasarder avec ces barbares les usages militaires des nations policées. On tire sur le parlementaire; la place continue ses feux, et les batteries des assiégeans lui répondent.

Le 24, on renvoie le même parlementaire; il entre dans la place; mais elle continue son feu, et rien n'annonce qu'on se dispose à répondre. Au contraire, vers les sept heures du soir, au signal d'un coup de canon, l'ennemi fait une sortie générale; mais il est vigoureusement repoussé.

Les nouvelles que Bonaparte recevait d'Égypte lui annonçaient plusieurs soulèvemens, qui paraissaient se lier à un système général d'attaque qui devait avoir lieu, en Égypte, contre les Français.

Au Caire, et dans les autres villes principales, la tranquillité n'avait point été troublée par le plus léger mouvement; mais il n'en était pas de même dans les provinces de Benisouef, de Charkié et de Bahiré; toutes ces insurrections furent heureusement comprimées par la valeur et l'activité des troupes françaises et de leurs généraux.

Une tribu d'Arabes, sortie d'Afrique, s'était établie sur les frontières de la province de Gisëh, qu'elle inquiétait par ses brigandages, et dont elle cherchait à soulever les fellâhs. Le général envoie contre cette horde le général Lanusse, qui leur tend des embuscades, enlève leur camp et les disperse. Le fils du général Leclerc, jeune homme de la plus haute espérance, est dangereusement blessé en combattant ces barbares.

Peu de jours après, le village de Bodéir, province

de Charkié, s'étant révolté, le chef de brigade Durantheau, officier de mérite, s'y porte à la tête d'une colonne, et le village est brûlé.

Le pacha d'Égypte, qui, à l'approche des Français, avait fui avec Ibrahim-Bey, y avait laissé son kiaya. La conduite de ce kiaya lui avait mérité une sorte de confiance de la part de Bonaparte, qui l'avait nommé émir hadjy pour la prochaine caravane de la Mecque, et lui avait communiqué le plan de son expédition en Syrie. Le kiaya s'était même engagé à suivre l'armée, et il se mit effectivement en route; mais il marchait lentement, et s'arrêta dans la province de Charkié : il prétendit avoir reçu la nouvelle de la mort de Bonaparte, de la déroute complète des Français, et, déguisant sa perfidie sous ce faux prétexte, il soulève et pousse à la révolte la province de Charkié, ainsi que les Arabes, dont quelques uns s'unissent à lui.

Le général Dugua, toujours prévoyant et actif, avait donné l'ordre au général Lanusse de poursuivre ce traître; mais, fidèlement prévenu de la marche des Français, il fuit à leur approche, et leur échappe en se jetant dans le désert, d'où il gagne les montagnes de Damas.

Au commencement de floréal, un émissaire arrivé d'Afrique, débarqué à Derne, joue le saint, se dit *l'ange Él-Mahdi*, annoncé par l'Alcoran, s'environne de disciples, et se réunit aux Arabes. Deux cents Maugrabins arrivent aussi d'Afrique, comme par hasard, et se joignent au saint prophète.

Il annonce que les fusils, les baïonnettes, les sabres, les canons des Français, ne pourront atteindre les vrais croyans qui marcheront sous ses drapeaux; qu'à leur aspect les Français devaient poser les armes, et rester sans défense.

L'espoir d'un triomphe aussi facile et aussi peu dangereux entraîne, sur les pas de cet imposteur, une multitude aisée à séduire. Lorsqu'il se croit assez fort pour attaquer les Français avec avantage, il marche à la tête des Arabes sur Demenhour. Ces mêmes Arabes venaient, il y a quelques jours, de faire un traité de paix avec le général Marmont, commandant à Alexandrie. Soixante hommes de la Légion nautique étaient restés dans Demenhour, malgré l'ordre qu'avait reçu leur commandant de se rendre au fort de Rahmanié. Ils sont surpris et massacrés. L'ange El-Mahdi profite de ce premier succès, et de la confiance qu'il inspire dans ses promesses pour augmenter le nombre de ses prosélytes. Il parvient à soulever toute la province. Les habitans le suivent avec transport à des combats où ils doivent être invulnérables.

L'illusion de ces malheureux ne fut pas de longue durée. Le chef de brigade Lefebvre part du fort de Rahmanié avec deux cents hommes; il est bientôt environné par des nuées de ces fanatiques; il se bat jusqu'à six heures du soir, et rentre dans le fort de Rahmanié après avoir tué tout ce qui a eu la témérité d'avancer à la portée de son feu.

La mort de tant de croyans, victimes de leur crédulité, affaiblit considérablement le crédit de l'ange Êl-Mahdi et la foi de ses soldats; mais tout le pays était soulevé, et la crainte d'un châtiment terrible, la nécessité de s'y soustraire par des succès, la confiance dans leur nombre, rendaient aux habitans cette intrépidité que leur inspira d'abord le fanatisme. Il fallait pour les soumettre des forces plus considérables que celles dont le chef de brigade Lefebvre pouvait disposer. Le général Lanusse, à la tête d'une colonne mobile, arrive le 19 floréal à Rahmanié, et de là marche sur Demenhour. Il bat et met en fuite tout ce qui se présente devant lui. Il fait passer au fil de l'épée quinze cents hommes qui se trouvent dans la ville, et la réduit en cendres. Il dissipe et poursuit les disciples du saint Êl-Mahdi, qui lui-même, tremblant et grièvement blessé, ne trouve de salut que dans une prompte fuite.

Les Maugrabins passent le Nil et gagnent la Charkié; les Arabes se dispersent, et l'ordre est rétabli dans la province.

Dans le même temps quelques partis de mameloucks, chassés de la Haute-Égypte par le général Desaix, étaient descendus dans les provinces de la Basse-Égypte, où ils cherchaient à soulever les fellâhs et les Arabes; ils sont atteints et battus par le chef de brigade Destrées. Ils se réfugient dans la province de Charkié, où, d'après les ordres du général Dugua, le général de brigade Lagrange ne tarde pas à les poursuivre. Le 19 floréal, il atteint

Elfy-Bey et les Arabes Belley; il les bat, leur tue trois principaux kiachefs, et contraint le reste de se sauver dans l'oasis d'Housrel, d'où ils gagnent la Syrie à travers le désert.

Le général Lanusse, qui a déployé la plus grande activité et rendu les plus signalés services, en se portant avec une rapidité étonnante partout où il y avait des séditions, atteint, le 7 prairial, dans la Charkié, les Maugrabins et les autres disciples de l'ange Él-Mahdi, échappés de la Bahiré, lorsqu'il brûlait Demenhour. Il leur tue cent cinquante hommes, et brûle le village où ils se sont réfugiés.

Pendant ces expéditions les Anglais s'étaient présentés devant Suez; ils y avaient paru le 15 floréal, avec un vaisseau et une frégate. Ayant trouvé ce port en état de défense, ils se retirent, et laissent un brick en croisière; mais le chérif de la Mecque force les Anglais à souffrir que les bâtimens continuent d'apporter le café à Suez.

Une seule expédition avait manqué; celle contre Cosséir, dont le but était d'enlever les richesses que les mameloucks, battus par le général Desaix dans la Haute-Égypte, faisaient embarquer dans ce port. La chaloupe canonnière *le Tagliamento*, qui, d'après les ordres de Bonaparte, était partie de Suez le 16 ventôse, ayant sauté dès le premier coup de canon, il avait fallu se retirer; hors ce cas, un succès complet avait couronné toutes les entreprises, et les troupes restées en Égypte n'avaient pas manqué d'occasions de signaler leur courage et de rivaliser d'intrépidité avec les divisions qu'elles n'avaient pu suivre dans l'expédition de Syrie.

Cette expédition touchait elle-même à son terme; son but principal était rempli. L'armée, après avoir traversé le désert qui sépare l'Afrique de l'Asie, et vaincu tous les obstacles avec plus de rapidité qu'une armée arabe, s'était emparée de toutes les places fortes qui défendent les puits du désert. Elle avait déconcerté les plans de ses ennemis par l'audace et la rapidité de ses mouvemens. Elle avait dispersé, aux champs d'Édrelon et du mont Thabor, vingt-cinq mille cavaliers et dix mille fantassins, accourus de toutes les parties de l'Asie dans l'espoir de piller l'Égypte. Elle avait forcé le corps d'armée qu'on envoyait sur trente bâtimens assiéger les ports de l'Égypte, d'accourir lui-même au secours de Saint-Jean-d'Acre.

Bonaparte, avec environ dix mille hommes, avait nourri, pendant trois mois, la guerre dans le cœur de la Syrie; il avait détruit la plus formidable des armées destinées à envahir l'Égypte, pris ses équipages de campagne, ses outres, ses chameaux et un général. Il avait tué ou fait prisonniers plus de sept mille hommes, pris quarante pièces de campagne, enlevé plus de cinq cents drapeaux, forcé les places de Ghazah, Jaffa, Caïffa. Le château d'Acre ne paraissait pas encore disposé à se rendre; mais on avait déjà recueilli les principaux avantages qu'on s'était promis du siége de cette place. Quelques jours de plus donnaient l'espoir de prendre le pacha dans son palais : cette vaine gloire ne pouvait éblouir Bonaparte ; il touchait au terme du temps qu'il avait fixé à l'expédition de Syrie ; la saison des débarquemens en Égypte y rappelait impérieusement l'armée pour s'opposer aux descentes et aux tentatives de l'ennemi. La peste faisait des progrès effrayans en Syrie ; déjà elle avait enlevé sept cents hommes aux Français, et, d'après les rapports recueillis à Sour, il mourait journellement plus de soixante hommes dans la place d'Acre.

La prise de cette place pouvait-elle compenser la perte d'un temps précieux, et celle d'une foule de braves qu'il aurait fallu sacrifier, et qui étaient nécessaires pour des opérations plus importantes ?

Tous les militaires qui ont fait des siéges contre les Turcs, savent qu'ils se font tuer, et qu'ils sacrifient femmes et enfans pour défendre jusqu'au dernier monceau de pierres. Ils ne capitulent point et ne s'abandonnent jamais à la bonne foi de leurs ennemis, parce que, en pareil cas, ils ne savent qu'égorger.

Le siége d'Acre pouvait être long et meurtrier. Tout rappelait Bonaparte en Égypte. Il ne pouvait, sans compromettre le sort de son armée et de ses conquêtes, prolonger plus long-temps son séjour en Syrie. La gloire et les avantages de son expédition ne dépendaient nullement de la prise du château d'Acre. Il cède donc aux puissantes considérations qui lui ordonnent d'en lever le siége.

Il lui fallait plusieurs jours pour l'évacuation des

blessés et des malades. Il ordonne que les batteries de canons et de mortiers continuent leurs feux, et qu'on emploie le reste des munitions de siège à raser le palais de Djezzar, les fortifications et les édifices.

Le 26, à la pointe du jour, on s'aperçoit que l'amiral anglais a mis à la voile avec trois bâtimens turcs; il venait d'être instruit que les frégates françaises avaient enlevé deux de ses avisos et deux bâtimens turcs, et cette nouvelle lui inspirait des craintes sur un convoi de djermes et deux avisos turcs envoyés devant le port d'Abouzaboura, pour embarquer des Naplouzains que Djezzar croyait avoir déterminés de nouveau à se soulever. Le contre-amiral Pérée donnait en effet la chasse à cette flottille qui est dégagée par les Anglais; il fait prendre le large à ses frégates; mais elles ne sont point poursuivies par les vaisseaux anglais, qui s'empressent de retourner à Saint-Jean-d'Acre.

Le 27, à deux heures et demie du matin, l'ennemi fait une sortie; il est repoussé avec vigueur, après avoir perdu beaucoup de monde. A sept heures, il en fait une nouvelle sur tous les points; partout il trouve la même résistance. Il ne peut pénétrer dans aucun boyau; il est mitraillé par les batteries, et reconduit la baïonnette aux reins dans ses places d'armes : tout est couvert des cadavres des assiégés. Ce combat glorieux et sanglant ne coûte aux Français que vingt hommes tués et cinquante blessés.

Le 28, un parlementaire anglais se présente vers la plage, il ramène le Turc qui avait été envoyé le 22 à Djezzar en parlementaire, et apporte au chef de l'état-major une lettre du commodore anglais, qui s'exprimait ainsi en parlant de Bonaparte : « Ne « sait-il pas que *c'est moi seul* qui peux décider du « terrain qui est sous mon artillerie ? » Il voulait dire que Djezzar ne pouvait répondre sans son agrément et sa participation, et que c'était à lui qu'il fallait adresser toutes les propositions.

Le commandant du canot remet, en route, un paquet, contenant des proclamations de la Porte ottomane, certifiées par Sidney Smith, et conçues en ces termes :

PROCLAMATION.

« Le ministre de la sublime Porte aux généraux, officiers et soldats de l'armée française qui se trouvent en Égypte.

« Le directoire français, oubliant entièrement le droit des gens, vous a induits en erreur, a surpris votre bonne foi, et, au mépris des lois de la guerre, vous a envoyés en Égypte, pays soumis à la domination de la sublime Porte, en vous faisant accroire qu'elle-même avait pu consentir à l'envahissement de son territoire.

« Doutez-vous qu'en vous envoyant ainsi dans une région lointaine, son unique but n'ait été de vous exiler de la France, de vous précipiter dans un abîme de dangers, et de vous faire périr tous tant que vous êtes? Si, dans une ignorance absolue de ce qui en est, vous êtes entrés sur les terres d'Égypte, si vous avez servi d'instrument à une violation des traités, inouïe jusqu'à présent parmi les puissances; n'est-ce point par un effet de la perfidie de vos directeurs? Oui, certes; mais il faut pourtant que l'Égypte soit délivrée d'une invasion aussi inique. Des armées innombrables marchent en ce moment; des flottes immenses couvrent déjà la mer.

« Ceux d'entre vous, de quelque grade qu'ils soient, qui voudront se soustraire au péril qui les menace, doivent, sans le moindre délai, manifester leurs intentions aux commandans des forces de terre et de mer des puissances alliées; qu'ils soient sûrs et certains qu'on les conduira dans les lieux où ils désireront aller, et qu'on leur fournira des passe-ports pour n'être pas inquiétés pendant leur route par les escadres alliées, ni par les bâtimens armés en course. Qu'ils s'empressent donc de profiter à temps de ces dispositions bénignes de la sublime Porte, et qu'ils les regardent comme une occasion propice de se tirer de l'abîme affreux où ils ont été plongés.

« Fait à Constantinople, le 11 de la lune de ramazan, l'an de l'Hégyre 1213, et le 5 février 1799.

« Je, soussigné, ministre plénipotentiaire du roi d'Angleterre près la Porte ottomane, et actuellement commandant la flotte combinée devant Acre, certifie l'authenticité de cette proclamation, et garantis son exécution. A bord du *Tigre*, le 10 mai 1799.

« *Signé* SIDNEY SMITH. »

Cet écrit reçoit la seule réponse que l'honneur accorde à de lâches conseils, le silence du mépris. L'amiral anglais fait connaître qu'il existe entre l'Angleterre et la Porte un traité d'alliance, signé le 5 janvier 1799; il envoie quelques prisonniers français qu'il avait enlevés des mains de Djezzar.

L'officier qui commandait le canot anglais est renvoyé sans réponse, et le feu continue de part et d'autre.

Pendant la nuit, on commence l'évacuation des blessés, des malades et du parc d'artillerie. Le 1er bataillon de la 69e demi-brigade part le 29; le 2e le suit le 30, ils escortent les convois d'artillerie et les blessés. L'avant-garde, aux ordres du général Junot, après avoir brûlé tous les magasins de Tabarié, prend position à Safarié, pour couvrir les débouchés d'Obeline et de Cheif-Amrs sur le camp d'Acre.

L'ennemi, qui était bombardé et canonné plus vivement qu'il ne l'avait encore été, qui voyait un feu plus terrible que tout ce qu'il avait essuyé jusqu'alors se diriger sur le palais de Djezzar, sur les parties des fortifications qui n'avaient point encore été battues, et sur tous les édifices de la ville, fait, le 1er prairial, à la pointe du jour, une sortie générale; il est reçu avec intrépidité et forcé de se retirer promptement. Ce mauvais succès ne le décourage point; à trois heures de l'après-midi, il sort de nouveau sur tous les points; il emploie tous les renforts qu'il a reçus; il combat avec une fureur et un acharnement qu'il n'avait pas encore déployés. Son but était de pénétrer dans les batteries dont le feu lui devenait si incommode, de les détruire, et de prévenir ainsi la ruine de la ville. Malgré son opiniâtreté et la vivacité de ses attaques, il est repoussé sur tous les points, et obligé de se retirer avec une grande perte. Cependant il parvient à s'emparer un instant du boyau qui couronne le glacis de la tour de brèche. Mais à peine y est-il entré, que le général de brigade Lagrange, qui commande la tranchée, l'attaque avec deux compagnies de grenadiers, reprend le boyau, poursuit les assiégés jusque dans leur place d'armes extérieure, tue tout ce qui ne se précipite pas dans la place, et les pousse jusque dans leurs fossés.

L'artillerie de campagne remplaçait aux batteries l'artillerie de siége qui venait de partir. On était parvenu à détruire par des mines et à la sape un aquéduc de plusieurs lieues qui conduisait l'eau à la ville; on réduit en cendres les magasins et les moissons qui sont aux environs d'Acre; on jette à la mer tous les objets inutiles; on se prépare à lever le siége.

La proclamation suivante du général en chef explique suffisamment les motifs de cette conduite.

PROCLAMATION.

« Au quartier-général devant Acre, le 28 floréal an VII.

« BONAPARTE, GÉNÉRAL EN CHEF.

« SOLDATS,

« Vous avez traversé le désert qui sépare l'Asie de l'Afrique, avec plus de rapidité qu'une armée arabe.

« L'armée qui était en marche pour envahir l'Égypte est détruite; vous avez pris son général, son équipage de campagne, ses bagages, ses outres, ses chameaux.

« Vous vous êtes emparés de toutes les places-fortes qui défendent les puits du désert.

« Vous avez dispersé aux champs du mont Thabor cette nuée d'hommes accourus de toutes les parties de l'Asie dans l'espoir de piller l'Égypte.

« Les trente vaisseaux que vous avez vus arriver devant Acre, il y a douze jours, portaient l'armée qui devait assiéger Alexandrie; mais, obligée d'accourir à Acre, elle y a fini ses destins; une partie de ses drapeaux orneront votre entrée en Égypte.

« Enfin, après avoir, avec une poignée d'hommes, nourri la guerre pendant trois mois dans le cœur de la Syrie, pris quarante pièces de campagne, cinquante drapeaux, fait six mille prisonniers, rasé les fortifications de Ghazah, Jaffa, Caïffa, Acre, nous allons rentrer en Égypte; la saison des débarquemens m'y rappelle.

« Encore quelques jours, et vous aviez l'espérance de prendre le pacha même au milieu de son palais; mais dans cette saison la prise du château d'Acre ne vaut pas la perte de quelques jours; les braves que je devrais d'ailleurs y perdre sont aujourd'hui nécessaires pour des opérations plus essentielles.

« Soldats, nous avons une carrière de fatigues et de dangers à courir. Après avoir mis l'Orient hors d'état de rien faire contre nous cette campagne, il nous faudra peut-être repousser les efforts d'une partie de l'Occident.

« Vous y trouverez une nouvelle occasion de gloire; et si, au milieu de tant de combats, chaque jour est marqué par la mort d'un brave, il faut que de nouveaux braves se forment, et prennent rang à leur tour parmi ce petit nombre qui donne l'élan dans les dangers et maîtrise la victoire. »

Le 1er prairial, à neuf heures du soir, on bat la générale, et le siége est levé après soixante jours de tranchée ouverte.

La division du général Lannes se met en marche pour Tentoura; elle est suivie par les équipages de l'armée et le parc de la division Bon.

La division Kléber et la cavalerie prennent position; l'infanterie en arrière du dépôt de la tranchée, et la cavalerie devant le pont de la rivière d'Acre, à quinze cents toises de la place.

En même temps la division Regnier qui était de tranchée se replie dans le plus grand silence; les pièces de campagne sont portées à bras, et suivent la route de l'armée; les postes se replient sur la place d'armes. La division Regnier, placée à la queue de la tranchée, va dans son camp reprendre ses sacs et suit la marche de l'armée. Lorsqu'elle a passé le pont, la division Kléber fait son mouvement; elle est suivie de la cavalerie qui a ordre de ne quitter la rivière que deux heures après le départ des dernières troupes d'infanterie. Elle y laisse cent dragons pied à terre, pour protéger les ouvriers qui détruisent les deux ponts.

Le général Junot s'était porté, avec son corps, au moulin de Kerdanné, pour couvrir le flanc gauche de l'armée.

On aurait levé le siége de jour, si l'armée n'avait pas eu trois lieues à parcourir sur la plage; circonstance qui donnait à l'ennemi la facilité de suivre ce mouvement avec ses chaloupes canonnières, et d'établir une canonnade qu'il était prudent d'éviter. Les assiégés continuent leur feu tout le reste de la nuit, et ne s'aperçoivent qu'au jour de la levée du siége; ils avaient été si maltraités qu'ils ne purent faire aucun mouvement. L'armée exécute sa marche dans le plus grand ordre. Le 22, elle arrive à Tentoura, port où l'on avait débarqué les objets envoyés de Damiette et de Jaffa, et sur lequel avait été évacuée l'artillerie de siége avec quarante pièces de campagne turques, prises à Jaffa, et dont une partie avait été conduite devant Acre.

On n'avait pas assez de chevaux pour traîner cette immense artillerie turque. Bonaparte avait décidé que tous les moyens de transport seraient de préférence employés à l'évacuation des malades et des blessés. En conséquence, il ne fait suivre que deux obusiers et quelques petites pièces turques, et il en fait jeter vingt-deux à la mer; les caissons et les affûts sont brûlés sur le port de Tentoura.

Tous les malades et blessés sont évacués sur Jaffa; généraux, officiers, administrateurs, chacun donne ses chevaux; il ne reste pas un seul Français en arrière. Les hommes attaqués de la peste sont également évacués.

L'armée couche le 3 sur les ruines de Césarée; le 4, des Naplouzains se montrent au port d'Abouhaboura; quelques uns sont pris et fusillés; les autres s'éloignent. Leur but est de s'emparer des haillons qu'une armée abandonne dans sa marche.

L'armée campe le 5 à quatre lieues de Jaffa, sur une petite rivière, ou plutôt un médiocre ruisseau. Des partis se répandent dans les villages dont les habitans, pendant le siége, ont attaqué, pillé les convois et égorgé les escortes. Les habitations sont réduites en cendres, les troupeaux enlevés et les grains incendiés. Cette vengeance était commandée par la justice après tant d'assassinats : elle était autorisée par les lois rigoureuses de la guerre, puisqu'elle ôtait à l'ennemi tout moyen d'approvisionnement.

L'armée arrive le 5 à Jaffa; un pont de bateaux avait été jeté sur la rivière de Lahoya, que l'on passe difficilement à gué à son embouchure. On séjourne le 6, le 7 et le 8 à Jaffa. Ce temps est employé à punir les villages des environs qui se sont mal conduits. On fait sauter les fortifications de Jaffa, on jette à la mer toute l'artillerie en fer de la place. Les blessés sont évacués tant par mer que par terre. Il n'y avait qu'un petit nombre de bâtimens, et, pour donner le temps d'achever l'évacuation par terre, l'on est obligé de différer jusqu'au 9 le départ de l'armée.

Le 1ᵉʳ et le 2ᵉ bataillon de la 69ᵉ, et la 22ᵉ légère, partent successivement pour escorter les convois.

L'armée se met le 9 en marche. La division Regnier forme la colonne de gauche, et s'avance par Ramlé. Le quartier-général, la division Bon et la division Lannes suivent la route du centre. Le pays qu'on allait parcourir jusqu'à Ghazah avait commis toutes sortes d'excès. L'ordre est donné à la colonne du général Regnier et à celle du centre, de brûler les villages et toutes les moissons. La cavalerie prend la droite et s'avance, le long de la mer, dans les dunes, pour ramasser les troupeaux qui s'y sont réfugiés. La division Kléber forme l'arrière-garde, et ne quitte Jaffa que le 10.

L'armée marche dans cet ordre jusqu'à Kan-Jounes. La plaine est toute en feu; mais le souvenir du pillage des convois et des horreurs exercées contre les Français, ne justifiaient que trop ces représailles.

L'armée campe le 10 à Él-Majdal et arrive le 11 à Ghazah. Cette ville s'était bien conduite; les personnes et les propriétés y sont respectées. On fait sauter le fort, et l'armée part le lendemain pour Kan-Jounes où elle arrive le même jour. Le 13, elle entre dans le désert, suivie d'une quantité considérable de bestiaux enlevés à l'ennemi et destinés à l'approvisionnement de Êl-A'rych. Le désert entre cette place et Kan-Jounes a onze lieues d'étendue. Il est habité par quelques Arabes, du brigandage desquels Bonaparte avait à se plaindre. On brûle leur camp, on enlève leurs bestiaux, leurs chameaux, et on incendie le peu de récoltes qui se trouvent dans certaines parties du désert.

L'armée séjourne le 14 à Êl-A'rych. Cette place devenait de la plus grande importance. Bonaparte y ordonne de nouveaux travaux et de nouvelles fortifications, la fait approvisionner de vivres et de munitions, et y laisse garnison.

L'armée continue sa marche sur Cathiëh, où elle arrive le 16, après avoir horriblement souffert de la soif. Les divisions marchaient successivement; mais les puits étaient beaucoup moins abondans, et l'eau plus saumâtre qu'au premier passage de l'armée.

Les magasins de Cathiëh étaient parfaitement approvisionnés; l'armée séjourne dans cette place. Bonaparte va reconnaître Tinëh, Peluse et la bouche d'Omm-Faredje. Il ordonne la construction d'un fort à Tinëh, pour se rendre maître de la bouche d'Omm-Faredje. Il laisse à Cathiëh une garnison considérable; il réunit au commandement de cette place celui de Êl-A'rych, et le confie à un général de brigade.

Le 18, l'armée continue sa marche. Le quartier-général part le 19 pour Salêhiëh. La division Kléber se rend à Tinëh, où elle s'embarque pour Damiette. Les autres divisions de l'armée prennent la route du Caire, où elles arrivent le 26 prairial.

Les grands du Caire, le peuple et la garnison viennent au-devant de l'armée, qui se déploie dans l'ordre de parade. On est étonné de voir cette armée sortant du désert, et après quatre mois d'une campagne pénible et sanglante, se présenter dans le meilleur ordre et avoir la plus belle tenue.

A ce spectacle, succède bientôt un tableau vraiment attendrissant; c'est celui d'amis, de camarades, qui se livrent avec enthousiasme au plaisir de se revoir et de s'embrasser. La ville du Caire devient, pour les Français, une seconde patrie; ils y sont reçus par les habitans comme des compatriotes.

Mille rapports extravagans et semés par la malveillance, avaient précédé le retour de l'armée au Caire; on la disait réduite à quelques hommes blessés et mourans. Voici l'exacte vérité.

Le corps d'armée de l'expédition de Syrie a perdu, dans quatre mois, sept cents hommes morts de la peste, et cinq cents tués dans les combats. Le nombre des blessés était, il est vrai, de dix-huit cents; mais quatre-vingt-dix seulement avaient été amputés; presque tous les autres avaient l'espoir d'être promptement guéris, et devaient rentrer dans leurs corps.

C'était surtout les ravages de la peste que la malignité s'était plue à exagérer. A l'arrivée de l'armée en Syrie, les villes étaient infectées de cette maladie, que la barbarie et l'ignorance rendent si funeste dans ces contrées; celui qui en est attaqué se croit mort, tout le fuit et l'abandonne, et il expire quand les secours de la médecine, quand des soins convenables auraient pu le rendre à la vie. Le fatalisme, que ces peuples professent, contribue beaucoup à leur faire négliger le secours des médecins.

Les soldats français avaient bien aussi quelques préjugés; ils prenaient la moindre fièvre pour la peste, et se croyaient atteints d'une maladie incurable et mortelle. Le citoyen Desgenettes, médecin en chef de l'armée, parcourt les hôpitaux, visite chacun des malades et calme d'abord leur imagination effrayée. Il soutient que les bubons, qu'ils prennent pour des symptômes de peste, appartiennent à une espèce de fièvre maligne dont il est très facile de guérir avec des soins et des ménagemens; il va jusqu'à s'inoculer en présence des malades la matière de ces bubons, et emploie pour se guérir les remèdes qu'il leur ordonne.

Tous les genres d'héroïsme devaient éclater dans cette brave armée, et le dévouement du citoyen Desgenettes n'a pas été le moins généreux ni le moins utile. Après avoir rendu au soldat cette tranquillité d'esprit si nécessaire à la guérison, il achève par ses talens, ses soins assidus, ce qu'il a si heureusement entrepris, et le plus grand nombre recouvre la santé.

Un si bel exemple ne pouvait être perdu pour les autres officiers de santé. On ne peut donner trop d'éloges à la conduite du citoyen Larrey, chirurgien en chef de l'armée, pour le zèle et l'activité qu'il n'a cessé de déployer. On le voyait, lui et ses dignes confrères, sous le feu de l'ennemi, au pied de la brèche, panser les malheureux blessés. Plusieurs ont reçu des blessures à ce poste honorable; l'un d'eux a même été tué, mais rien ne pouvait arrêter leur ardeur et leur dévouement.

EXPÉDITION DANS LA HAUTE-ÉGYPTE.

Pendant qu'au nord Bonaparte battait dans la Syrie les armées qu'Ibrahim-Bey et Djezzar se disposaient à conduire contre lui, le général Desaix, au midi, chassait dans la Haute-Égypte, Mourâd-Bey qui s'y était réfugié après la bataille des Pyramides.

Un mois après la prise du Caire, le général Desaix avait reçu l'ordre de marcher à la poursuite de Mourâd-Bey. Il s'était embarqué le 8 fructidor an VI, à la pointe du jour, avec deux bataillons de la 88ᵉ de ligne, deux bataillons de la 2ᵉ légère, deux bataillons de la 61ᵉ de ligne et l'artillerie attachée à sa division. Le convoi était escorté d'un chebeck, d'un aviso et de deux demi-galères armées en guerre.

Le 12, la division se trouve réunie à Al-Fieldi; arrivée le 13 à Bené, elle prend position en avant de la ville, appuyant sa gauche et sa droite au Nil, de manière à ce qu'elles soient protégées par les bâtimens de guerre; elle conserve cette position les 14, 15, 16 et 17 fructidor; et le 18, le général Desaix ayant pourvu à ses moyens de subsistance, elle part pour se rendre à Aba-Girgé, où elle arrive à sept heures du soir. Le général Desaix est informé que cent cinquante mameloucks, et beaucoup de djermes chargées de bagages, vivres et munitions, sont à Richnesé. Il se met en marche le 20 à la pointe du jour, avec le 1er bataillon de la 21e légère pour reconnaître leur position. L'inondation du Nil était déjà très étendue : les troupes éprouvaient les plus grandes difficultés. Elles traversent huit canaux et parviennent au lac Barthin, qu'elles passent à gué ayant de l'eau jusque sous les bras. Après avoir marché pendant quatre heures continuellement dans l'eau, elles arrivent au village de Chéboubié. Mourâd-Bey était descendu jusqu'au Faïoum; il avait laissé trois beys à Behnésé, avec cent cinquante mameloucks et beaucoup d'Arabes. Le général Desaix s'avance sur ce village; malgré les difficultés que lui oppose dans sa marche une digue qu'il est obligé de suivre, il fait tant de diligence, qu'il arrive au moment où les équipages de l'ennemi passaient le canal de Joseph. Les mameloucks et les Arabes étaient sur la rive gauche, et protégeaient douze djermes qui s'échappaient en remontant le Nil.

Les carabiniers de la 21ᵉ s'élancent sur la rive; ils font un feu très vif qui éloigne les mameloucks et disperse les Arabes. Les douze djermes sont arrêtées; onze étaient chargées de munitions, de vivres, et surtout d'une grande quantité de blé : la 12ᵉ portait sept pièces de canon.

Le général Desaix rentre le 21 à Aba-Girgé où il rejoint sa division; il appareille et arrive le 26 à la hauteur de Tarout'-Elcheriff; le 27, il prend position à l'entrée du canal de Joseph. Informé que l'ennemi occupait Siout avec le reste de ses bâtimens de guerre, il part dans l'après-midi avec deux demi-galères, deux bataillons de la 61ᵉ et deux de la 88ᵉ. Il marche vers Siout, après avoir ordonné à un aviso d'escorter la 21ᵉ qui doit le suivre; il laisse un détachement de cette demi-brigade et une chaloupe canonnière pour occuper Tarout'-Elcheriff et protéger la navigation avec le Caire.

Le 28, il arrive à Siout; mais l'ennemi s'était enfui à son approche, et avait remonté jusqu'à Girgé ses djermes et ses bâtimens de guerre.

Trois kiachefs de Soliman-Bey, et environ trois cents mameloucks et quelques Arabes, étaient à Benhadi, à six lieues de Siout, avec leurs femmes et beaucoup d'équipages. Le général Desaix, dans l'espoir de les atteindre, part le premier jour complémentaire. Il longe les montagnes et arrive le lendemain au jour naissant, après une marche pénible à travers le désert. L'ennemi avait déjà disparu. Desaix rentre à Siout le troisième jour complémentaire; il y laisse une demi-brigade et un aviso, pour escorter un convoi considérable de grains dont il avait ordonné le chargement pour le Caire; et le soir même, il part avec sa division et sa flottille, dans le dessein de rejoindre Mourâd-Bey qui avait regagné le Faïoum.

Le cinquième jour complémentaire, il arrive à l'entrée du canal de Joseph, et reçoit du Caire un convoi qui lui apporte cinquante quintaux de biscuit et trois mille cartouches.

Il se met en marche le 2 vendémiaire et entre dans le bahr Joseph, laissant sur le Nil six bâtimens de guerre pour garder l'entrée du canal, et croiser à la hauteur de Tarout'-Elcheriff; deux de ces bâtimens ont ordre de descendre jusqu'à Benesneff, en suivant le mouvement de la division.

Après une longue et pénible navigation dans le canal, où les djermes échouaient souvent par la difficulté de suivre la division à travers des plaines inondées, l'avant-garde aperçoit, le 12, un poste de Mourâd-Bey à la hauteur du village de Menekia. Desaix ordonne le débarquement, et se porte avec un détachement sur des espèces de dunes qui dominent le canal de distance en distance jusqu'à Illahon. Il s'engage une fusillade d'avant-garde; l'ennemi se retire, la division se rembarque et continue de suivre le canal.

Le 13 au matin, on aperçoit l'ennemi embusqué

dans un endroit où le canal s'approche du désert; des forces considérables se montrent tout à coup dans le village de Manzoura. Il eût été dangereux de débarquer sous le feu de l'ennemi; le général Desaix ordonne de revirer de bord, regagne la position près de Menekia, et fait débarquer sa division qui se forme successivement.

Des compagnies de carabiniers chassent et dispersent les mamelroucks qui harcelaient les barques.

Après avoir formé sa division en carré, Desaix organise le service des barques de manière à leur faire suivre dans le canal le mouvement des troupes qui s'avancent à l'extrémité de l'inondation, et au bord du désert. Les mamelroucks paraissent vouloir attaquer; quelques coups de canon les éloignent, et à la nuit la division prend position vis-à-vis le village de Manzoura.

Elle continue sa marche dans le même ordre, mais elle est harcelée par l'avant-garde de l'ennemi. Le corps de Mourâd-Bey était encore éloigné de deux lieues, et paraissait formé sur deux lignes. A l'approche de la division, il gagne les hauteurs, prend position sur son flanc gauche, et se met en mesure de la charger.

Desaix ordonne un changement de direction, marche droit à Mourâd-Bey, et le canonne avec tant de succès, que cette masse de cavalerie, incertaine dans ses mouvemens, s'arrête et se replie. La division continue sa marche jusqu'à Elbelamon.

Le 15, elle regagne ses barques pour y prendre

du biscuit. L'ennemi croit qu'elle rétrograde ; il la harcelle en poussant des cris de victoire et de joie ; quelques coups de canon l'éloignent, et l'armée continue sa route, après avoir pris des vivres et le repos nécessaire.

Desaix, informé par ses espions que Mourâd-Bey avait l'intention de l'attendre à Sédiman, et de lui livrer bataille, se dispose à l'attaquer lui-même.

Le 16, au lever du soleil, la division se met en mouvement ; elle est formée en carré, avec des pelotons de flanc : elle suit l'inondation et le bord du désert. A huit heures, on aperçoit Mourâd-Bey à la tête de son armée, composée d'environ trois mille mamelouks et huit à dix mille Arabes. L'ennemi s'approche, entoure la division, et la charge avec la plus grande impétuosité sur toutes ses faces ; mais de tous côtés il est vivement repoussé par le feu de l'artillerie et de la mousqueterie ; les plus intrépides des mamelouks, désespérant d'entamer la division, se précipitent sur l'un des pelotons de flanc, commandé par le capitaine Lavalette, de la 21.e légère. Furieux de la résistance qu'ils éprouvent, et de l'impuissance où ils sont de l'enfoncer, les plus braves se jettent en désespérés dans les rangs, où ils expirent après avoir vainement employé à leur défense les armes dont ils sont couverts, leurs carabines, leurs javelots, leurs lances, leurs sabres et leurs pistolets. Ils tâchent du moins de vendre chèrement leur vie, et tuent plusieurs chasseurs.

De nouveaux détachemens de mamelouks saisissent ce moment pour charger deux fois le peloton entamé; les chasseurs se battent corps à corps, et, après des prodiges de valeur, se replient sur le carré de la division. Dans cette attaque, les mameloucks perdent plus de cent soixante hommes : elle coûte aux braves chasseurs treize hommes morts et quinze blessés.

Mourâd-Bey, après avoir fait charger les autres pelotons sans plus de succès, divise sa nombreuse cavalerie, qui n'avait encore agi que par masse, et fait entourer la division. Il couronne quelques monticules de sable, sur l'un desquels il démasque une batterie de plusieurs pièces de canon, placée avec avantage, et qui fait un feu meurtrier.

Le général Desaix, devant un ennemi six fois plus fort que lui, et dans une position où une retraite difficile sur ses barques le forçait à abandonner ses blessés, juge qu'il faut ou vaincre ou se battre jusqu'au dernier homme. Il dirige sa division sur la batterie ennemie qui est enlevée à la baïonnette.

Maître des hauteurs et de l'artillerie de Mourâd-Bey, Desaix fait diriger une vive canonnade sur l'ennemi, qui bientôt fuit de toutes parts. Trois beys et beaucoup de kiachefs restent sur le champ de bataille, ainsi qu'une grande quantité de mameloucks et d'Arabes. La division ramène ses blessés, prend quelque repos, et se met en marche à trois heures après midi pour Sédiman, où elle s'empare d'une partie des bagages de l'ennemi, que les Arabes commençaient à piller. Mouràd-Bey se retire derrière le lac de Ghazah, dans le Faïoum : les Arabes l'abandonnent.

Les Français ont perdu dans la bataille de Sédiman, trois cent quarante hommes; cent cinquante ont été blessés. Généraux, officiers et soldats, tous se sont couverts de gloire. La division part le 17, avec la flottille, pour se rendre à Illahon; elle s'empare des barques de l'ennemi qui s'y trouvent.

Le général Desaix fait partir les blessés pour le Caire, où il avait déjà envoyé environ quatre cents hommes affectés d'ophthalmies, maladie occasionnée par les vapeurs du Nil, et malheureusement très commune dans la Haute-Égypte. La division reste à Illahon, d'où elle part pour lever les impositions et prendre les chevaux du Faïoum. Mouràd-Bey avait non seulement défendu aux habitans de payer, il avait encore envoyé Ali-Kiachef avec cent cinquante mameloucks et des Arabes pour soulever le pays.

Desaix laisse trois cent cinquante hommes dans la ville de Faïoum, et il en part le 16 brumaire pour soumettre les villages insurgés. Il trouve sous les armes tous ceux dans lesquels il se présente; mais ils rentrent aussitôt dans l'obéissance, à l'exception du village de Liriné, où Ali-Kiachef soutient contre l'avant-garde un léger combat, à la suite duquel il prend la fuite, abandonnant six chameaux chargés d'effets. Le village est livré au pillage et brûlé.

Mouràd-Bey, profitant du moment où le général

Desaix avait quitté le Faïoum pour parcourir la province, avait envoyé environ mille mameloucks pour soulever le pays et marcher sur la ville de Faïoum. Des beys et des kiachefs s'étaient répandus au nord et au midi de la province, pour soulever les Arabes et les fellâhs. Le 17, une multitude prodigieuse était déjà réunie sous les armes. Le 18, à huit heures du matin, des Arabes paraissent au sud-ouest de la ville de Faïoum, et s'avancent vers la partie qui est sur la rive gauche du canal.

Le général Robin, atteint de l'ophthalmie, se trouvait à Faïoum. Le chef de bataillon Expert était commandant de la place. Instruit des mouvemens de l'ennemi, il retranche, autant que le permettent les moyens d'une ville ouverte de toutes parts, la maison où l'hôpital est établi.

Il n'avait que trois cent cinquante hommes et cent cinquante malades. Sur les onze heures du matin, plus de trois mille Arabes, mille mameloucks, et une quantité prodigieuse de fellâhs armés s'avancent sur deux colonnes; une partie s'élance et escalade l'enceinte des faubourgs; ils avaient à leur tête des beys et des kiachefs. Tous attaquent en même temps et avec fureur sur tous les points.

Toutes les issues de la ville n'avaient pu être occupées. L'ennemi profite de cet avantage, pour tourner les principaux postes, qui, après avoir fait une vive résistance, et couvert de morts les défilés qu'ils défendent, se retirent en bon ordre, en se ralliant à la maison d'Ali-Kiachef, où était l'hôpital. C'est là que le général Robin et le commandant Expert réunissent leurs forces afin d'éviter une guerre de rue trop meurtrière. Pendant que les Arabes et les fellâhs s'approchent en gagnant de toit en toit, le reste des assiégeans se précipite en foule et sans précautions par les grandes issues.

Le chef de bataillon Expert avait prévu ce désordre; et, dans le dessein d'en profiter, il avait formé dans l'hôpital deux colonnes retranchées. Il commande lui-même la colonne de droite; celle de gauche est confiée au chef de bataillon Sacro. Dès que l'ennemi est à portée, la réserve fait une fusillade terrible par les toits et les fenêtres; en même temps les deux colonnes débouchent en battant la charge, et fondent à la baïonnette sur l'ennemi, qu'elles culbutent de rue en rue. La terreur s'empare également des Arabes et des fellâhs qui sont sur les maisons; la plupart, croyant la victoire assurée, se livraient au pillage; tous veulent se sauver à la fois et s'embarrassent dans leur fuite; on en fait un carnage affreux; l'ennemi est poursuivi jusqu'à une lieue de la ville par les chefs de bataillon Expert et Sacro, qui montrent l'un et l'autre une intrépidité et un sang-froid qu'on ne peut trop admirer. L'ennemi laisse deux cents hommes tués dans la ville, et un grand nombre de blessés; les Français ont eu quatre hommes tués et seize blessés.

Les habitans de la ville de Faïoum se réunissent aux Français et poursuivent l'ennemi. Desaix s'était mis en marche pour cette ville aussitôt qu'il avait été informé des dangers qui la menaçaient ; il y arrive le 20 frimaire au matin, il apprend la victoire aussi glorieuse qu'inespérée de ses braves, et il s'empresse d'en profiter pour faire de nouvelles courses dans les provinces de Benesouef et de Miniet, et disputer la levée des impositions de ces provinces à Mourâd-Bey, qui faisait aussi des incursions dans l'intention de les percevoir.

Quoique battu à Sédiman et à Faïoum, Mourâd-Bey, à la faveur de sa cavalerie, que l'infanterie française ne pouvait atteindre, restait toujours maître des provinces de la Haute-Égypte, et conservait une position menaçante.

Bonaparte envoie à Desaix un renfort de mille hommes de cavalerie, et de trois pièces d'artillerie légère commandés par le général Davoust, et lui donne ordre de poursuivre vivement Mourâd-Bey jusqu'aux cataractes du Nil, de détruire les mameloucks, ou de les chasser entièrement de l'Égypte.

Le général Davoust, parti du Caire le 16 frimaire, se rend en quatre jours à Benesouef, et a bientôt rejoint le général Desaix. La division se met en mouvement le 26 frimaire, pour attaquer Mourâd-Bey qui était campé à deux journées de marche, sur la rive gauche du canal Joseph, et au bord du désert.

Le 27 frimaire, elle rencontre l'avant-garde de l'ennemi, formée par les mameloucks de Sclim-Aboudic. On les chasse du village de Fechen, où ils venaient de prendre position, et ils se retirent sur le camp de Mourâd-Bey qui fuit à l'approche du général Desaix, et marche vers le Nil qu'il se dispose à remonter. La division, sur laquelle il avait dix à douze heures d'avance, cherche en vain à l'atteindre. Elle bivouaque, le 27, à Zafetezain; le 28, à Bermin; le 30, à Zagny, où elle quitte les montagnes pour se rapprocher du fleuve. L'infanterie prend position à Taha, la cavalerie à Miniet, d'où Mourâd-Bey avait fui au lever du soleil, et avec tant de précipitation, qu'il avait abandonné quatre djermes portant une pièce de douze en bronze, un mortier de douze pouces, et quinze pièces de canon de fer de différens calibres.

Mourâd-Bey se retire vers le Haut-Saïd; Desaix le poursuit à grandes journées. Le 1ᵉʳ nivôse, la division couche près des anciens portiques d'Achmounain; le 4 à Siout, et arrive le 9 à Girgé.

Mais la flottille, sans cesse retardée par les vents contraires, n'avait pu mettre la même célérité dans ses mouvemens. On avait le plus grand besoin des munitions et des approvisionnemens dont elle était chargée, et l'on se voit contraint de perdre à l'attendre vingt jours d'un temps précieux.

Mourâd-Bey profite de cette inaction des Français pour leur susciter des ennemis de tous les côtés. Déjà il avait écrit aux chefs du pays de Jedda et d'Yamb'o, pour les engager à passer la mer, et à exterminer *une poignée d'infidèles qui voulaient détruire la religion de Mahomet.* Des émissaires avaient été envoyés en Nubie, et en amenaient des renforts. D'autres s'étaient rendus à Hesney, près du vieil Hassan-Bey Jaddâoui, dans le dessein de le réconcilier avec Mourâd-Bey, et de le déterminer à faire cause commune. Quelques uns enfin s'étaient répandus dans le beau pays entre Girgé et Siout; leur but était de faire insurger les habitans sur les derrières des Français, d'attaquer et détruire leur flottille.

Desaix fut informé, dès le 12 nivôse, qu'un rassemblement considérable de paysans se formait près de Souâguy, à quelques lieues de Girgé. Il était important de faire un exemple prompt et terrible des insurgés, afin de contenir les peuples dans l'obéissance, et de lever sans obstacles les impositions et l'argent dont on avait besoin. Le général Davoust reçoit l'ordre de partir sur-le-champ avec toute la cavalerie, et de marcher contre ce rassemblement.

Ce général rencontre, le 14, cette multitude d'hommes armés, près du village de Souâguy. Il fait former à l'instant son corps de bataille par échelons, et ordonne à son avant-garde, composée du 7ᵉ de hussards et du 22ᵉ de chasseurs, de charger avec impétuosité. Les insurgés ne peuvent soutenir ce choc, ils fuient en désordre, et sont poursuivis long-temps. On leur tue plus de huit cents hommes. Un pareil châtiment semblait devoir répandre la terreur dans le pays; mais à peine la cavalerie rentrait à Girgé, que le général Desaix est informé qu'il se forme, à quelques lieues de Siout, un rassemblement beaucoup plus considérable que le prémier, et composé de paysans à pied et à cheval, la plupart venus des provinces de Miniet, de Benesouef et d'Hoara.

Le retard des barques, dont on n'avait aucune nouvelle certaine, commençait à donner de vives inquiétudes à Desaix, qui ordonne au général Davoust de marcher de nouveau à la tête de la cavalerie contre les rebelles, de sévir contre eux d'une manière terrible, et de faire tous ses efforts pour amener la flottille.

Le 19 nivôse, Davoust marche sur le village de Tahta. Au moment où il allait y entrer, il apprend qu'un corps considérable de cavalerie ennemie charge son arrière-garde formée d'un escadron du 20ᵉ de dragons; aussitôt il forme son corps de troupes, et se précipite sur les ennemis qu'il taille en pièces; mille restent sur le champ de bataille; le reste prend la fuite. En les poursuivant, le général Davoust aperçoit la flottille à la hauteur de Siout. Le vent étant devenu favorable, elle fait route, et arrive le 29 à Girgé, où la cavalerie l'avait devancée.

Le général Desaix était informé depuis quelques jours, par les rapports de ses espions, que mille chérifs, habitans du pays d'Yamb'o et de Jedda, avaient passé la mer Rouge, et s'étaient rendus à Cosséir, sous les ordres d'un chef des Arabes d'Yamb'o; que de là ils s'étaient portés à Kéné, d'où ils avaient été se réunir à Mourâd-Bey; que Hassan-Bey Jaddàoui et Osman-Bey Hassan, à la tête de deux cent cinquante mameloucks, étaient déjà arrivés à Houé; que des Nubiens, des Maugrabins campaient dans ce dernier village; que, par suite des écrits incendiaires répandus par les mameloucks, tous les habitans de l'Égypte supérieure, depuis les Cataractes jusqu'à Girgé, étaient en armes et prêts à marcher; qu'enfin Mouràd-Bey, plein de confiance dans une armée aussi formidable, s'était mis en marche pour attaquer les Français : son avant-garde en effet, commandée par Osman-Bey Hassan, vient coucher, le 2 pluviôse, dans le désert, à la hauteur de Samanhout.

Desaix, après avoir pris sur la flottille ce qui lui était le plus nécessaire, et lui avoir ordonné de suivre les mouvemens de la division, part de Girgé le 2 pluviôse pour aller à la rencontre des ennemis, et va coucher à Él-Macera. Le 3, l'avant-garde, formée par la 7ᵉ de hussards, et commandée par le chef de brigade Duplessis, rencontre celle de l'ennemi sous les murs de Samanhout.

Le général Desaix, arrivé quelques instans après, partage son infanterie en deux carrés égaux; sa cavalerie, formant elle-même un carré, est placée dans l'intervalle des deux autres, de manière à être protégée et flanquée par leur feu.

A peine ces dispositions sont-elles faites, que l'ennemi s'avance de toutes parts. Sa nombreuse cavalerie cerne la division, et une colonne d'infanterie, composée en partie d'Arabes d'Yamb'o, commandée par les chérifs et les chefs de ce pays, se jette dans un grand canal, sur la gauche des Français, qu'elle commence à inquiéter par la vivacité de son feu. Desaix ordonne à ses aides-de-camp Rapp et Savary de se mettre à la tête d'un escadron du 7ᵉ de hussards, et de charger l'ennemi en flanc, pendant que le capitaine Clément, avec les carabiniers de la 21ᵉ légère, s'avancerait en colonne serrée dans le canal et enfoncerait celle des ennemis. Cet ordre est exécuté avec autant de bravoure que de précision; l'ennemi est culbuté; il prend la fuite, laissant sur la place une quinzaine de morts, et emmenant un grand nombre de blessés. Un carabinier, qui était parvenu à enlever des drapeaux de la Mecque, fut tué d'un coup de poignard : sa perte est la seule que les Français aient eu à regretter dans cette action, qui les rendit maîtres du village de Samanhout.

Cependant les innombrables colonnes ennemies s'avançaient en poussant des cris affreux, et se disposaient à l'attaque. Déjà la colonne des Arabes d'Yamb'o s'est ralliée. Elle attaque et veut enlever le village de Samanhout; mais les intrépides carabiniers de la 21ᵉ font un feu si vif et si bien nourri, qu'elle est forcée de se retirer avec une perte considérable.

Les mameloucks se précipitent sur le carré commandé par le général Friant, tandis que plusieurs colonnes d'infanterie se portent sur celui que commande le général Belliard; on leur riposte par un feu d'artillerie et de mousqueterie si terrible, qu'ils sont dispersés en un instant, et obligés de rétrograder, laissant le terrain couvert de leurs morts.

Le général Davoust reçoit l'ordre de charger le corps des mameloucks, où se trouvent Mourâd et Hassan qui paraissent vouloir conserver leur position; mais ils n'attendent pas la charge de ce général, et la fuite précipitée de Mourâd-Bey devient le signal de la retraite générale. L'ennemi est poursuivi pendant quatre heures l'épée dans les reins. La division ne s'arrête qu'à Farchoute, où elle trouve beaucoup de musulmans expirant de leurs blessures. Les ennemis, dans cette journée, outre un grand nombre de blessés, ont eu plus de deux cent cinquante hommes tués, dont cent Arabes d'Yamb'o; les Français n'ont eu que quatre hommes tués et quelques blessés.

Le succès de ce combat est principalement dû à l'artillerie légère que commandait le chef de brigade Latournerie, officier également recommandable par son activité et ses talens militaires.

Le 4, à une heure du matin, on continue de poursuivre Mourâd-Bey; une soixantaine d'Arabes d'Yamb'o qu'on rencontre dans un village sont taillés en pièces. Une grande partie de cette infanterie étrangère avait repassé le fleuve et fuyait avec précipitation; beaucoup se dispersaient dans le pays.

Desaix arrive le 9 à Hesney, où il laisse le général Friant et sa brigade, et part lui-même le 10 pour Sienne où il arrive le 13, après avoir essuyé des fatigues excessives, en traversant les déserts et chassant toujours l'ennemi devant lui.

Mourâd, Hassan, Soliman et huit autres beys, voyant qu'ils sont poursuivis avec un acharnement qui ne leur laisse aucune ressource; que leurs mamelucks, exténués de fatigue, sont dans l'impossibilité de se battre, que le nombre des déserteurs augmente chaque jour, qu'ils ont perdu beaucoup de chevaux et une grande quantité de leurs équipages, qu'ils n'ont point de relâche à espérer des Français, prennent le parti de se jeter dans l'affreux pays de Bribe, au-dessus des cataractes, et à quatre grandes journées de Sienne.

Le 14, le général Desaix marche vers l'île de Philé, en Éthiopie, où il prend beaucoup d'effets et plus de cent cinquante barques que les mamelucks y ont conduites avec des peines infinies, et qu'ils sont contraints d'abandonner à l'approche des Français. Desaix, n'ayant point trouvé de barques près de Philé, ne peut entrer dans cette île; mais il confie le soin de s'en emparer au général Belliard qu'il laisse à Sienne avec la 21ᵉ légère. La division, en traversant l'Égypte supérieure, trouve une quantité prodigieuse de monumens antiques de la plus grande beauté. Les ruines de Thèbes, les débris du temple de Tentira, étonnent les regards du voyageur et méritent encore l'admiration du monde.

Le 16 pluviôse, le général Desaix part de Sienne pour Hesney, où il arrive le 21 avec sa cavalerie qu'il avait divisée en deux corps sur les deux rives du Nil. Celui de la rive droite est commandé par l'adjudant-général Rabasse.

Osman-Bey Hassan n'avait pas suivi Mourâd à Sienne. Arrivé près de Rabin, il y avait passé le Nil avec deux cent cinquante mameloucks environ, et vivait sur la rive droite dans les villages de sa domination. Lorsqu'il apprit l'arrivée des Français à Sienne, il s'enfonça dans les déserts. Le général Desaix, dont la cavalerie était harassée, et qui était pressé de retourner à Hesney, s'était contenté, pour le moment, de détruire les ressources d'Osman-Bey Hassan.

Le général Friant, que Desaix avait laissé à Hesney en se rendant à Sienne, avait eu avis que les débris des Arabes d'Yamb'o se ralliaient dans les environs de Kéné, sur la route de Cosséir; dès le 18, il avait formé une colonne mobile, composée de la 61º et des grenadiers de la 88º; cette colonne, commandée par le chef de brigade Conroux, avait une pièce de canon. Elle se porta avec rapidité sur Kéné, petite ville fort importante par le grand commerce qu'elle fait avec les habitans des rives de la mer Rouge.

Desaix, à son arrivée à Hesney, est informé que le chef des Arabes d'Yamb'o se tient caché dans les déserts, où il attend l'arrivée d'un second convoi; il envoie aussitôt le général Friant et le reste de sa brigade vers Kéné, avec l'ordre de lever des contributions en argent et en chevaux jusqu'à Girgé, aussitôt qu'il se serait assuré des habitans de cette partie de la rive droite, fort difficiles à gouverner.

D'autres rapports annonçaient qu'Osman-Bey

Hassan était revenu sur les bords du fleuve, et continuait d'y faire vivre sa troupe. Desaix ne voulant pas lui permettre de séjourner aussi près de lui, envoie à sa poursuite le général Davoust, avec le 22ᵉ de chasseurs et le 15ᵉ de dragons.

Le 24, à la pointe du jour, le général apprend qu'Osman-Bey Hassan est sur le bord du Nil, et que ses chameaux font de l'eau. Il fait presser la marche; bientôt ses éclaireurs lui annoncent que l'on voit des chameaux qui rentrent dans le désert, que les ennemis sont au pied de la montagne, et paraissent protéger leur convoi.

Le général Davoust forme sa cavalerie sur deux lignes, et s'avance avec rapidité sur les mamelouks, qui d'abord ont l'air de se retirer; mais tout à coup ils font volte-face, et fournissent une charge vigoureuse sous le feu meurtrier du 15ᵉ de dragons. Plusieurs mamelouks tombent sur la place. Le chef d'escadron Fontelle est tué d'un coup de sabre. Osman-Bey a son cheval tué sous lui; il est lui-même dangereusement blessé. Le 22ᵉ de chasseurs à cheval se précipite avec impétuosité sur l'ennemi. On combat corps à corps; le carnage devient affreux; mais malgré la supériorité des armes et du nombre, les mamelouks sont forcés d'abandonner le champ de bataille, où ils laissent un grand nombre des leurs et plusieurs kiachefs; ils se retirent rapidement vers leurs chameaux, qui, pendant le combat, avaient continué leur route dans le désert.

Parmi les beaux traits qui ont honoré cette mémorable journée, on remarque celui de l'aide-de-camp du général Davoust, le citoyen Montleger, qui, blessé dans le fort du combat, et ayant eu son cheval tué sous lui, se saisit du cheval d'un mamelouck et sortit ainsi de la mêlée.

Osman-Bey se retire dans l'intérieur des déserts sur la route de Cosséir, près d'une citerne nommée la Kuita. Il était à présumer que, ne pouvant y vivre qu'avec beaucoup de difficultés, il reviendrait vers Radesie, et passerait même sur la rive gauche, dans un village qui lui appartenait près d'Etfou. En conséquence le général Desaix envoie dans ce village un détachement de cent soixante hommes de la 21e légère, commandés par son aide-de-camp Clément. Le 26, le général Davoust rentre à Hesney; et, le 27, Desaix part de cette ville pour Kous. Il laisse à Hesney une garnison de deux cents hommes du 61e et du 88e, sous les ordres du citoyen Binot, aide-de-camp du général Friant, qui, avec les mêmes troupes, avait conduit un fort convoi à Sienne.

Le général Desaix se mettait en route lorsqu'il reçut des dépêches du chef de brigade Conroux, commandant la colonne mobile que le général Friant avait envoyée, le 18 pluviôse, vers Kéné, à la poursuite des Arabes d'Yamb'o. Le chef de ces Arabes, qui se tenait caché dans les environs de Kéné, voyant que les habitans leur fournissaient peu de vivres, qu'ils manquaient de moyens pour retourner à Cosséir, et qu'il fallait se faire des ressources pour gagner le temps de l'arrivée du 2ᵉ convoi qu'il attendait, avait formé le projet d'enlever Kéné. En conséquence, le 24 pluviôse, à onze heures du soir, tous les postes de la 61ᵉ sont attaqués en même temps par les Arabes, qui avaient entraîné dans leurs rangs une foule de paysans. Aussitôt les troupes sont sous les armes, elles marchent à l'ennemi et le culbutent de toutes parts.

Le chef de brigade Conroux, jeune officier plein d'ardeur, d'intelligence et d'activité, en se portant d'un point de la ligne à l'autre, reçoit sur la tête un coup de pique qui l'étend par terre. Ses grenadiers se précipitent autour de lui et l'emportent sans connaissance, jurant tous de le venger. La vive défense que la colonne avait opposée aux attaques de l'ennemi l'avait forcé de se retirer. La nuit était fort obscure, et l'on attendait avec impatience le lever de la lune pour le poursuivre. Le chef de bataillon Dorsenne, qui commandait la place, veillait avec le plus grand soin à sa défense, et se disposait à continuer l'action que la nuit avait suspendue. A peine les mesures sont-elles prises, que les ennemis reviennent en foule, en poussant des hurlemens épouvantables. Après avoir été reçus comme la première fois, par une fusillade extrêmement vive, ils sont chargés avec tant d'impétuosité, qu'ils sont mis à l'instant dans une déroute complète. On les poursuit pendant des heures entières. En fuyant, deux à trois cents de ces malheureux se jettent dans un enclos de palmiers, où, malgré les feux de demi-bataillon que fait diriger contre eux le chef de bataillon Dorsenne, ils s'acharnent à se défendre jusqu'au dernier.

On estime à plus de trois cents hommes tués la perte de l'ennemi dans cette affaire, qui n'a coûté au vainqueur que trois blessés au nombre desquels se trouve le chef de bataillon Dorsenne, dont la conduite mérite les plus grands éloges.

Ce n'est que quelques heures après ce combat, que, malgré toute la diligence qu'il avait faite, on vit arriver à Kéné le général Friant, avec le 7ᵉ de hussards.

Le général Desaix, parti le 27 de Hesney, était arrivé, le 24 pluviôse à Kous, avec les 14ᵉ et 18ᵉ régimens de dragons; il avait détaché à quelques lieues les 15ᵉ et 20ᵉ, sous les ordres du chef de brigade Pinon, vers Salamié, point extrêmement important, et qui est un débouché de la Kuita. Il ordonne que l'on s'occupe partout avec activité de la levée des chevaux, et de la perception des impôts en argent, dont on avait le plus grand besoin.

Après le combat de Kéné, les Arabes d'Yamb'o s'étaient retirés dans les déserts d'Aboumaná; leur chérif Hassan, fanatique exalté et entreprenant, les entretenait dans l'espoir d'exterminer les *infidèles* aussitôt que les renforts qu'il attendait seraient arrivés. Provisoirement il mettait tout en œuvre pour soulever les vrais croyans de la rive droite. A sa voix toutes les têtes s'échauffent, tous les bras s'arment;

déjà une multitude d'Arabes est accourue à Aboumana, des mameloucks fugitifs et sans asile s'y rendent également. L'orage grossit, et les belliqueux habitans de la rive droite vont éprouver à leur tour ce que peut la valeur française.

Le 29 pluviôse, le général Friant arrive près d'Aboumana, qu'il trouve rempli de gens armés. Les Arabes d'Yamb'o sont en avant rangés en bataille. Ses grenadiers le sont déjà en colonne d'attaque, commandée par le chef de brigade Conroux. Après avoir reçu plusieurs coups de canon, et à l'approche des grenadiers, la cavalerie et les paysans prennent la fuite, mais les Arabes tiennent bon. Le général Friant forme alors deux colonnes pour tourner le village, et leur enlever leurs moyens de retraite. Ils ne peuvent résister au choc terrible des grenadiers; ils se jettent dans le village, où ils sont assaillis et mis en pièces. Cependant une autre colonne, commandée par le citoyen Silly, chef de brigade commandant la 88e, poursuivait les fuyards; les soldats y mirent tant d'acharnement, qu'ils s'enfoncèrent cinq heures de marche dans les déserts, et arrivèrent au camp des Arabes d'Yamb'o; fort heureusement ils y trouvèrent, avec beaucoup d'effets de toute espèce, de l'eau et du pain. Le général Friant ne voyait point revenir cette colonne; son inquiétude était extrême et augmentait à chaque instant; il pensait que si elle ne se perdait pas dans les immenses plaines de déserts où elle s'était jetée, au moins perdrait-elle beaucoup de soldats, que la faim et surtout la soif auraient accablés. Mais quelle fut sa surprise de les voir revenir frais et chargés de butin! Un Arabe que l'on avait fait prisonnier en entrant dans le désert, avait conduit la colonne au camp de l'ennemi.

Les Arabes d'Yamb'o ont perdu, dans cette journée, quatre cents morts, et ont eu beaucoup de blessés. Une grande quantité de paysans ont été tués dans les déserts; les Français n'ont eu que quelques blessés.

Après le combat d'Aboumana, le général Friant continue sa route vers Girgé, où il arrive le 3 ventôse. Il y laisse un bataillon de la 88ᵉ sous les ordres du chef de brigade Morand, et deux jours après, il se porte à Farchoute, d'où il renvoie les deux bataillons de la 61ᵉ à Kéné. Dans cet intervalle, le général Belliard écrivit à Desaix, qu'ayant appris que Mourâd-Bey avait fait un mouvement pour se rapprocher de Sienne, il avait marché à lui, et l'avait forcé de rentrer dans le mauvais pays de Bribe. Quelques jours après, ce général manda que plusieurs kiachefs et une centaine de mameloucks s'étaient jetés dans les déserts de la rive droite pour éviter Sienne, et allaient rejoindre Osman-Bey Hassan à la Kuita. Le détachement que Desaix avait à Etfou les vit; mais il se mit vainement à leur poursuite.

D'autres avis apprirent que Mahamet-Bey-El-Elphi séparé de son armée, par l'effet d'une charge de cavalerie, le jour de la bataille de Samanhout, après avoir passé quelque temps dans les oasis au-dessus d'Ackmin, s'était rendu à Siout, où il levait de l'argent et des chevaux, et que les tribus arabes de Coraïm et Benouafi l'aidaient dans ses projets.

Enfin Desaix fut encore informé que les beys Mourâd, Hassan et plusieurs autres, à la tête de sept à huit cents chevaux et beaucoup de Nubiens, avaient paru tout à coup devant Hesney, le 7 à la pointe du jour; que son aide-de-camp, le citoyen Clément, à la tête de son détachement de cent soixante hommes de la 21ᵉ, était sorti d'Hesney, et avait présenté la bataille à cet immense rassemblement qui avait été intimidé par l'audace et la valeur qu'on lui opposait; qu'il les avait harcelés pendant une heure; que les ennemis avaient préféré la fuite au combat, et avaient forcé de marche sur Arminte.

Tous ces rapports réunis, et le bruit général du pays, firent juger au général Desaix que le point de ralliement des ennemis était à Siout : en conséquence, il rassemble ses troupes, ordonne au général Belliard, qui était descendu de Sienne à la suite des mamcloucks, de laisser une garnison de quatre cents hommes à Hesney, et de continuer à descendre en observant bien les mouvemens des Arabes d'Yamb'o, qu'il doit combattre partout où il les rencontrera.

Le 12, le général Desaix passe le Nil et se porte sur Farchoute, où il arrive le 15, laissant un peu derrière lui la djerme armée *l'Italie*, et plusieurs barques chargées de munitions et de beaucoup d'objets d'artillerie. *L'Italie* portait des blessés, quelques malades, les munitions de la 61e demi-brigade, et quelques hommes armés.

Il marche rapidement sur Siout, pour ne pas donner le temps à Mourâd-Bey de se réunir à Elphi-Bey, et les combattre, si déjà cette réunion était opérée. Sur la route, il apprend près de Girgé, qu'à leur passage les troupes de Mourâd-Bey étaient parvenues à faire soulever un nombre infini de paysans, toujours prêts à combattre les Français dès qu'ils faisaient un mouvement pour descendre; que ces paysans sont commandés par des principaux cheiks du pays, entre autres par un mamelouck brave et vigoureux, et qu'ils sont à quelques lieues de l'armée française.

COMBAT DE SOUHAMA.

Dès que l'on vit paraître les ennemis, le général Friant forma trois gros corps de troupes pour les envelopper et les empêcher de gagner le désert. Cette manœuvre eut un succès complet : en un instant mille de ces rebelles sont tués ou noyés; le reste a beaucoup de peine à s'échapper, et ne fait sa retraite qu'à travers une grêle de balles.

Le général Friant ne perdit pas un homme dans ce combat, à la suite duquel on prit cinquante chevaux, que leurs maîtres avaient abandonnés pour se jeter à la nage. Le lendemain de cette affaire, les mameloucks furent poursuivis de si près, que Mourâd-Bey se décida à faire route vers Elouâh, n'emmenant que cent cinquante hommes avec lui. Les autres s'enfoncèrent un peu plus dans le désert, et firent route vers Siout, où le général Desaix arriva peu de temps après eux.

A son approche, Elphi-Bey avait repassé le fleuve et était retourné dans la petite oasis d'Ackmin; quelques kiachefs et mameloucks de Mourâd-Bey l'y suivirent, ainsi qu'Osman-Bey Cherkâoui; les autres se jetèrent dans les déserts, au-dessus de Bénéadi, où ils éprouvèrent les horreurs de la faim; beaucoup désertèrent et vinrent à Siout; d'autres préférèrent se cacher dans les villages, où, pour vivre, ils vendirent leurs armes : ils se sont depuis réunis aux Français.

Cependant le chérif Hassan venait de recevoir un second convoi qui le renforçait de quinze cents hommes; les débris du premier le rejoignent. A peine sont-ils réunis, qu'il apprend que le général Desaix a laissé des barques en arrière, qu'un vent du nord, très violent, les empêche de descendre, et qu'avec des peines infinies elles n'ont pu venir qu'à la hauteur du village de Benout, dont il n'est qu'à une lieue et demie. Sur-le-champ il en prévient Osman-Bey Hassan à la Knita, se met en marche et arrive sur le Nil; aussitôt les barques sont attaquées par une forte fusillade; *l'Italie* répond par une canonnade terrible, et cent Arabes d'Yamb'o restent morts. Les ennemis viennent à bout de s'emparer des petites barques, mettent à terre les munitions de guerre et les objets d'artillerie dont ils jugent avoir besoin, les remplissent de monde et courent à l'abordage sur *l'Italie*. Alors le commandant de cette djerme, le courageux Morandi redouble ses décharges à mitraille; mais ayant déjà un grand nombre de blessés à son bord, et voyant beaucoup de paysans qui vont l'attaquer de la rive gauche, il croit trouver son salut dans la fuite : il met à la voile, il avait peu de monde pour servir ses manœuvres; le vent était très fort, sa djerme échoue. Alors les ennemis abordent de tous côtés; l'intrépide Morandi a refusé de se rendre, il n'a plus d'espoir : il met le feu aux poudres de son bâtiment et se jette à la nage. Dans le moment il est assailli par une grêle de balles et de pierres, et expire dans les tourmens. Tous les malheureux Français qui échappèrent aux flammes de *l'Italie*, sont massacrés par les fanatiques et cruels habitans d'Yamb'o. Cet avantage avait doublé l'espoir du chérif; déjà il avait annoncé la destruction des Français comme certaine; il y avait, disait-il, un petit corps d'infidèles près de lui, qu'il allait écraser.

COMBAT DE COPTHOS. — ASSAUT DU VILLAGE ET DE LA MAISON FORTIFIÉE DE BENOUT.

Le 18 au matin, le général Belliard, après avoir passé le Nil à El-Kamouté, arrive près de l'ancienne Copthos. A l'instant, il aperçoit déboucher tambour battant et drapeaux déployés, trois colonnes nombreuses d'infanterie, et plus de trois à quatre cents mameloucks, dont le nombre venait d'augmenter par l'arrivée de Hassan-Bey Jeddâoui, qui avait passé le Nil à Etfou.

Le général fait former son carré (il n'avait qu'une pièce de canon de 3). Une des colonnes ennemies, la plus considérable, composée d'Arabes d'Yamb'o, s'approche; l'audace est peinte dans sa marche. A la vue des tirailleurs français, le fanatique Hassan entre dans une sainte fureur, et ordonne à cent de ses plus braves de se jeter sur ces infidèles et de les égorger. Au lieu d'être épouvantés, les tirailleurs se réunissent, et les attendent de pied ferme. Alors s'engage un combat corps à corps, et dont le succès restait incertain, lorsqu'une quinzaine de dragons du 20ᵉ chargent à bride abattue, séparent les combattans, sabrent plusieurs Arabes d'Yamb'o, pendant que les chasseurs reprennent leurs armes, et taillent en pièces tous les autres. Plus de cinquante Arabes d'Yamb'o restent sur la place.

L'adjudant-major Laprade en tue deux de sa main ; deux drapeaux de la Mecque sont pris.

Pendant cette action, des coups de canon bien dirigés empêchaient le chérif de donner des secours à ses éclaireurs, et faisaient rebrousser chemin aux deux autres colonnes; mais les mameloucks avaient tourné le carré, et feignaient de vouloir le charger en queue : on détache vingt-cinq tirailleurs qui les contiennent long-temps.

Le général Belliard fait continuer la marche, et, après avoir passé plusieurs fossés et canaux défendus et pris de suite, il arrive près de Benout. Le canon tirait déjà sur les tirailleurs; Belliard reconnaît la position des ennemis, qui avaient placé quatre pièces de canon de l'autre côté d'un canal extrêmement large et profond; il fait former les carabiniers en colonne d'attaque, et ordonne que l'on enlève ces pièces au moment où le carré passerait le canal, et menacerait de tourner l'ennemi.

En effet, on bat la charge, et les pièces allaient être enlevées par les carabiniers, lorsque les mameloucks, qui avaient rapidement fait un mouvement en arrière, se précipitent sur eux à toute bride. Les carabiniers ne sont point étonnés; ils s'arrêtent et font une décharge de mousqueterie si vive, que les mameloucks sont obligés de se retirer promptement, laissant plusieurs hommes et chevaux sur la place; les carabiniers se retournent, se jettent à corps perdu sur les pièces, y massacrent une trentaine d'Arabes d'Yamb'o, les enlèvent et les dirigent sur les ennemis qui se jettent dans une mosquée, dans une grande barque, dans plusieurs maisons du village, surtout dans une maison de mamelocks dont ils avaient crénelé les murailles, et où ils avaient tous leurs effets et leurs munitions de guerre et de bouche.

Alors le général Belliard forme deux colonnes, l'une destinée à serrer de très près la grande maison, l'autre à entrer dans le village, et à enlever de vive force la mosquée, et toutes les maisons où il y aurait des ennemis. Quel combat et quel spectacle! Les Arabes d'Yamb'o font feu de toutes parts; les Français entrent dans la barque, et mettent à mort tout ce qui s'y trouve. Le chef de brigade Eppler, excellent officier, et d'une bravoure distinguée, commandait dans le village; il veut entrer dans la mosquée, il en sort un feu si vif qu'il est obligé de se retirer. Alors on embrase cette mosquée, et les Arabes d'Yamb'o, qui la défendent, y périssent dans les flammes; vingt autres maisons subissent le même sort; en un instant le village ne présente que des ruines, et les rues sont comblées de morts. Jamais on n'a vu un pareil carnage.

La grande maison restait à prendre; Eppler se charge de cette expédition. Par toutes les issues on arrive à la grande porte; les sapeurs de la demi-brigade la brisent à coups de hache, pendant que les sapeurs de la ligne faisaient crouler la muraille du flanc gauche, et que des chasseurs mettaient le feu à une petite mosquée attenante à la maison, et où les ennemis avaient renfermé leurs munitions de guerre. Les poudres prennent feu; vingt-cinq Arabes d'Yamb'o sautent en l'air, et le mur s'écroule de toutes parts. Aussitôt Eppler réunit ses forces sur ce point, et, malgré les prodiges de valeur de ces fanatiques forcenés, qui, le fusil dans la main droite, le sabre dans les dents, et nus comme des vers, veulent en défendre l'entrée, il parvient à se rendre maître de la grande cour; alors la plupart vont se cacher dans des réduits où ils sont tués quelques heures après.

Les Arabes d'Yamb'o ont eu, dans cette sanglante journée, douze cents hommes tués et un grand nombre de blessés; les Français ont repris toutes leurs barques excepté *l'Italie*, neuf pièces de canon, et deux troupeaux. Le chérif Hassan a été trouvé parmi les morts. De son côté, le général Belliard a eu une trentaine de morts et autant de blessés. Du nombre des premiers se trouve le citoyen Bulliand, capitaine des carabiniers, officier du plus grand mérite.

Ce n'est qu'après les combats de Copthos et de Benout, que le général Desaix reçut, pour la première fois depuis son départ de Kouhé, des nouvelles du général Belliard, dont les Arabes d'Yamb'o interceptaient les lettres; il mandait que les chasseurs n'avaient plus que vingt-cinq cartouches chacun; qu'il n'avait plus un seul boulet à tirer, et seulement une douzaine de coups de canon à mitraille, qu'il était nécessaire de l'approvisionner le plus promptement possible, vu que les mameloucks d'Hassan et d'Osman Hassan, et les Arabes d'Yamb'o venaient de redescendre à Birambra.

Desaix rassemble aussitôt tout ce qu'il peut de munitions de guerre, les charge sur des barques de transport, passe le Nil le 28 ventôse, et se met en marche pour accompagner le convoi. Les ennemis étaient battus, mais non détruits. Pour arriver à ce but, le général Desaix croit devoir adopter un système de colonnes successives, de manière à forcer l'ennemi à rester dans les déserts, ou du moins à faire de très grandes marches pour arriver dans le pays cultivé.

Le 10 germinal, il arrive à Kéné, ravitaille les troupes du général Belliard; et, le 11, se met en marche pour aller combattre les ennemis, qui, depuis deux jours, étaient postés à Kouhé.

A son approche, ils rentrent dans les déserts et se séparent. Hassan-Bey et Osman-Bey vont à la Kuita, et le chérif descend vers Aboumana, où était déjà Osman-Bey Cherkâoui; mais six à sept cents habitans d'Yamb'o et de Jedda l'abandonnent et retournent à Cosséir. Le général Belliard est envoyé, avec la 21ᵉ et le 20ᵉ de dragons, au village d'Adjazi, principal débouché de la Kuita, et le général Desaix, avec les deux bataillons de la 61ᵉ, le 7ᵉ de hussards et le 18ᵉ de dragons, se rend à Birambra, autre débouché de la Kuita, et où il y a une bonne citerne. Par ce moyen les ennemis ne pouvaient sortir des déserts, sans faire quatre jours de marche extrêmement pénible. Le général Belliard a l'ordre de rassembler des chameaux pour porter de l'eau, et de marcher à la Kuita, laissant un fort détachement à Adjazi. Hassan et Osman eurent avis de ces préparatifs et partirent. Le 12, à onze heures du soir, ils arrivèrent à la hauteur du général Desaix dans les déserts; un de leurs déserteurs l'en prévint, et ajouta que leur intention était de rejoindre les Arabes d'Yamb'o. Il donne de suite avis de ce mouvement au général Belliard, qui envoie pour le relever un détachement de sa brigade, tandis qu'à travers les déserts, le général Desaix se met en marche, le 23, pour Kéné, où il avait laissé trois cents hommes.

Après une heure de marche environ, un des hussards qui étaient en éclaireurs, annonce les mameloucks. L'adjudant-général Rabasse qui commande l'avant-garde, prévient le général Davoust, et s'avance pour mieux reconnaître l'ennemi et soutenir ses éclaireurs qui déjà étaient chargés. Bientôt il l'est lui-même, et soutient le choc avec une bravoure et une intelligence admirable, mais le nombre l'accable; et, quoique culbuté avec son cheval, il se retire sans perte sur le corps de bataille où le général Desaix venait d'arriver; l'ordre est aussitôt donné à l'infanterie d'avancer, et à la cavalerie de prendre position sur un monticule extrêmement escarpé, pour y attendre et recevoir la charge; mais on ne peut parvenir à l'y placer. Une grande valeur animait le chef de brigade Duplessis; il désirait depuis long-temps trouver l'occasion de se signaler. Il ne peut voir arriver de sang-froid l'ennemi, et son courage impatient lui fait oublier l'exécution des ordres qu'il a reçus; il se porte à quinze pas en avant de son régiment, et fait sonner la charge. Il se précipite au milieu des ennemis, et y fait des traits de la plus grande valeur; mais il a son cheval tué, et l'est bientôt lui-même d'un coup de trombon. Sa mort jette un peu de désordre; le général Davoust est forcé de faire avancer la ligne des dragons. Ces braves, commandés par le chef d'escadron Bouvaquier, chargent si impétueusement les mamelroucks, qu'ils les obligent de se retirer en désordre et d'abandonner le champ de bataille.

L'infanterie et l'artillerie n'avançaient que lentement et péniblement dans le sable; tout était fini quand elles arrivèrent. Cette affaire, dans laquelle les mamelroucks ont eu plus de vingt morts et beaucoup de blessés, parmi lesquels Osman Hassan, a coûté aux Français plusieurs officiers, entr'autres l'intrépide Bouvaquier, chef d'escadron, plusieurs soldats tués et quelques blessés.

Après ce combat, les mamelroucks firent un crochet, et retournèrent promptement à la Kuita, laissant plusieurs blessés et des chevaux dans les déserts. Le général Desaix écrit au général Belliard de les y chercher s'ils y restent, et de les suivre partout s'ils en sortent. Il revient le même jour à Kéné. Il forme une colonne mobile composée d'un bataillon de la 61ᵉ et du 7ᵉ de hussards, qu'il met à la disposition du général Davoust, auquel il donne l'ordre de détruire jusqu'au dernier des Arabes d'Yamb'o, qu'on annonçait être toujours dans les environs d'Aboumana. En même temps le commandant de Girgé avait ordre de se porter au rocher de la rive droite qui fait face à cette ville pour les combattre et les arrêter dans le cas de retraite; ils étaient forcés d'y passer.

Les Arabes d'Yamb'o sentirent que le moment était difficile; ils se décidèrent à ne pas attendre le général Davoust, et passèrent le Nil au-dessus de Bardis.

Le commandant de Girgé, qui en est informé, va les reconnaître, revient à Girgé, prend deux cent cinquante hommes de sa garnison, et va à leur rencontre.

COMBATS DE BARDIS ET DE GIRGÉ.

Le 16, après midi, le chef de brigade Morand arrive à la vue de Bardis. Les Arabes d'Yamb'o, beaucoup de paysans, des mameloucks et des Arabes sortent aussitôt du village en poussant de grands cris; le citoyen Morand leur fait faire une vive décharge de mousqueterie; ils répondent et battent un peu en retraite. Le nombre des ennemis était considérable; la position de Morand était bonne; il avait peu de troupes, il crut devoir y rester. Une demi-heure après, il fut attaqué de nouveau, et reçut les ennemis comme la première fois; ils laissèrent beaucoup de leurs morts sur la place, et s'enfuirent à la faveur de la nuit qui arrivait; Morand en profita aussi pour revenir à Girgé couvrir ses établissemens.

Un nouveau combat fut livré le lendemain. Les Arabes d'Yamb'o marchèrent sur Girgé, où ils parvinrent à pénétrer. Pendant qu'ils cherchaient à piller le bazar, Morand forme deux colonnes, et dirige l'une dans l'intérieur de la ville, et l'autre en dehors. Cette disposition réussit à souhait; tout ce qui était dans la ville fut tué; le reste s'enfuit vers les déserts. Dans ces deux jours, les Arabes d'Yamb'o ont perdu deux cents morts; le citoyen Morand a eu quelques blessés.

Le chef de bataillon Ravier l'a très bien secondé dans cette affaire, où il a donné des preuves de zèle et d'intelligence.

Le général Davoust, qui avait su la défaite des Arabes d'Yamb'o, passa le Nil; mais il ne put arriver à Girgé qu'après le combat, et lorsque la nouvelle d'une dernière défaite des Arabes d'Yamb'o y parvenait. Voici ce qui y donna lieu.

Dès le 14 germinal, le commandant Pinon, qui était resté à Siout pour gouverner la province, avait écrit au citoyen Lasalle de venir à Siout, pendant qu'il irait donner la chasse à des Arabes qui inquiétaient les environs de Méláoui. Le citoyen Lasalle, qui était resté à Tahta avec son régiment, s'y rendit. Pinon revint le 19, et le même jour il eut avis que les Arabes d'Yamb'o, après avoir été battus à Girgé, étaient venus dévaster Tahta, et que leur chef cherchait encore à soulever le pays.

COMBAT DE GÉHÉMI.

Le 21, le citoyen Lasalle part pour les attaquer, ayant sous ses ordres un bataillon de la 88ᵉ, le 22ᵉ de chasseurs et une pièce de canon.

Le 23, à une heure après midi, le citoyen Lasalle arrive près de Géhémi, village extrêmement grand, où étaient les Arabes d'Yamb'o. Il fait de suite cerner le village par des divisions de son régiment, et marche droit à l'ennemi avec l'infanterie. Les Arabes d'Yamb'o font une décharge de mousqueterie, et se jettent dans un enclos à doubles murailles qu'ils venaient de créneler. Malgré le feu du canon et la fusillade, ils résistèrent plusieurs heures; enfin ils furent enfoncés. Ceux qui ne furent pas tués sur-le-champ s'enfuirent; mais une grande partie fut taillée en pièces par le 22ᵉ. Une centaine ou deux gagnèrent cependant les déserts à la faveur des arbres et des jardins. Les Arabes d'Yamb'o ont perdu dans cette action environ trois cents hommes tués, parmi lesquels se trouve le chérif, successeur d'Hassan.

Après l'affaire de Birambra, du 13 germinal, le général Desaix s'était rendu à Kéné, pour y organiser l'expédition destinée contre Cosséir; les marchands de ce port et de Jedda viennent le trouver, et lui demander paix et protection. Ils sont accueillis et caressés. Il fait la paix avec les cheiks de Cosséir, et avec un cheik du pays d'Yamb'o qui remplissait à Cosséir les fonctions de consul pour son pays. Il donne ordre au général Belliard de faire construire un fort à Kéné, de hâter les préparatifs de l'expédition sur Cosséir, et le nomme commandant de la province de Thèbes dont l'administration venait d'être organisée. Après ces dispositions, le général Desaix se rend de Kéné à Girgé, dont il confie le commandement au citoyen Morand; il part ensuite pour Siout, où il arrive le 26 floréal.

Cependant le général Davoust n'avait pas cessé de suivre les Arabes d'Yamb'o; mais après l'affaire du citoyen Lasalle, ils parurent détruits, et ce général vint à Siout. Il y était depuis plusieurs jours, et ne pouvait savoir ce qu'était devenu le petit nombre qui avait échappé au 22°, lorsque tout à coup on le prévient qu'il se forme à Bénéadi, grand et superbe village, et dont les habitans passent pour les plus braves de l'Égypte, un rassemblement de mamelboucks, d'Arabes et de Darfouriens caravanistes, venus de l'intérieur de l'Afrique. On ajoute que Mourâd-Bey doit venir des oasis se mettre à la tête de cette troupe.

Le général Davoust se dispose aussitôt à marcher contre ce village; il renforce sa colonne d'un bataillon de la 88° et du 15° de dragons; il remplace provisoirement Pinon dans le commandement de la province de Siout, par le chef de brigade Silly, qui l'a conservé depuis.

COMBAT DE BÉNÉADI.

Le 29, le général Davoust arrive près de Bénéadi qui est plein de troupes ; le flanc du village vers le désert était couvert par une grande quantité de cavalerie, mameloucks, Arabes et paysans. Ce général forme son infanterie en deux colonnes ; l'une doit enlever le village pendant que l'autre le tournera. Cette dernière était précédée par la cavalerie, sous les ordres de Pinon, chef de brigade distingué par ses talens ; mais en passant près d'une maison, ce malheureux officier reçoit un coup de fusil et tombe mort. Le général Davoust le remplace par l'adjudant-général Rabasse. La cavalerie aperçoit les mameloucks dans les déserts ; une des colonnes d'infanterie s'y porte ; mais l'avant-garde de Mourad-Bey, que l'affreuse misère faisait sortir des oasis, lui porte promptement le conseil de retourner. Les Arabes et les paysans à cheval avaient déjà lâché pied. L'infanterie et la cavalerie reviennent à la charge. Le village est aussitôt investi ; l'infanterie y entre, et malgré le feu qui sort de toutes les maisons, les Français s'en rendent entièrement maîtres. Deux mille, tant Arabes d'Yamb'o que Maugrabins, Darfouriens, mameloucks démontés, et habitans de Bénéadi, restent sur le champ de bataille. En un instant ce beau village est réduit en cendres et n'offre que des ruines. On y fait un butin immense, et on y trouve jusqu'à des caisses pleines d'or.

Pendant que Davoust détruisait Bénéadi, les Arabes de Géama et d'El-Bacoutchi menaçaient Miniet; un grand nombre de villages des environs de Miniet s'insurgeaient, et les débris du rassemblement de Bénéadi y couraient : le chef de brigade Détrée, qui avait peu de troupes, désirait qu'un secours vînt changer sa position. Le général Davoust y marcha, mais il arriva trop tard. Détrée avait fait un vigoureux effort, et les ennemis avaient été forcés de se retirer. On disait que les Arabes d'Yamb'o marchaient sur Benesouef, dont les environs se révoltaient aussi; le général Davoust y court. L'opinion parmi les habitans de la province de Benesouef est qu'il ne descend de troupes que lorsque les autres ont été détruites ; en conséquence ils courent aux armes, et, s'ils sont en force, ils attaquent les prétendus fuyards; s'ils sont trop faibles, ils se mettent à la poursuite de ces troupes pour les dévaliser; que s'ils ne peuvent les massacrer, ni les piller, ils leur refusent les moyens de subsistance.

Le général Davoust se trouva dans le dernier de ces cas. Arrivé près du village d'Abou-Girgé, son Cophte se porte en avant pour faire préparer des vivres. Le cheik répond qu'il n'y a point de vivres chez lui pour les Français, qu'ils sont tous détruits en haut, et que si lui ne se dépêche de se retirer, il le fera bâtonner d'importance. Le Cophte veut lui représenter ses torts ; on le renverse de son cheval, et le cheik s'en empare. Le Cophte, fort heureux de se sauver, vient rendre compte de sa réception au général Davoust, qui, après avoir fait sommer le village de rentrer dans l'obéissance, et avoir porté des paroles de paix, le fait cerner, et ordonne de mettre tout à feu et à sang : mille habitans sont morts dans cette affaire. Le général Davoust continue sa route sur Benesouef ; les ennemis, dont le nombre ne pouvait inquiéter, avaient passé le fleuve ; le général Davoust se disposait à les y poursuivre, quand il reçut du général Dugua l'ordre de se rendre au Caire.

Lorsque les beys Hassan Jeddâoui et Osman Hassan partirent de la Kuita pour remonter vers Sienne, le général Belliard les suivit de très près, et les força de se jeter au-dessus des cataractes : il laissa ensuite à Hesney le brave chef de brigade Eppler, avec une garnison de cinq cents hommes qui devait contenir le pays, y lever des contributions, et surtout veiller à ce que les mameloucks ne redescendissent pas, et il revint à Kéné s'occuper sans relâche de la construction du fort, mais plus encore de l'expédition de Cosséir.

Vers le 20 floréal, Eppler eut avis que les mameloucks étaient revenus à Sienne, où ils vivaient fort tranquillement, et se refaisaient de leurs fatigues et de leurs pertes. Cet excellent officier jugea qu'il était important de leur enlever cette dernière ressource; en conséquence il donna ordre au capitaine Renaud, qu'il avait envoyé quelques jours auparavant à Etfou avec deux cents hommes, de marcher sur Sienne, et de chasser les mameloucks au-dessus des cataractes.

COMBAT DE SIENNE.

Le 27, à deux heures après midi, arrivé à une demi-lieue de Sienne, le capitaine Renaud est prévenu qu'il va être attaqué. A peine a-t-il fait quelques dispositions que les ennemis arrivent sur lui bride abattue; ils sont attendus et reçus avec le plus grand sang-froid. La charge est fournie avec la dernière impétuosité, et quinze mameloucks tombent morts au milieu des rangs : Hassan-Bey Jeddâoui est blessé d'un coup de baïonnette, et son cheval tué; Osman-Bey Hassan reçoit deux coups de feu, dix mameloucks expirent à une portée de canon du champ de bataille, vingt-cinq autres sont trouvés morts de leurs blessures à Sienne.

Ce combat, l'exemple du désespoir d'une part, et du plus grand courage de l'autre, a coûté cinquante morts et plus de soixante blessés aux ennemis qui, pour la troisième fois, ont été rejetés au-dessus des cataractes, où la misère et tous les maux vont les accabler.

Le capitaine Renaud a quatre hommes tués et quinze blessés.

Le premier soin du général Desaix, à son arrivée à Siout, fut de faire chercher des chameaux et confectionner des outres, afin d'aller joindre Mouråd-Bey à Elouâh; expédition qu'il désirait faire marcher de front avec celle de Cosséir; mais l'apparition des Anglais dans ce port le força de diriger contre Cosséir toute son attention.

Le général Belliard, qui devait la commander, se trouvant attaqué d'un grand mal d'yeux, Desaix lui envoya le citoyen Donzelot, son adjudant-général, pour le seconder ou le remplacer : ils partirent l'un et l'autre de Kéné, le 7 prairial, avec cinq cents hommes de la 21°.

Le 10, le général Belliard prend possession du port de Cosséir, où se trouve un fort qui, avec quelques réparations, peut devenir important.

BATAILLE ET SIÉGE D'ABOUKIR.

Telle était la situation de la Haute-Égypte et de l'armée du général Desaix, quand Bonaparte arriva au Caire de son expédition de Syrie. Son premier soin avait été d'organiser son armée et d'en remplir tous les cadres, afin de la mettre promptement en état de marcher à de nouveaux combats. Il n'avait détruit qu'une partie du plan général d'attaque combiné entre la Porte et l'Angleterre; il jugea qu'il lui faudrait bientôt écarter les autres dangers qu'il avait prévus.

En effet, il est bientôt instruit par le général Desaix que les mameloucks de la Haute-Égypte s'étant divisés, une partie s'est portée dans l'oasis de Sébahiar, avec dessein de se réunir à Ibrahim-Bey, qui était revenu à Ghazah, tandis que Mourâd-Bey descendait par le Faïoum pour gagner l'oasis du lac Natron, afin de se réunir à un rassemblement d'Arabes qui s'y était formé, et que le général Destaing avait reçu ordre de disperser avec la colonne mobile mise à sa disposition. Cette marche de Mourâd-Bey, combinée avec le mouvement des Arabes, annonçait le dessein de protéger un débarquement soit à la tour des Arabes, soit à Aboukir.

Le 22 messidor, le général Lagrange part du Caire avec une colonne mobile; il arrive à Sébahiar où il surprend les mameloucks dans leur camp; ils n'ont que le temps de fuir dans le désert, en abandonnant tous leurs bagages et sept cents chameaux. Osman-Bey, plusieurs kiachefs et quelques mameloucks sont tués. Cinquante chevaux restent au pouvoir des braves que le général Lagrange commande.

Le général Murat reçoit l'ordre de se rendre à la tête d'une colonne mobile, aux lacs Natron, d'en éloigner les rassemblemens d'Arabes, de seconder le général Destaing, et de couper le chemin à Mourâd-Bey. Ce général arrive aux lacs Natron, prend, chemin faisant, un kiachef et trente mamelouks qui évitaient la poursuite du général Destaing. Mourâd-Bey est informé, près des lacs Natron, que les Français y sont; il rétrograde aussitôt, et couche le 25 messidor près des pyramides de Gisëh, du côté du désert.

Bonaparte, informé de ce mouvement, part du Caire le 26 messidor, avec les guides à cheval et ceux à pied, les grenadiers des 18ᵉ et 32ᵉ, les éclaireurs et deux pièces de canon; il va coucher aux pyramides de Gisëh, où il ordonne au général Murat de le joindre. Arrivé aux pyramides, son avantgarde poursuit les Arabes qui marchaient à la suite de Mourâd-Bey, parti le matin pour remonter vers le Faïoum. On tue quelques hommes; on prend plusieurs chameaux.

Le général Murat, qui avait rejoint Bonaparte, suit l'espace de cinq lieues la route qu'avait tenue Mourâd-Bey.

Bonaparte, disposé à rester deux ou trois jours aux pyramides de Gisëh, y reçoit une lettre d'Alexandrie, qui lui apprend qu'une flotte turque, de cent voiles, avait mouillé à Aboukir le 23, et annonçait des vues hostiles contre Alexandrie. Il part au moment même pour se rendre à Gisëh; il y passe la nuit à faire ses dispositions; il ordonne au général Murat de se mettre en marche pour Rahmanié, avec sa cavalerie, les grenadiers de la 69ᵉ, ceux des 18ᵉ et 32ᵉ, les éclaireurs, et un bataillon de la 13ᵉ qu'il avait avec lui.

Une partie de la division Lannes reçoit l'ordre de passer le Nil dans la nuit, et de se rendre à Rahmanié.

Une partie de la division Rampon reçoit également l'ordre de passer le Nil à la pointe du jour, pour se porter aussi sur Rahmanié.

Le parc destiné à marcher se met en mouvement; pendant la nuit, tous les ordres et toutes les instructions sont expédiés dans les provinces.

Bonaparte recommande au général Desaix d'ordonner au général Friant de rejoindre les traces de Mourâd-Bey, et de le suivre avec sa colonne mobile partout où il ira; de faire bien approvisionner le fort de Kéné dans la Haute-Égypte, et celui de Cosséir; de laissser cent hommes dans chacun de ces forts; de surveiller la situation du Caire pendant l'expédition contre le débarquement des Turcs à Ahoukir; de se concerter avec le général Dugua, commandant au Caire, et d'envoyer la moitié de sa cavalerie à l'armée. Il recommande au général Dugua de tenir, autant qu'il lui sera possible, des colonnes mobiles dans les provinces environnant le Caire; de se concerter avec les généraux Desaix et Regnier; de tenir la citadelle du Caire et les forts bien approvisionnés et de s'y retirer en cas d'événement majeur.

Il écrit au général Regnier de faire surveiller les approvisionnemens des forts d'El-A'rych, Cathiëh, Saléhiëh et Belbéis; de s'opposer autant qu'il le pourra avec la 85ᵉ et le corps de cavalerie à ses ordres, à tous les mouvemens, soit de la part des felláhs ou des Arabes révoltés, soit de celle d'Ibrahim-Bey et des troupes de Djezzar; enfin, en cas de forces supérieures, d'ordonner aux garnisons de s'enfermer dans les forts, tandis que lui et ses troupes rentreraient au Caire.

Au général Kléber, de faire un mouvement sur Rosette, en laissant les troupes nécessaires à la sûreté de Damiette et de la province.

Le général Menou, avec une colonne mobile, était parti pour les lacs Natron. Il reçoit l'ordre de mettre deux cents Grecs avec une pièce de canon, pour tenir garnison dans les couvens, qui sont bâtis de manière à faire d'excellens forts. L'objet est de défendre l'occupation de cet oasis à Mourâd-Bey, ainsi qu'aux Arabes; il lui est ordonné de rejoindre l'armée à Rahmanié avec le reste de sa colonne.

Le général en chef, avec le quartier-général, part de Gisëh le 28 messidor, couche le même jour à Ouardan, le 29 à Terranëh, le 30 à Chabour; il arrive le 1er thermidor à Rahmanié, où l'armée se réunit le 2 et le 3.

Les généraux Lannes, Robin et Fugières, qui étaient dans les provinces de Menouff et de Charkié pour y faire payer le miri, rejoignent l'armée à Rahmanié.

Bonaparte apprend que les cent voiles turques mouillées à Aboukir le 24, avaient débarqué environ trois mille hommes et de l'artillerie, et avaient attaqué le 27 la redoute, qu'ils avaient enlevée de vive force; que le fort d'Aboukir, dont le commandant avait été tué, s'était rendu le même jour par une de ces lâchetés qui méritent un exemple sévère.

Le fort est séparé de la terre par un fossé de vingt pieds, ayant une contrescarpe taillée dans le roc; le revêtement en est bon; il eût pu tenir jusqu'à l'arrivée du secours.

L'adjudant-général Julien, à Rosette, se conduit avec autant de sagesse que de prudence; il fait conduire dans le fort les munitions, les vivres, les malades qui sont à Rosette; mais il reste dans cette ville, avec la plus grande partie des deux cents hommes environ qu'il avait à ses ordres; il maintient la confiance et la tranquillité dans la province et dans le Delta, et son intrépidité en impose aux agens de l'ennemi.

Le général Marmont écrit que les Turcs ont pris Aboukir par capitulation; qu'ils sont occupés à débarquer leur artillerie, qu'ils ont coupé les pontons construits par les Français pour la communication avec Rosette, sur le passage qui joint le Madié à la rade d'Aboukir; que les espions qu'il avait envoyés rapportaient que l'ennemi avait le projet de faire le siége d'Alexandrie, et était fort d'environ quinze mille hommes.

Bonaparte envoie le général Menou à Rosette, avec un renfort de troupes; il lui ordonne d'observer l'ennemi, de défendre le Bogaze à l'embouchure du Nil.

On espérait que l'ennemi deviendrait entreprenant par la prise d'Aboukir; qu'il marcherait, soit sur Rosette, soit sur Alexandrie; mais Bonaparte apprend qu'il s'établit et se retranche dans la presqu'île d'Aboukir, qu'il forme des magasins dans le fort, qu'il organise les Arabes, et attend Mouråd-Bey, avec ses mameloucks, avant de se porter en avant.

L'ennemi acquérait chaque jour de nouvelles forces : il était donc important de prendre une position d'où l'on pût l'attaquer également, soit qu'il se portât sur Rosette, soit qu'il voulût investir Alexandrie; une position telle que l'on pût marcher sur Aboukir, s'il y restait, l'y attaquer, lui enlever son artillerie, le culbuter dans la mer, le bombarder dans le fort, et le lui reprendre.

Bonaparte se décide à prendre cette position au village de Birket, situé à la hauteur d'un des angles du lac Madié, d'où l'on se porte également sur l'Eter, Rosette, Alexandrie et Aboukir; d'où l'on peut en outre resserrer l'ennemi dans la presqu'île d'Aboukir, lui rendre plus difficile sa communication avec le pays, et intercepter les secours qu'il peut attendre des Arabes et des mameloucks.

Le général Murat, avec la cavalerie, les dromadaires, les grenadiers, et le 1er bataillon de la 69e, part de Rahmanié le 2 au soir, pour se rendre à Birket. Le général a l'ordre de se mettre en communication avec Alexandrie par des détachemens; de faire reconnaître l'ennemi à Aboukir, et de pousser des patrouilles sur l'Eter et autour du lac Madié.

L'armée part de Rahmanié le 4 thermidor, ainsi que le quartier-général. Le 5, elle est en position à Birket. Des sapeurs sont envoyés à Beddâh pour y nettoyer les puits. Une patrouille enlève le 5, près de Buccintor, environ soixante chameaux chargés d'orge et de blé, que les Arabes conduisaient à Aboukir.

L'armée part de Birket dans la nuit du 5; une division prend position à Kafr-Finn, et l'autre à Beddâh. Le quartier-général se rend à Alexandrie. Le général en chef passe la nuit à prendre connaissance des rapports de l'ennemi à Aboukir. Il fait partir les trois bataillons de la garnison d'Alexandrie, aux ordres du général Destaing, pour aller reconnaître l'ennemi, prendre position, et faire nettoyer les puits. A moitié chemin d'Alexandrie à Aboukir, il apprend que le général Kléber, avec une partie de sa division, est à Foua, et suit les mouvemens de l'armée, ainsi qu'il en avait reçu l'ordre.

Bonaparte avait employé la matinée du 6 à voir les fortifications d'Alexandrie, et à tout disposer pour attaquer l'ennemi. D'après les rapports des espions et ceux faits par les reconnaissances, Mustapha-Pacha, commandant l'armée turque, avait débarqué avec environ quinze mille hommes, beaucoup d'artillerie et une centaine de chevaux, et s'occupait à se retrancher.

Dans l'après-midi, Bonaparte part d'Alexandrie avec le quartier-général, et prend position au puits entre Alexandrie et Aboukir. La cavalerie du général Murat, les divisions Lannes et Rampon, ont ordre de se rendre à cette même position; elles y arrivent dans la nuit du 6 au 7, à minuit, ainsi que quatre cents hommes de cavalerie venant de la Haute-Égypte.

Le 7 thermidor, à la pointe du jour, l'armée se met en mouvement; l'avant-garde est commandée par le général Murat, qui a sous ses ordres quatre cents hommes de cavalerie, et le général de brigade Destaing, avec trois bataillons et deux pièces de canon.

La division Lannes formait l'aile droite, et la division Lanusse l'aile gauche. La division Kléber, qui devait arriver dans la journée, formait la réserve. Le parc, couvert d'un escadron de cavalerie, venait ensuite.

Le général de brigade Davoust, avec deux escadrons et cent dromadaires, a ordre de prendre position entre Alexandrie et l'armée, autant pour faire face aux Arabes et à Mourâd-Bey, qui pouvaient arriver d'un moment à l'autre, que pour assurer la communication avec Alexandrie.

Le général Menou, qui s'était porté à Rosette, avait eu l'ordre de se trouver à la pointe du jour à l'extrémité de la barre de Rosette à Aboukir, et au passage du lac Madié, pour canonner tout ce que l'ennemi aurait dans le lac, et lui donner de l'inquiétude sur sa gauche.

Mustapha-Pacha avait sa première ligne à une

demi-lieue en avant du fort d'Aboukir, environ mille hommes occupaient un mamelon de sable retranché à sa droite sur le bord de la mer, soutenu par un village à trois cents toises, occupé par douze cents hommes et quatre pièces de canon. Sa gauche était sur une montagne de sable, à gauche de la presqu'île, isolée, à six cents toises en avant de la première ligne; l'ennemi occupait cette position qui était mal retranchée, pour couvrir le puits le plus abondant d'Aboukir. Quelques chaloupes canonnières paraissaient placées pour défendre l'espace de cette position à la seconde ligne; il y avait deux mille hommes environ et six pièces de canon.

L'ennemi avait sa seconde position en arrière du village, à trois cents toises; son centre était établi à la redoute qu'il avait enlevée; sa droite était placée derrière un retranchement prolongé depuis la redoute jusqu'à la mer, pendant l'espace de cent cinquante toises; sa gauche, en partant de la redoute vers la mer, occupait des mamelons et la plage qui se trouvait à la fois sous les feux de la redoute et sous ceux des chaloupes canonnières; il avait dans cette seconde position, à peu près sept mille hommes et douze pièces de canon. A cent cinquante toises derrière la redoute, se trouvait le village d'Aboukir et le fort occupés ensemble par environ quinze cents hommes; quatre-vingts hommes à cheval formaient la suite du pacha, commandant en chef.

L'escadre était mouillée à une demi-lieue dans la rade.

Après deux heures de marche, l'avant-garde se trouve en présence de l'ennemi; la fusillade s'engage avec les tirailleurs.

Bonaparte arrête les colonnes, et fait ses dispositions d'attaque.

Le général de brigade Destaing, avec ses trois bataillons, marche pour enlever la hauteur de la droite de l'ennemi, occupée par mille hommes. En même temps un piquet de cavalerie a ordre de couper ce corps dans sa retraite sur le village.

La division Lannes se porte sur la montagne de sable, à la gauche de la première ligne de l'ennemi, où il avait deux mille hommes et six pièces de canon; deux escadrons de cavalerie ont l'ordre d'observer et de couper ce corps dans sa retraite.

Le reste de la cavalerie marche au centre; la division Lanusse reste en seconde ligne.

Le général Destaing marche à l'ennemi au pas de charge; celui-ci abandonne ses retranchemens, et se retire sur le village; la cavalerie sabre les fuyards.

Le corps sur lequel marchait la division Lannes, voyant que la droite de sa première ligne est forcée de se replier, et que la cavalerie tourne sa position, veut se retirer, après avoir tiré quelques coups de canon; deux escadrons de cavalerie et un peloton des guides lui coupent la retraite, et forcent à se noyer dans la mer ce corps de deux mille hommes;

aucun n'évite la mort; le commandant des guides à cheval, Hercule, est blessé.

Le corps du général Destaing marche sur le village, centre de la seconde ligne de l'ennemi; il le tourne en même temps que la 32ᵉ demi-brigade l'attaque de front. L'ennemi fait une vive résistance; sa seconde ligne détache un corps considérable par sa gauche pour venir au secours du village; la cavalerie le charge, le culbute, et poursuit les fuyards, dont une grande partie se précipite dans la mer.

Le village est emporté, l'ennemi est poursuivi jusqu'à la redoute, centre de sa seconde position. Cette position était très forte; la redoute était flanquée par un boyau qui fermait à droite la presqu'île jusqu'à la mer. Un autre boyau se prolongeait sur la gauche, mais à peu de distance de la redoute; le reste de l'espace était occupé par l'ennemi qui était sur des mamelons de sable et dans les palmiers.

Pendant que les troupes reprennent haleine, on met des canons en position au village et le long de la mer; on bat la droite de l'ennemi et sa redoute. Les bataillons du général Destaing formaient, au village qu'ils venaient d'enlever, le centre d'attaque en face de la redoute; ils ont ordre d'attaquer.

Le général Fugières reçoit l'ordre de former en colonne la 18ᵉ demi-brigade, et de marcher le long de la mer pour enlever au pas de charge la droite des Turcs. La 32ᵉ, qui occupait la gauche du village, a l'ordre de tenir l'ennemi en échec, et de soutenir la 18ᵉ.

La cavalerie, qui formait la droite de l'armée, attaque l'ennemi par sa gauche ; elle le charge avec impétuosité à plusieurs reprises ; elle sabre et force à se jeter dans la mer tout ce qui est devant elle ; mais elle ne pouvait rester au-delà de la redoute, se trouvant entre son feu et celui des canonnières ennemies. Emportée par sa valeur dans ce défilé de feux, elle se repliait aussitôt qu'elle avait chargé, et l'ennemi renvoyait de nouvelles forces sur les cadavres de ses premiers soldats.

Cette obstination et ces obstacles ne font qu'irriter l'audace et la valeur de la cavalerie ; elle s'élance et charge jusque sur les fossés de la redoute qu'elle dépasse ; le chef de brigade Duvivier est tué ; l'adjudant-général Roze, qui dirige les mouvemens avec autant de sang-froid que de talent, le chef de brigade des guides à cheval, Bessières, l'adjudant-général Leturcq, sont à la tête des charges.

L'artillerie de la cavalerie, celle des guides, prennent position sous la mousqueterie ennemie, et, par le feu de mitraille le plus vif, concourent puissamment au succès de la bataille.

L'adjudant-général Leturcq juge qu'il faut un renfort d'infanterie, il vient rendre compte au général en chef qui lui donne un bataillon de la 75e ; il rejoint la cavalerie ; son cheval est tué ; alors il se met à la tête de l'infanterie ; il vole du centre à la gauche pour rejoindre la 18e demi-brigade, qu'il voit en marche pour attaquer les retranchemens de la droite de l'ennemi.

La 18e marche aux retranchemens : l'ennemi sort en même temps par sa droite ; les têtes des colonnes se battent corps à corps. Les Turcs cherchent à arracher les baïonnettes qui leur donnent la mort ; ils mettent le fusil en bandoulière, se battent au sabre et au pistolet. Enfin, la 18e arrive jusqu'aux retranchemens ; mais le feu de la redoute, qui flanquait du haut en bas le retranchement où l'ennemi s'était rallié, arrête la colonne. Le général Fugières, l'adjudant-général Leturcq font des prodiges de valeur. Le premier reçoit une blessure à la tête ; il continue néanmoins à combattre ; un boulet lui emporte le bras gauche ; il est forcé de suivre le mouvement de la 18e, qui se retire sur le village dans le plus grand ordre, en faisant un feu des plus vifs. L'adjudant-général Leturcq avait fait de vains efforts pour déterminer la colonne à se jeter dans les retranchemens ennemis. Il s'y précipite lui-même ; mais il s'y trouve seul ; il y reçoit une mort glorieuse : le chef de brigade Morangié est tué.

Une vingtaine de braves de la 18e restent sur le terrain. Les Turcs, malgré le feu meurtrier du village, s'élancent des retranchemens pour couper la tête des morts et des blessés, et obtenir l'aigrette d'argent que leur gouvernement donne à tout militaire qui apporte la tête d'un ennemi.

Le général en chef avait fait avancer un bataillon de la 22e légère, et un autre de la 69e, sur la gauche de l'ennemi. Le général Lannes, qui était à leur tête, saisit le moment où les Turcs étaient imprudemment sortis de leurs retranchemens; il fait attaquer la redoute de vive force par sa gauche et par la gorge. La 22ᵉ et la 69ᵉ, un bataillon de la 75ᵉ, sautent dans le fossé, et sont bientôt sur le parapet et dans la redoute, en même temps que la 18ᵉ s'était élancée de nouveau au pas de charge sur la droite de l'ennemi.

Le général Murat, qui commandait l'avant-garde, qui suivait tous les mouvemens, et qui était constamment aux tirailleurs, saisit le moment où le général Lannes lançait sur la redoute les bataillons de la 22ᵉ et de la 69ᵉ, pour ordonner à un escadron de charger et de traverser toutes les positions de l'ennemi, jusque sur les fossés du fort. Ce mouvement est fait avec tant d'impétuosité et d'à-propos, qu'au moment où la redoute est forcée, cet escadron se trouvait déjà pour couper à l'ennemi toute retraite dans le fort. La déroute est complète; l'ennemi en désordre et frappé de terreur trouve partout les baïonnettes et la mort. La cavalerie le sabre: il ne croit avoir de ressource que dans la mer; dix mille hommes s'y précipitent; ils y sont fusillés et mitraillés. Jamais spectacle aussi terrible ne s'est présenté. Aucun ne se sauve: les vaisseaux étaient à deux lieues dans la rade d'Aboukir. Mustapha-Pacha, commandant en chef l'armée turque, est pris avec deux cents Turcs; deux mille restent sur le champ de bataille; toutes les tentes, tous les bagages, vingt pièces de canon, dont deux anglaises qui avaient été données par la cour de Londres au

Grand-Seigneur, restent au pouvoir des Français : deux canots anglais se dérobent par la fuite. Le fort d'Aboukir ne tire pas un coup de fusil; tout est frappé de terreur. Il en sort un parlementaire qui annonce que ce fort est défendu par douze cents hommes. On leur propose de se rendre; mais les uns y consentent, les autres s'y opposent. La journée se passe en pourparlers; on prend position; on enlève les blessés.

Cette glorieuse journée coûte à l'armée française cent cinquante hommes tués et sept cent cinquante blessés. Au nombre des derniers est le général Murat, qui a pris à cette victoire une part si honorable; le chef de brigade du génie Cretin, officier du premier mérite, meurt de ses blessures, ainsi que le citoyen Guibert, aide-de-camp du général en chef.

Dans la nuit, l'escadre ennemie communique avec le fort. Les troupes qui y étaient restées se réorganisent; le fort se défend : on établit des batteries de mortiers et de canons pour le réduire.

En attendant la reddition du fort, Bonaparte retourne à Alexandrie, dont il examine la situation. On ne saurait donner trop d'éloges au général Marmont sur les travaux de défense de cette place; tous les services sont parfaitement organisés; et ce général a pleinement justifié la confiance que Bonaparte lui avait témoignée lorsqu'il lui donna un commandement aussi important.

Le 8 thermidor, le général en chef fait sommer le château d'Aboukir de se rendre. Le fils du pacha, son kiaya et les officiers veulent capituler; mais les soldats s'y refusent.

Le 9, on continue le bombardement.

Le 10, plusieurs batteries sont établies sur la droite et la gauche de l'isthme; quelques chaloupes canonnières sont coulées bas; une frégate est démâtée et forcée de prendre le large.

Le même jour, l'ennemi, qui commençait à manquer de vivres, s'introduit dans quelques maisons du village qui touche le fort; le général Lannes y accourt, il est blessé à la jambe; le général Menou le remplace dans le commandement du siége.

Le 12, le général Davoust était de tranchée; il s'empare de toutes les maisons où était logé l'ennemi, et le jette ensuite dans le fort, après lui avoir tué beaucoup de monde. La 22ᵉ demi-brigade d'infanterie légère, et le chef de brigade Magny, qui a été légèrement blessé, se sont parfaitement conduits : le succès de cette journée, qui a accéléré la reddition du fort, est dû aux bonnes dispositions du général Davoust.

Le 15, le général Robin était de tranchée; les batteries étaient établies sur la contrescarpe, et les mortiers faisaient un feu très vif; le château n'était plus qu'un monceau de pierres. L'ennemi n'avait point de communication avec l'escadre; il mourait de faim et de soif; il prend le parti non de capituler, ces hommes-là ne capitulent pas, mais de jeter ses armes, et de venir en foule embrasser les genoux du vainqueur. Le fils du pacha, le kiaya, et deux mille hommes, ont été faits prisonniers. On a trouvé dans le château trois cents blessés et dix-huit cents cadavres; il y a des bombes qui ont tué jusqu'à six hommes. Dans les vingt-quatre heures de la sortie de la garnison turque, il est mort plus de quatre cents prisonniers, pour avoir bu et mangé avec trop d'avidité.

Ainsi cette affaire d'Aboukir coûte à la Porte dix-huit mille hommes et une grande quantité de canons.

Les officiers du génie Bertrand et Liédot, le commandant d'artillerie Faultrier, se sont comportés avec la plus grande distinction. L'ordre et la tranquillité n'ont pas cessé de régner parmi les habitans de l'Égypte pendant les quinze jours qu'a duré cette expédition.

DISPOSITIONS DE BONAPARTE AVANT DE QUITTER L'ÉGYPTE. — MOTIFS QUI LE DÉTERMINENT, etc.

L'ARMÉE ennemie avait succombé, le visir était encore au-delà du Taurus; l'Égypte n'avait de long-temps rien à craindre d'une invasion. La solde était arriérée, la caisse manquait de fonds; mais le miry n'avait pas été perçu; les blés, les riz, toutes les contributions en nature étaient intactes; les dépenses de premier établissement étaient faites; la situation financière de la colonie ne pouvait que s'améliorer: les mesures qui avaient suivi le retour de Syrie garantissaient ce résultat. Le nombre des provinces avait été réduit ; ce luxe d'employés que traînent après elles les armées françaises n'existait plus, les services avaient été organisés sur de nouvelles bases, les impôts mieux assis ; le mécanisme du gouvernement était désormais en plein jeu, il ne s'agissait que de le laisser aller. Mais en quel état se trouvait la France ? Avait-elle battu, humilié les rois ? ou vaincue à son tour avait-elle essuyé toutes les calamités de la défaite ? Les journaux de Francfort l'annonçaient : mais ces feuilles, transmises par Kléber avant l'action, avaient été répandues à Damiette par Sidney. La source n'en était pas assez pure pour adopter de confiance ce qu'elles contenaient. D'un autre côté, la nouvelle était trop grave pour la négliger ; car à quoi bon triompher sur le Nil si le Rhin était forcé ? à quoi bon fermer le désert si les Alpes étaient ouvertes ? C'était la France et non l'Égypte, Paris et non le Caire, qui formait le nœud de la question. Aussi Bonaparte ne négligea-t-il rien pour s'assurer du véritable état des choses : les intérêts de la politique se trouvaient ici d'accord avec ceux de l'humanité. Nous avions quelques centaines de prisonniers dans les mains : ils étaient hors d'état de nuire, nous ne pouvions, au milieu des décombres où ils gisaient encore, leur donner les soins qu'ils réclamaient. Le général en chef résolut de les renvoyer sur leur flotte. Il fit prévenir l'amiral turc de son dessein : Petrona-Bey accepta ; les communications s'établirent, et nous sûmes bientôt tout ce que nous avions intérêt à savoir. Smith, de son côté, ne voulut pas rester en arrière des Osmanlis. La Vendée avait repris les armes, l'Italie était perdue, la Cisalpine n'existait plus; tout ce qu'avait fait, tout ce qu'avait créé Bonaparte était détruit. L'amour-propre pouvait égarer son courage, et lui faire abandonner l'Egypte pour demander compte aux Russes des succès qu'ils avaient obtenus. La tentative valait du moins la peine d'être faite; Sidney ne se l'épargna pas. Il mit à terre quelques uns de nos soldats qu'il avait arrachés au damas des Turcs, et les fit suivre d'une correspondance adressée au général en chef que ses avisos avaient interceptée. Ces égards étaient étranges après les expressions dont ses tentatives d'embauchage avaient été flétries; mais l'un était impatient d'apprendre ce qu'il tardait à l'autre de divulguer. Les communications se rouvrirent, et le secrétaire de Sidney ne tarda pas d'être à la côte avec un paquet de journaux. Fin, délié, alerte à semer un propos, il se flattait de répandre de fausses espérances dans nos rangs, et d'y puiser les notions qui manquaient à son chef. Mais il s'attaquait à trop forte partie; il fut pénétré, accablé de questions, obsédé de déférences et ne put communiquer avec personne. Il ne se déconcerta pas néanmoins, et essaya de surprendre au chef les renseignemens qu'il ne pouvait avoir d'ailleurs. Il se mit à discourir sur l'Égypte; parla de ses préjugés, de ses institutions, et conclut que les Français devaient prodigieusement s'ennuyer au milieu d'un peuple aussi sauvage. Le général ne lui répondit rien d'abord; et reprenant la parole au bout de quelques instans : « Vous devez, lui dit-il, vous ennuyer singulièrement en mer. Il est vrai que vous avez la ressource de la pêche ; pêchez-vous beaucoup? » Ainsi déçu dans toutes ses tentatives, le secrétaire n'insista pas. Il se réduisit au seul rôle qui lui restait à jouer, et aborda les ouvertures qu'il était chargé de faire au général. Il lui peignit les dangers que courait la France, le peu d'importance qu'avait dans la balance générale une colonie lointaine, et lui proposa de l'évacuer pour aller redemander l'Italie aux Russes. Bonaparte feignit d'être ébranlé, et ajourna la négociation au retour d'un voyage qu'il était obligé de faire dans la Haute-Égypte. Il fit aussitôt répandre le bruit de cette excursion, et donna des ordres pour qu'une commission de l'Institut le précédât au-dessus de Benesouef. L'envoyé de Smith fut dupe de ces démonstrations. Il ne douta pas que quelque affaire importante n'appelât le général dans les provinces que Desaix avait conquises, et rejoignit son chef avec la conviction que le croissant ne tarderait pas à reprendre possession du Nil.

Des pensées bien différentes agitaient Bonaparte; il avait fait interroger les soldats que le commodore avait débarqués : il savait que la croisière manquait d'eau et ne pouvait tarder à s'aller rafraîchir. Une autre circonstance favorisait encore ses vues. *Le Thésée* avait quelques bombes à bord depuis le siége de Saint-Jean-d'Acre ; elles venaient de faire explosion ; l'équipage avait été cruellement traité, et le bâtiment obligé de chercher un port pour réparer ses avaries. La mer allait devenir libre ; il ne s'agissait que de saisir l'instant où Smith serait éloigné.

La résolution du général était arrêtée. Sept mois auparavant, il avait annoncé le dessein de repasser en France si la guerre éclatait contre les rois : elle avait éclaté, elle était malheureuse, il ne pouvait hésiter. Il reporta Kléber à Damiette, fit rétrograder Reynier sur Belbéis, et ordonna au génie de presser les travaux qui devaient fermer le désert. C'était la partie de la frontière la plus faible ; il voulut qu'elle fût promptement en état. Il chargea le général Samson de tenir la main à l'exécution des ouvrages qu'il avait arrêtés ; il mit à sa disposition les prisonniers que nous avions faits à Aboukir, lui recommanda de hâter les travaux qui devaient protéger El-A'rych, Saléhiëh, et de tout sacrifier pour couvrir ces deux points. Il prit aussi des mesures pour garantir la côte. Il fit reconstruire le fort que nos obus avaient détruit, ajouta quelques redoutes à celles qui défendaient Alexandrie, accrut les batteries du Bogaz, augmenta les difficultés que présentaient les passes et ne négligea rien de ce qui pouvait diminuer les chances d'une agression. Les Turcs ne croyaient à la victoire que lorsqu'ils le voyaient ; sa présence était devenue indispensable au Caire ; il partit, calma les cheiks, expédia les savans, donna de la vie, du mouvement à toutes les branches de l'administration. Il arrêta aussi tout ce qui intéressait la Haute-Égypte. Il prescrivit les mouvemens qu'il y avait à faire, les points qu'il fallait occuper, si le visir cherchait à déboucher par le désert ou que quelque expédition se présentât sur la côte. Il recommanda à Desaix de disposer les choses de manière que dans ce cas, qui du reste était peu probable, il pût ne laisser qu'une centaine d'hommes à Cosséir, déposer ses embarras à Kéné, et se porter rapidement sur le Caire avec toutes les troupes qu'il commandait. Il joignit à ces dispositions, le tableau du triste état où étaient nos affaires en Europe. La guerre avait été déclarée le 13 mars. Diverses actions malheureuses avaient eu lieu, Jourdan avait été battu à Feldkirck, Schérer à Rivoli : l'un avait été obligé de repasser le Rhin, l'autre avait été rejeté derrière l'Oglio. Mantoue était bloqué, et cependant les Russes n'étaient pas encore en ligne; c'était les Autrichiens seuls qui avaient obtenu ces résultats. L'armée navale n'avait pas été plus heureuse; elle n'avait pas essuyé de défaite, il est vrai; mais elle était sortie de Brest forte de vingt-deux vaisseaux que soutenaient dix-huit frégates, elle était arrivée au détroit, et était paisiblement rentrée à Toulon sans oser attaquer les Anglais, qui n'avaient pourtant que dix-huit bâtimens à lui opposer. L'escadre espagnole était également passée de Cadix à Carthagène, où elle avait rallié vingt-sept vaisseaux de guerre, dont quatre à trois ponts; mais les flottes anglaises n'avaient pas tardé à les suivre et à mettre le blocus devant les ports qui les renfermaient. Malte était ravitaillée; Corfou avait été pris par famine, la garnison reconduite en France, où la loi sur les otages, l'emprunt forcé, et les violences des Conseils avaient de nouveau soulevé toutes les passions.

Nous n'avions désormais rien à attendre de la métropole : les fers, les médicamens, les petites armes que nous en espérions ne pouvaient plus arriver. Il nous était cependant impossible de les tirer d'ailleurs; l'Afrique n'en confectionne pas; l'Italie nous était fermée : il fallait être sur le continent pour vaincre les lenteurs, aplanir les obstacles, et expédier les convois. La communication des journaux que le général avait transmis à Kléber, le disait assez.

Bonaparte avait pourvu à tout ce qui pouvait assurer ou compromettre la tranquillité de la colonie. Il avait arrêté la démarcation des provinces, fixé les attributions des commandans, déterminé les communications, les rapports qu'ils devaient avoir entre eux; des marchés étaient passés pour renouveler l'habillement des troupes; Poussielgue avait ordre de presser la rentrée du miry, d'innover peu, de cultiver les cheiks; et Dugua, tout en commandant avec douceur, d'être sans pitié pour la révolte. Restait la dangereuse influence des firmans. Le visir était encore au-delà du Taurus, ramassant quelques milliers de malheureux qui n'avaient aucune habitude de la guerre; mais son nom suffisait pour soulever les tribus, agiter les fellâhs; Bonaparte résolut de hasarder une nouvelle ouverture, persuadé que si elle ne le désarmait pas, elle pourrait du moins rendre les hostilités moins actives. Il manda, subjugua l'Effendi qui avait été pris à Aboukir, l'éblouit par l'appareil de forces qu'il fit étaler à ses yeux, et l'expédia avec la dépêche qui suit :

« Au Caire, le 30 thermidor an VII (18 août 1799).

« AU GRAND-VISIR,

« Grand parmi les grands éclairés et sages, seul dépositaire de la confiance du plus grand des sultans,

« J'ai l'honneur d'écrire à Votre Excellence par l'Effendi qui a été pris à Aboukir, et que je lui renvoie pour lui faire connaître la véritable situation de l'Égypte, et entamer entre la Sublime Porte et la République française des négociations qui puissent mettre fin à la guerre qui se trouve exister pour le malheur de l'un et de l'autre état.

« Par quelle fatalité la Porte et la France, amies de tous les temps, et dès-lors par habitude, amies par l'éloignement de leurs frontières; la France ennemie de la Russie et de l'Empereur, la Porte ennemie de la Russie et de l'Empereur, sont-elles cependant en guerre ?

« Comment Votre Excellence ne sentirait-elle pas qu'il n'y a pas un Français de tué qui ne soit un appui de moins pour la Porte?

« Comment Votre Excellence, si éclairée dans la connaissance de la politique et des intérêts des divers états, pourrait-elle ignorer que la Russie et l'empereur d'Allemagne se sont plusieurs fois entendus pour le partage de la Turquie, et que ce n'a été que l'intervention de la France qui l'a empêché?

« Votre Excellence n'ignore pas que le vrai ennemi de l'Islamisme est la Russie. L'empereur Paul Ier s'est fait grand-maître de Malte, c'est-à-dire a fait vœu de faire la guerre aux musulmans : n'est-ce pas lui qui est chef de la religion grecque, c'est-à-dire des plus nombreux ennemis qu'ait l'Islamisme?

« La France, au contraire, a détruit les chevaliers de Malte, rompu les chaînes des Turcs qui y étaient détenus en esclavage, et croit, comme l'ordonne l'Islamisme, qu'il n'y a qu'un seul Dieu.

« Ainsi donc, la Porte a déclaré la guerre à ses véritables amis, et s'est alliée à ses véritables ennemis.

« Ainsi donc la Sublime Porte a été l'amie de la France, tant que cette puissance a été chrétienne; lui a fait la guerre, dès l'instant que la France, par sa religion, s'est rapprochée de la croyance musulmane. Mais, dit-on, la France a envahi l'Égypte; comme si je n'avais pas toujours déclaré que l'intention de la République française était de détruire les mameloucks, et non de faire la guerre à la Sublime Porte; était de nuire aux Anglais, et non à son grand et fidèle ami l'empereur Sélim.

« La conduite que j'ai tenue envers tous les gens de la Porte qui étaient en Égypte, envers les bâtimens du Grand-Seigneur, envers les bâtimens de commerce portant pavillon ottoman, n'est-elle pas un sûr garant des intentions pacifiques de la République française?

« La Sublime Porte a déclaré la guerre dans le mois de janvier à la République française avec une précipitation inouïe; sans attendre l'arrivée de l'ambassadeur Descorches, qui déjà était parti de Paris pour se rendre à Constantinople; sans me demander aucune explication, ni répondre à aucune des avances que j'ai faites.

« J'ai cependant espéré, quoique sa déclaration de guerre me fût parfaitement connue, pouvoir la faire revenir, et j'ai à cet effet, envoyé le citoyen Beauchamp, consul de la République, sur la caravelle. Pour toute réponse on l'a emprisonné; pour toute réponse on a créé des armées, on les a réunies à Gazah, et on leur a ordonné d'envahir l'Égypte: je me suis trouvé alors obligé de passer le désert, préférant faire la guerre en Syrie à ce qu'on la fît en Égypte.

« Mon armée est forte, parfaitement disciplinée et approvisionnée de tout ce qui peut la rendre victorieuse des armées, fussent-elles aussi nombreuses que les sables de la mer; des citadelles et des places fortes hérissées de canon se sont élevées sur les côtes et sur les frontières du désert. Je ne crains donc rien, et je suis ici invincible; mais je dois à l'humanité, à la vraie politique, au plus ancien comme au plus vrai des alliés, la démarche que je fais.

« Ce que la Sublime Porte n'obtiendra jamais par la force des armes, elle peut l'obtenir par les négociations : je battrai toutes les armées lorsqu'elles projetteront l'envahissement de l'Égypte; mais je répondrai d'une manière conciliante à toutes les ouvertures de négociations qui me seront faites. La République française, dès l'instant que la Sublime Porte ne fera plus cause commune avec nos ennemis, la Russie et l'Empereur, fera tout ce qui sera en elle pour rétablir la bonne intelligence, et lever tout ce qui pourra être un sujet de désunion entre les deux états.

« Cessez donc des armemens dispendieux et inutiles : vos ennemis ne sont pas en Égypte; ils sont sur le Bosphore, ils sont à Corfou, ils sont aujourd'hui, par votre extrême imprudence, au milieu de l'Archipel.

« Radoubez et désarmez vos vaisseaux; réformez vos équipages, tenez-vous prêts à déployer bientôt l'étendard du Prophète, non contre la France, mais contre les Russes et les Allemands, qui rient de la guerre que nous nous faisons, et qui, lorsque vous aurez été affaiblis, leveront la tête, et déclareront bien haut les prétentions qu'ils ont déjà.

« Vous voulez l'Égypte, dit-on; mais l'intention de la France n'a jamais été de vous l'ôter.

« Chargez votre ministre à Paris de vos pleins pouvoirs, ou envoyez quelqu'un chargé de vos intentions et de vos pleins pouvoirs en Égypte. On pourra, en deux heures d'entretien, tout arranger; c'est là le seul moyen de rasseoir l'empire musulman, en lui donnant la force contre ses véritables ennemis, et de déjouer leurs projets perfides, ce qui malheureusement leur a déjà si fort réussi.

« Dites un mot, nous fermons la mer Noire à la Russie, et nous cesserons d'être le jouet de cette puissance ennemie que nous avons tant de sujet de haïr; et je ferai tout ce qui pourra vous convenir.

« Ce n'est pas contre les musulmans que les armées françaises aiment à déployer et leur tactique et leur courage; c'est au contraire, réunies à des musulmans, qu'elles doivent un jour, comme cela a été de tout temps, chasser leurs ennemis communs.

« Je crois en avoir assez dit par cette lettre à Votre Excellence; elle peut faire venir auprès d'elle le citoyen Beauchamp, que l'on m'assure être détenu dans la mer Noire : elle peut prendre tout autre moyen pour me faire connaître ses intentions.

« Quant à moi, je tiendrai pour le plus beau jour de ma vie, celui où je pourrai contribuer à faire terminer une guerre à la fois impolitique et sans objet.

« Je prie Votre Excellence de croire à l'estime et à la considération distinguée que j'ai pour elle.

« Bonaparte. »

Ces dispositions prises, le général se mit en route; mais il n'était pas hors du Caire que le bruit de son départ circulait déjà. Vial demandait à le suivre; Dugua voulait qu'il démentît une nouvelle qui pouvait avoir des résultats fâcheux; mais lui-même signalait un danger bien plus grave : quatre-vingts voiles avaient paru devant Damiette; Kléber se croyait menacé d'une invasion, et demandait des secours. Bonaparte fut un instant sur le point d'accourir; mais récapitulant bientôt les données qu'il avait sur l'état des forces ennemies qui croisaient sur la côte, il se convainquit que l'alarme n'était pas fondée, et que l'escadre qui l'avait répandue, était celle qui avait mouillé devant Aboukir, ou quelque arrière-garde de l'expédition que nous avions battue. Au reste, nous étions en mesure, de quelque côté que l'attaque se présentât. La division Reynier, soutenue par une artillerie nombreuse, devait, avec mille ou douze cents chevaux, s'avancer à la rencontre des troupes qui tenteraient de déboucher par la Syrie. En quelques marches les colonnes du Bahiréh pouvaient être rendues à Damiette. Le 15ᵉ de dragons se groupait sur Rahmanié; les colonnes du général Bon étaient en réserve, celles du général Lannes prêtes à se mettre en mouvement; nous pouvions faire face sur tous les points. Aussi, loin de partager ces alarmes, Bonaparte manda-t-il à Kléber de venir le joindre à Rosette, ou, s'il voyait quelque inconvénient à s'éloigner, de lui envoyer un de ses aides-de-camp ; qu'il avait des choses importantes à lui confier.

Sa dépêche n'était pas en route depuis deux heures qu'on annonça un courrier d'Alexandrie. C'était le contre-amiral Gantheaume qui donnait avis que Sidney avait cédé au besoin de faire de l'eau autant qu'au bruit du voyage, que Turcs et Anglais avaient disparu, qu'aucun bâtiment ne se montrait au large. Bonaparte fait aussitôt ses dispositions; il rassemble ses guides qui stationnaient à Menouf depuis la bataille d'Aboukir, et gagne rapidement Alexandrie. Le temps avait fraîchi, une corvette était venu reconnaître nos frégates, Kléber ne devait arriver que sous deux jours; il courut au-devant de Menou, qu'il avait aussi mandé. Il rencontra ce général entre le Pharillon et l'anse de Canope, mit pied à terre et lui exposa longuement les vues, les motifs qui le déterminaient à braver les croisières anglaises. Les Conseils avaient tout compromis, tout perdu; la guerre civile joignait ses dévastations aux calamités de la guerre étrangère : nous étions divisés, vaincus, près de subir le joug. Il accourait, se confiait à la mer ; mais malheur à la loquacité qui avait envahi la tribune, s'il parvenait à gagner nos côtes : le règne du bavardage était à jamais passé. Sa présence, d'ailleurs, n'était plus indispensable. La coalition triomphait; la France était battue, hors d'état d'envoyer des secours. Il ne s'agissait donc que de se maintenir, de conserver l'Égypte : or, Kléber était plus que suffisant pour atteindre ce résultat. Il avait confiance en sa sagacité ; les troupes aimaient ses formes, son élan ; elles l'accepteraient volontiers pour chef, et puis il leur avait adressé une proclamation où il leur recommandait de porter sur son successeur l'affection, le dévoûment qu'elles n'avaient cessé de lui témoigner. Quant aux cheiks, Kléber leur avait montré peu d'égards, la chose était moins facile ; mais ils étaient encore étourdis de la victoire d'Aboukir, on pouvait tout se permettre avec eux. Il leur présentait son départ comme une absence momentanée, et leur demandait pour le général qui le remplaçait aujourd'hui toute la confiance, toute l'affection qu'ils avaient eue pour celui qui l'avait représenté pendant qu'il combattait au-delà du désert. « Ayant été instruit, manda-t-il au divan, que mon escadre était prête, et qu'une armée formidable était embarquée dessus, convaincu, comme je vous l'ai dit plusieurs fois, que tant que je ne frapperai pas un coup qui écrase à la fois tous mes ennemis, je ne pourrai jouir tranquillement et paisiblement de la possession de l'Égypte, la plus belle partie du monde, j'ai pris le parti d'aller me mettre moi-même à la tête de mon escadre, en laissant, pendant mon absence, le commandement au général Kléber, homme d'un mérite distingué, et auquel j'ai recommandé d'avoir pour les ulémas et les cheiks, la même amitié que moi. Faites tout ce qui vous sera possible pour que le peuple de l'Égypte ait en lui la même confiance qu'en moi, et qu'à mon retour, qui sera dans deux ou trois mois, je sois content du peuple de l'Égypte, et que je n'aie que des louanges et des récompenses à donner aux cheiks. »

La supposition était forte : néanmoins elle ne dépassait pas ce qu'on pouvait attendre d'une imagination musulmane. Elle n'était d'ailleurs destinée qu'à amortir des espérances que pouvait éveiller la nouvelle du départ : il suffisait qu'elle contînt les Turcs, jusqu'à ce que les troupes fussent revenues de leur surprise et que Kléber eût pris le commandement. Bonaparte voulut aussi prévenir les bruits que l'étonnement, la malveillance pouvait propager dans l'armée. Il chargea le général Menou de faire passer chaque jour au Caire un bulletin de sa navigation, et de ne cesser que lorsqu'il n'aurait plus connaissance des frégates. Il lui donna ensuite le commandement d'Alexandrie, de Rosette et du Bahirëh, et adressa au général Kléber les instructions qui suivent.

« Vous trouverez ci-joint, général, un ordre pour prendre le commandement en chef de l'armée. La crainte que la croisière anglaise ne reparaisse d'un moment à l'autre, me fait précipiter mon voyage de deux ou trois jours. J'emmène avec moi les généraux Berthier, Andréossy, Murat, Lannes et Marmont, et les citoyens Monge et Berthollet.

« Vous trouverez ci-joint les papiers anglais et de Francfort jusqu'au 10 juin. Vous y verrez que nous avons perdu l'Italie; que Mantoue, Turin et Tortone sont bloquées. J'ai lieu d'espérer que la première tiendra jusqu'à la fin de novembre. J'ai l'espérance, si la fortune me sourit, d'arriver en Europe avant le commencement d'octobre.

« Vous trouverez ci-joint un chiffre pour correspondre avec le gouvernement, et un autre chiffre pour correspondre avec moi.

« Je vous prie de faire partir dans le courant d'octobre Junot ainsi que mes domestiques et tout les effets que j'ai laissés au Caire. Cependant je ne trouverai pas mauvais que vous engageassiez à votre service ceux de mes domestiques qui vous conviendraient.

« L'intention du gouvernement est que le général Desaix parte pour l'Europe dans le courant de novembre, à moins d'événemens majeurs.

« La commission des arts passera en France sur un parlementaire que vous demanderez à cet effet, conformément au cartel d'échange, dans le courant de novembre, immédiatement après qu'elle aura achevé sa mission. Elle est maintenant occupée à voir la Haute-Égypte; cependant ceux des membres que vous jugerez pouvoir vous être utiles, vous les mettrez en réquisition sans difficulté.

« L'Effendi fait prisonnier à Aboukir est parti pour se rendre à Damiette. Je vous ai écrit de l'envoyer en Chypre; il est porteur, pour le grand-visir d'une lettre dont vous trouverez ci-joint la copie.

« L'arrivée de notre escadre de Brest à Toulon, et de l'escadre espagnole à Carthagène, ne laisse plus de doute sur la possibilité de faire passer en Égypte les fusils, les sabres, les pistolets, les fers coulés dont vous pourriez avoir besoin, et dont j'ai l'état le plus exact, avec une quantité de recrues suffisante pour réparer les pertes des deux campagnes.

« Le gouvernement vous fera connaître alors ses intentions lui-même; et moi, comme homme public et comme particulier, je prendrai des mesures pour vous faire avoir fréquemment des nouvelles.

« Si, par des événemens incalculables, toutes les tentatives étaient infructueuses, et qu'au mois de mai vous n'eussiez reçu aucun secours ni nouvelles de France, et si, malgré toutes les précautions, la peste était en Égypte cette année et vous tuait plus de quinze cents soldats, perte considérable, puisqu'elle serait en sus de celles que les événemens de la guerre vous occasionneront journellement, je pense que dans ce cas vous ne devez pas hasarder de soutenir la campagne, et que vous êtes autorisé à conclure la paix avec la Porte ottomane, quand même la condition principale serait l'évacuation de l'Égypte. Il faudrait seulement éloigner l'exécution de cette condition, jusqu'à la paix générale.

« Vous savez apprécier aussi bien que moi, combien la possession de l'Égypte est importante à la France; cet empire turc qui menace ruine de tous côtés, s'écroule aujourd'hui, et l'évacuation de l'Égypte serait un malheur d'autant plus grand, que nous verrions de nos jours cette belle province passer en des mains européennes.

« Les nouvelles des succès ou des revers qu'aura

la République, doivent aussi entrer puissamment dans vos calculs.

« Si la Porte répondait avant que vous eussiez reçu de mes nouvelles de France, aux ouvertures de paix que je lui ai faites, vous devez déclarer que vous avez tous les pouvoirs que j'avais, et entamer les négociations, persistant toujours dans l'assertion que j'ai avancée, que l'intention de la France n'a jamais été d'enlever l'Égypte à la Porte; demander que la Porte sorte de la coalition et nous accorde le commerce de la mer Noire; qu'elle mette en liberté les prisonniers français; et enfin six mois de suspension d'armes, afin que pendant ce temps-là, l'échange des ratifications puisse avoir lieu.

« Supposant que les circonstances soient telles que vous croyiez devoir conclure ce traité avec la Porte, vous ferez sentir que vous ne pouvez pas le mettre à exécution, qu'il ne soit ratifié; et suivant l'usage de toutes les nations, l'intervalle entre la signature d'un traité et sa ratification, doit toujours être une suspension d'hostilités.

« Vous connaissez, citoyen général, quelle est ma manière de voir sur la politique intérieure de l'Égypte : quelque chose que vous fassiez, les chrétiens seront toujours nos amis. Il faut les empêcher d'être insolens, afin que les Turcs n'aient pas contre nous le même fanatisme que contre les chrétiens; ce qui nous les rendrait irréconciliables. Il faut endormir le fanatisme, afin qu'on puisse le déraciner. En captivant l'opinion des grands cheiks du Caire, on a l'opinion de toute l'Égypte; et de tous les chefs que ce peuple peut avoir, il n'y en a aucun de moins dangereux que les cheiks, qui sont peureux, ne savent pas se battre; et qui, comme tous les prêtres, inspirent le fanatisme sans être fanatiques.

« Quant aux fortifications, Alexandrie, El-A'rych, voilà les clefs de l'Égypte. J'avais le projet de faire établir cet hiver des redoutes de palmiers, deux depuis Salêhiëh à Catiëh, deux de Catiëh à El-A'rych; l'une se serait trouvée à l'endroit où le général Menou a trouvé de l'eau potable.

« Le général Samson, commandant du génie, et le général Songis, commandant de l'artillerie, vous mettront chacun au fait de ce qui regarde sa partie.

« Le citoyen Poussielgue a été exclusivement chargé des finances. Je l'ai reconnu travailleur et homme de mérite. Il commence à avoir quelques renseignemens sur le chaos de l'administration de l'Égypte. J'avais le projet, si aucun nouvel événement ne survenait, de tâcher d'établir cet hiver un nouveau mode d'imposition, ce qui nous aurait permis de nous passer à peu près des Cophtes; cependant avant de l'entreprendre, je vous conseille d'y réfléchir long-temps. Il vaut mieux entreprendre cette opération un peu plus tard qu'un peu trop tôt.

« Des vaisseaux de guerre français paraîtront indubitablement cet hiver à Alexandrie, Bourlos ou Damiette. Faites construire une bonne tour à Bourlos; tâchez de réunir cinq ou six cents mameloucks que, lorsque les vaisseaux français seront arrivés, vous ferez en un jour arrêter au Caire et dans les autres provinces, et embarquer pour la France. Au défaut de mameloucks, des otages d'Arabes, des cheiks-belets, qui, pour une raison quelconque se trouveraient arrêtés, pourront y suppléer. Ces individus arrivés en France, y seront retenus un ou deux ans, verront la grandeur de la nation, prendront quelques idées de nos mœurs et de notre langue, et de retour en Égypte, y formeront autant de partisans.

« J'avais déjà demandé plusieurs fois une troupe de comédiens : je prendrai un soin particulier de vous en envoyer. Cet article est très important pour l'armée et pour commencer à changer les mœurs du pays.

« La place importante que vous allez occuper en chef, va vous mettre à même enfin de déployer les talens que la nature vous a donnés. L'intérêt de ce qui se passe ici est vif, et les résultats en seront immenses pour le commerce, pour la civilisation; ce sera l'époque d'où dateront de grandes révolutions.

« Accoutumé à voir la récompense des peines et des travaux de la vie dans l'opinion de la postérité, j'abandonne avec le plus grand regret l'Égypte. L'intérêt de la patrie, sa gloire, l'obéissance, les événemens extraordinaires qui viennent de se passer, me décident seuls à passer au milieu des escadres ennemies pour me rendre en Europe. Je serai d'esprit et de cœur avec vous. Vos succès me seront aussi chers que ceux où je me trouverais en personne; et je regarderai comme mal employés tous les jours de ma vie où je ne ferai pas quelque chose pour l'armée dont je vous laisse le commandement, et pour consolider le magnifique établissement dont les fondemens viennent d'être jetés.

« L'armée que je vous confie est toute composée de mes enfans; j'ai eu dans tous les temps, même au milieu des plus grandes peines, des marques de leur attachement. Entretenez-les dans ces sentimens : vous le devez à l'estime toute particulière que j'ai pour vous et à l'attachement vrai que je leur porte,

« BONAPARTE. »

COMMANDEMENT DE KLÉBER.

DES MESURES QU'IL PREND POUR ASSURER LA DÉFENSE ET CALMER LA POPULATION.

Kléber arriva à Rosette le lendemain, Bonaparte n'y avait pas paru; il se crut joué, s'emporta, n'épargna dans sa colère ni son chef ni ceux qui l'avaient suivi. La rapidité avec laquelle il avait traversé le désert lui tenait à l'âme; il se blâmait de la célérité qu'il mettait à exécuter ses ordres, et applaudissait avec amertume à la mystification qu'elle lui causait. Plus calme, il se fût aperçu qu'il n'y en avait aucune; il pouvait venir lui-même ou envoyer son aide-de-camp; la dépêche qu'il citait était expresse à cet égard; il savait en outre mieux que personne que la guerre est une affaire de tact, et d'à-propos, que mille circonstances imprévues peuvent décider d'un rendez-vous auquel il est d'ailleurs facile de suppléer par des instructions. Mais Kléber n'était plus cet homme ardent, dévoué qui refusait de commander, qui ne voulait pas obéir, qui avait résolu de ne suivre, de ne reconnaître pour chef que Bonaparte. Le service était pénible dans le désert, la victoire y était sans jouissances, le danger n'offrait aucune des compensations qu'il présente ailleurs ; il fallait réveiller, déplacer, pourvoir à la sûreté des forts qui protégent les terres cultivées. Ces mutations continuelles désolaient ceux qui en étaient l'objet ; les officiers de l'armée d'Italie les acceptaient comme des exigences du service ; ceux de Sambre-et-Meuse étaient moins résignés. Les reproches qui poursuivaient la tiédeur leur semblaient de la haine ; les ordres qui assignaient un poste sur la lisière du désert, des vexations. Kléber avait laissé échapper quelques mouvemens d'impatience pendant l'expédition de Syrie ; tous s'étaient aussitôt groupés autour de lui. Dès-lors il n'entendit plus que des plaintes, il ne reçut plus que des réclamations. L'un ne déplaisait que parce qu'il était attaché à son chef, l'autre n'était éloigné qu'à cause de son dévoûment ; chacun lui faisait hommage de ses ennuis, personne ne souffrait plus que pour avoir combattu sur le Rhin. Kléber ne fut pas à l'épreuve de ces injustes préventions. Il se crut offensé, se détacha de son général, et prit bientôt en haine une expédition où sans cesse aux prises avec les Arabes, on ne recueillait de la victoire que la nécessité de vaincre encore. C'est dans cette disposition d'esprit qu'il s'était rendu à Rosette ; la nouvelle du départ de Bonaparte venait de parvenir dans cette ville lorsqu'il y arriva. Le trouble, l'inquiétude qu'elle répandit parmi les troupes et la population ne firent qu'accroître le mécontentement qu'il éprouvait. Aigri, rebuté, blessé peut-être de la préférence que d'autres avaient obtenue, il ne fut pas maître de son dépit, et s'abandonna à toutes les inspirations de la colère contre un chef qui semblait l'avoir méconnu. Il accusa sa résolution, blâma ses vues, et se livrait à toute l'impétuosité de son caractère, lorsqu'on annonça un officier qui arrivait d'Alexandrie; c'était un chef de brigade, Eysotier, que lui avait expédié Menou. Ce général lui transmettait la dépêche qui l'investissait du commandement, et le prévenait qu'il ne pouvait, dans une lettre écrite à la hâte, lui faire le détail des motifs qui avaient déterminé le départ; mais qu'il les avait trouvés justes; qu'il pensait même que le parti qu'avait pris Bonaparte était le seul qui permît à l'armée d'espérer des secours.

Menou n'était pas alors ce qu'il est devenu depuis. La nature ne l'avait pas destiné à briller sur le champ de bataille; il s'était sagement retranché dans son cabinet. Là, établi sur son divan, il avait passé à écrire, à projeter, le temps que les autres avaient mis à combattre, et était parvenu à cacher sa nullité militaire sous le fracas de ses principes administratifs. C'était du reste un homme aimable, désintéressé, facile, qui joignait au pathos des encyclopédistes toute l'aménité d'un courtisan. Attaché d'abord à la cour, il avait visité la Gambie, siégé dans nos assemblées nationales; sa conversation pétillait de souvenirs, de vues, d'anecdotes; et lui avait valu une sorte de suprématie morale à laquelle personne n'avait échappé. Des chefs le charme s'était répandu sur les troupes; elles vantaient, citaient Menou et le désignaient hautement comme le seul officier capable de succéder au général Berthier, qu'un moment de dégoût avait décidé à repasser en France. Le départ n'eut pas lieu, Menou resta à Rosette et continua de jouer l'administrateur, dont le rôle lui réussissait si bien.

Le suffrage d'un homme dont il respectait les lumières, le commandement qui lui était déféré et son équité naturelle, eurent bientôt ramené Kléber à des idées plus justes. Il parcourut les instructions, les documens que Bonaparte lui avait laissés, applaudit aux mesures qu'il avait prises, et cessa de blâmer une détermination à laquelle il avait voulu s'associer quelques mois plus tôt : mais l'aveu d'un écart coûte toujours à faire; obligé d'admettre le fond, il se rejeta sur la forme : le grief était misérable, et ne méritait pas de figurer dans d'aussi graves intérêts. Kléber le sentit, et reprenant avec le pouvoir les sentimens qu'il avait long-temps professés pour son chef, il adopta ses vues, sa politique, pressa l'exécution des travaux qu'il avait arrêtés et adressa aux chefs de corps une circulaire où la question du départ était présentée sous son véritable jour. « Le général en chef, leur dit-il, est parti dans la nuit du 5 au 6 pour se rendre en Europe. Ceux qui connaissent comme vous l'importance qu'il attachait à l'issue glorieuse de l'expédition d'Égypte doivent apprécier combien ont dû être puissans les motifs qui l'ont déterminé à ce voyage. Mais ils doivent se convaincre en même temps que dans ses vastes projets comme dans toutes ses entreprises nous serons sans cesse l'objet principale de sa sollicitude : « Je serai, me dit-il, d'esprit et de cœur avec vous. Vos succès me seront aussi chers que ceux où je me trouverai en personne; et je regarderai comme mal employés tous les jours de ma vie où je ne ferai pas quelque chose pour l'armée dont je vous laisse le commandement. » Ainsi nous devons nous féliciter de ce départ plutôt que de nous en affliger. Cependant le vide que l'absence de Bonaparte laisse et dans l'armée et dans l'opinion est considérable. Comment le remplir ? en redoublant de zèle et d'activité; en allégeant par de communs efforts le pénible fardeau dont son successeur demeure chargé. Vous les devez, citoyen général, ces efforts à notre patrie, vous les devez à votre propre gloire, vous les devez à l'estime et à l'amitié que je vous ai vouée. »

Ces mesures arrêtées, il se disposait à se rendre au Caire; mais Menou s'était tout à coup avisé que son commandement ne pouvait être que provisoire, qu'il devait le tenir de Kléber, qui, pourtant, n'avait de pouvoirs que ceux que lui avait laissés Bonaparte, et annonçait même l'intention de ne s'en charger qu'après une conversation qui le mît à même de développer ses vues, ses projets. Kléber accueillit ses scrupules, eut avec lui un long entretien, confirma sa nomination, et se mit en route pour la capitale.

La proclamation que Bonaparte avait faite

à l'armée, la lettre qu'il avait écrite au divan, y avaient maintenu le calme et la sécurité ; la population était tranquille ; la troupe pleine de confiance ; chacun augurait bien de la résolution que le général avait prise de repasser la mer. Kléber voulut ajouter encore aux bonnes dispositions de la multitude. Il s'adressa d'abord à l'armée : des circonstances imprévues avaient déterminé le général en chef à faire voile pour l'Europe. La France périssait ; il était accouru. Les dangers que présente la navigation dans une saison aussi peu favorable, les croisières dont la mer était couverte, rien n'avait pu l'arrêter ; mais son départ était un motif de sécurité plus que de craintes. Il allait relever la gloire de nos armes : de prompts secours joindraient l'armée, ou une paix digne d'elle viendrait mettre un terme à ses travaux. Du reste toute la sollicitude de son nouveau général lui était acquise. Il veillerait à adoucir ses privations, à pourvoir à ses besoins et ne négligerait rien de ce qui pourrait contribuer à sa prospérité et à sa gloire. Il reçut ensuite la députation du divan. Le cheik El-Mody portait la parole ; il réclama la protection du nouveau chef pour la religion musulmane, témoigna les regrets que causait aux orateurs de la loi le départ de Bonaparte, et les espérances qu'ils fondaient sur l'équité, la modération de son successeur. La réponse de Kléber fut aussi noble que la harangue. « Ulémas, dit-il, et vous tous qui m'écoutez : c'est par mes actions que je me propose de répondre à vos demandes et à vos sollicitations. Mais les actions sont lentes, et le peuple semble être impatient de connaître le sort qui l'attend, sous le nouveau chef qui lui est donné. Eh bien ! dites-lui que le gouvernement de la République française, en me conférant le commandement de l'Égypte, m'a spécialement chargé de veiller au bonheur du peuple égyptien; et de tous les attributs de mon commandement, c'est le plus cher à mon cœur.

« Le peuple de l'Égypte fonde particulièrement son bonheur sur sa religion : la faire respecter est donc l'un de mes principaux devoirs. Je ferai plus, je l'honorerai et contribuerai, autant qu'il est en mon pouvoir, à sa splendeur et à sa gloire.

« Cet engagement pris, je crains peu les méchans : les gens de bien les surveilleront et me les feront connaître. Là où l'homme juste et bon est protégé, le pervers doit trembler : le glaive est suspendu sur sa tête.

« Bonaparte, mon prédécesseur a acquis des droits à l'affection des cheiks, des ulémas et des grands par une conduite intègre et droite : je la tiendrai cette conduite, je marcherai sur ses traces, et j'obtiendrai ce que vous lui avez accordé. Retournez donc parmi les vôtres ; réunissez-les autour de vous et dites-leur encore : Rassurez-vous ; le gouvernement de l'Egypte a passé en d'autres mains, mais tout ce qui peut être utile à votre félicité, à votre prospérité sera constant et immuable. »

Il ne s'en tint pas à ces assurances; il savait ce qu'il avait fallu de temps, de victoires et de soins à la modeste allure de Bonaparte pour se concilier une population qui ne mesure la puissance que par l'éclat, et voulut enlever de prime abord ce que son prédécesseur n'avait obtenu que des bienfaits d'une sage administration. Il s'entoura de tout le luxe, de toute la pompe que déployaient les beys; il exigea que les naturels missent pied à terre, se prosternassent en sa présence, et ne parut plus dans les rues que précédé d'une longue suite de Kouas qui avertissaient les musulmans de son approche.

Cet appareil, ces déférences qu'avait dédaignés son prédécesseur une fois réglés, il chercha à connaître au juste quelle était sa position. Ses premiers regards se portèrent sur les troupes disséminées dans les provinces dont le commandement lui était confié. Toutes avaient envisagé le départ sous son véritable point de vue; toutes étaient résignées, pleines de confiance dans le chef qui remplaçait celui qu'elles avaient perdu. Lanusse n'avait pas aperçu que la nouvelle de l'embarquement eût produit de sensation fâcheuse à Menouf sur l'esprit du soldat ni sur celui de l'habitant; il n'avait jamais vu du moins le premier plus satisfait, ni le second plus tranquille. Quant à lui, sans doute il espérait beaucoup du général qui avait fait voile pour l'Europe, mais il comptait davantage encore sur la capacité de son successeur, et ne doutait pas que conduite par un tel chef, soutenue par des hommes dont le dévoûment n'avait pas de bornes, l'expédition n'eût tout le succès qu'on s'en était promis. Verdier était plus positif encore; il concevait, sans chercher à la comprendre, toute la gravité des motifs qui avaient déterminé Bonaparte ; mais le chef qu'il avait investi du commandement était digne de guider les braves avec lesquels il avait vaincu; toutes ses facultés lui étaient acquises : sa division partageait les mêmes sentimens; confiance, bravoure, discipline, il pouvait tout attendre d'elle. Friant lui transmettait de Siout les mêmes assurances, témoignait le même dévoûment : les soldats comme les officiers avaient vu le départ avec satisfaction; ils étaient persuadés qu'il avait été entrepris dans leurs intérêts, et que le bien de l'armée exigeait que le général passât en Europe : du reste, ils avaient combattu sous Kléber à l'armée de Sambre-et-Meuse; ils étaient pleins d'attachement pour lui. Desaix, Belliard, Robin et Zayoncheck ne lui transmettaient pas d'autres sentimens : à Kéné comme à Fayoum, à Hesney comme à Mansoura, à Cathiëh, à El-A'rych, les troupes étaient dévouées, satisfaites, et attendaient avec calme les événemens qui se préparaient.

La situation financière était moins satisfaisante. Le génie manquait de fonds pour exécuter les travaux qui lui avaient été prescrits, les corps réclamaient la solde, et l'artillerie, la cavalerie, les moyens de se réparer, de faire face aux rechanges, aux fournitures qui leur manquaient. L'exigence de ces besoins les rendait faciles à satisfaire. Kléber l'avait déjà mandé à Menou; la pénurie justifie la violence : on peut tout exiger lorsqu'on manque de tout. En conséquence, on imposa le commerce, on pressura les Cophtes, et on frappa sur les provinces de fortes contributions. Le Caire regorgeait des blés de la Haute-Égypte, on les céda, on obligea les fournisseurs à les prendre, on traita à toutes les conditions. On fit des traites sur la trésorerie nationale, on échangea des grains, on créa des monopoles, on donna des droits, des cafés en retour des draps, des médicamens que des maisons d'Europe avaient importés. Ces ressources se trouvant encore insuffisantes, on eut de nouveau recours aux Cophtes. Ils avaient fait des bénéfices énormes dans la perception des impôts ; ils refusaient de donner des lumières sur quelques droits inconnus, on les condamna à verser dans la caisse le montant probable de ce qu'ils avaient touché, et on leur abandonna le recouvrement du reste pour une rétribution de 1,500,000 pataques.

Ces divers moyens, joints à la perception du miry, dont Kléber pressait la rentrée de toutes ses forces, et qu'il appuyait par des mouvemens de troupes continuels, le mirent promptement en état de faire face aux différens services. Il put alors se livrer tout entier aux soins de l'administration. Obligé d'organiser à la hâte, Bonaparte n'avait pas eu le temps de porter dans toutes les branches l'économie, la régularité dont elles sont susceptibles. Les combats, d'ailleurs, s'étaient succédé l'un à l'autre ; il ne lui avait pas été possible au milieu des apprêts, des sacrifices qu'ils entraînent, de remédier aux abus qui les suivent, d'arrêter les dilapidations qui les accompagnent. Cette gloire était réservée à son successeur; il se montra digne de la recueillir. Il améliora la situation des troupes, pourvut les hôpitaux, veilla à la confection du pain, approvisionna les forts, soumit toutes les parties du service à une comptabilité sévère. En même temps il organisait les recrues qu'il avait appelés sous les drapeaux, disciplinait les noirs que Bonaparte avait tirés de Darfour, concentrait, assemblait ses moyens, sans se soucier beaucoup de la cohue qui se formait en Syrie; il en plaisantait même avec Desaix. Tantôt il lui peignait Joussouf-Pacha perdu dans les sables avec les quatre-vingt-dix mille hommes qu'il voulait mener droit au Caire; tantôt il lui annonçait les éléphans du visir, et promettait de lui organiser une belle division avec laquelle il pourrait goûter le plaisir de les combattre. Les tentatives auxquelles les côtes étaient exposées lui paraissaient moins sérieuses encore. La mer était soulevée par les orages, les croisières n'avaient pu tenir leur station ; de six mois aucun débarquement important ne lui semblait à craindre.

L'état où se trouvait le Saïd n'était pas plus alarmant. Mourâd-Bey avait essayé de déboucher au-dessus de Siout et était remonté jusqu'à El-Ganaïm. Mais atteint presque aussitôt par le chef de brigade Morand, qui s'était mis à sa suite, il avait été culbuté, rompu, obligé de se retirer avec précipitation. La rapidité de sa fuite n'avait pu le soustraire aux coups qui le menaçaient. Son vainqueur s'était élancé sur sa trace; et traversant avec son infatigable colonne cinquante lieues de désert en quatre jours, il s'était tout à coup déployé à la hauteur de Samanhout. Il avait surpris le camp du bey, taillé ses mameloucks en pièces, pillé ses équipages, enlevé ses chameaux, et l'avait mis pour long-temps hors d'état de rien entreprendre.

Les Anglais n'avaient pas été plus heureux devant Cosséir. Embossés sous le fort, ils avaient accablé nos ouvrages de projectiles, et jeté, après quatre heures d'une canonnade furieuse leurs chaloupes à la mer. Nos soldats étaient paisiblement stationnés dans le village; les embarcations les aperçurent, virèrent de bord et regagnèrent les frégates. Le feu néanmoins ne se ralentit pas; il continua toute la nuit; le lendemain les bâtimens qui l'avaient ouvert, changèrent de position, se mirent à battre le fort en brèche et jetèrent à la côte un détachement nombreux. Il s'avança, à la faveur de ce déploiement d'artillerie; et, plus entreprenant que celui de la veille, il marcha droit à nos positions; mais accueilli par une mousqueterie des plus vives, il ne put résister au choc et regagna promptement ses chaloupes en nous abandonnant ses morts et ses blessés. L'escadre ne se tint pas pour battue: elle redoubla le feu, couvrit le fort d'obus, de boulets, et quand elle crut nos soldats ébranlés, elle effectua une nouvelle descente sur une plage qui courait au sud de nos ouvrages. Cette tentative ne lui réussit pas mieux que celle qu'elle avait déjà hasardée. Ses troupes, fusillées de front et de flanc par les postes que le général Donzelot avait embusqués dans les tombeaux, les ravins qui bordent le désert, furent rompues et obligées de se retirer avec précipitation.

Cet échec ne fit qu'irriter sa colère. Elle mit ce qui lui restait de pièces en batterie, tonna, foudroya toute la nuit, et poussa dès le matin ses embarcations au rivage. La 21ᵉ les laissa arriver et fondit sur elles avec une impétuosité irrésistible. Tout fuit, tout se dispersa, ou se réfugia à la hâte sous le canon des frégates. Convaincue de l'inutilité de ses efforts, la flotte s'éloigna à son tour, et le Saïd n'eut plus d'ennemi qui le menaçât. Restait le désert; mais nous étions en mesure contre tout ce qui voudrait en déboucher : la question ne pouvait être ni longue ni douteuse. La sécurité du général était entière, il pouvait faire face sur tous les points. C'était bien juger des hommes et des choses ; malheureusement Kléber ne s'en rapportait pas toujours à ses inspirations. Grand, bien pris, de taille héroïque, il avait, comme la plupart des hommes à haute stature, une disposition singulière à se laisser conduire. Du reste, irascible, amer, inconsidéré dans ses propos, il s'engageait par ses imprudences même, et s'attachait aux images grotesques ou obscènes dont il revêtait ses saillies. Ce défaut assez léger eut des résultats fâcheux.

Le manque de formes qui avait été si vivement senti

à Rosette n'avait pas fait au Caire des blessures moins profondes. Deux hommes surtout en avaient été singulièrement affectés : placés l'un et l'autre à la tête de l'administration, ils croyaient avoir acquis des droits à l'intimité de Bonaparte. Dugua avait commandé, régi la colonie pendant que son général combattait sur les bords du Jourdain, et avait reçu ses félicitations sur la manière énergique et sage dont il avait dissipé les rassemblemens, fait régner l'ordre au milieu d'un peuple travaillé dans tous les sens. Sa pénétration n'avait malheureusement pas égalé sa vigilance : il avait repoussé les bruits qui couraient sur le départ, et traité de factieux ceux qui les propageaient. Ce malencontreux ordre du jour, donné au moment même où le général mettait sous voile lui faisait monter le rouge au visage : il s'en voulait, se plaignait d'avoir été pris pour dupe, et ne se refusait aucun des propos que suggère le dépit. Emporté, mais juste et peu fait pour la haine, il fût bientôt revenu à des idées plus calmes ; il eût senti que le général ne pouvait divulguer un secret qui déjà transpirait de toutes parts, et compromettre par une vaine confidence une entreprise où il y allait de sa liberté : occupé d'ailleurs comme il était de médailles, d'administration, il eût bientôt oublié ce désagrément et fût resté inoffensif s'il eût été abandonné à lui-même.

Il n'en était pas ainsi de Poussielgue ; ce financier était blessé dans son illusion la plus chère, celle qu'il était indispensable au général en chef. Souple, adroit, habile à flatter les cheiks, à démêler les artifices dans lesquels s'enveloppaient les Cophtes, il avait rendu à l'armée des services qu'on ne pouvait méconnaître; mais aussi vain que laborieux, aussi implacable que désintéressé, tout en convenant que Bonaparte avait eu de justes motifs de repasser en France, il se récriait avec amertume sur le mystère qu'il lui avait fait. Il ne pouvait lui pardonner d'avoir caché sa résolution « à des hommes à qui il devait beaucoup; qui avaient toujours justifié sa confiance, et qu'il laissait chargés du fardeau du gouvernement. Le général Dugua et lui avaient beaucoup à s'en plaindre; il les avait joués. » Voilà les hauts griefs auxquels les intérêts de la France allaient être sacrifiés; les nobles inspirations qu'allait recevoir Kléber. Par malheur pour sa gloire, ce général connaissait trop peu l'Égypte : blessé devant Alexandrie, il avait passé dans cette place tout le temps de la conquête, et n'en était sorti que pour faire la campagne de Syrie. Au retour, il était allé prendre le commandement de Damiette, était resté sur la lisière du désert, et n'avait vu du Delta que la partie la moins cultivée. Il était prévenu, n'avait qu'une idée confuse des ressources qu'offrait la colonie, et se trouvait dans une situation d'esprit propre à recevoir les impressions les plus fâcheuses. Poussielgue ne les lui ménagea pas : il lui peignit l'incertitude des rentrées, l'exiguité de recouvremens, lui mit sous les yeux les anticipations qu'on avait faites, les fournitures dont on devait compte aux provinces; et passant aux besoins de l'armée, il lui montra une disproportion énorme entre la recette et la dépense, un déficit qui devait s'accroître dans une proportion rapide. Dugua ne lui présenta pas la situation des corps sous un point de vue plus favorable : les uns manquaient de vêtemens, les autres n'avaient pas d'armes; ils n'offraient tous, sur la vaste surface où ils étaient disséminés, qu'un réseau sans consistance, qu'une série de postes isolés qu'on pouvait forcer sur tous les points.

Ce sombre tableau, assaisonné de plaintes, d'accusations, rendit Kléber à ses sarcasmes. Il se déchaîna de nouveau contre Bonaparte, déprécia ses travaux, attaqua ses conceptions et n'épargna pas même l'expédition, pour laquelle cependant il avait failli se brouiller avec Moreau, parce que Moreau ne l'approuvait pas. Il ne tarda pas à recueillir le fruit de ces imprudences. On souffrait, le général qui avait arboré le drapeau tricolore sur les minarets du Caire était peut-être déjà dans les mains des Anglais; on accueillit, on propagea les propos échappés à la colère, et Kléber vit bientôt revenir à lui les préventions, les défiances qu'il avait semées. Ce concert, cette unanimité lui imposa; il crut l'armée découragée, et prit pour l'opinion des troupes celle qu'il avait faite à son état-major. Il essaya, dans sa perplexité, de renouer les ouvertures qui avaient été faites au visir; il lui adressa une lettre où tout en paraphrasant celle que Bonaparte avait précédemment écrite, il résumait assez bien la question, et l'établissait sur de justes bases. Cette démarche était sage, mais il n'eut pas la patience d'en attendre le résultat. Toujours emporté par la fougue de son caractère, il voulut mettre les troupes dans le secret des négociations, et ne craignit pas de réveiller des souvenirs qu'il eût dû étouffer avec soin. L'armée était rassemblée pour célébrer l'anniversaire de la fondation de la République; il la harangua avec feu, et termina sa brillante allocution par ces mots : « Vos drapeaux, braves compagnons d'armes, se courbent sous le poids des lauriers, et tant de travaux demandent un prix; encore un moment de persévérance, vous êtes près d'atteindre et d'obtenir l'un et l'autre : encore un moment et vous donnerez une paix durable au monde après l'avoir combattu. » Cet appel fut entendu et la pensée du général pénétrée. Dès-lors il ne fut plus question des avantages que présentait l'Égypte, mais des difficultés, des obstacles qu'offrait l'occupation. Jetés en effet au milieu d'une population ennemie, pressés entre les sables et les flots, sans communication avec la France, sans armes, sans recrues, comment se maintenir; comment résister ? Le visir s'avançait par le désert, les Anglais menaçaient les côtes, les Russes avaient franchi le détroit, les mameloucks se reformaient, les cipayes étaient en marche : pouvait-on se promettre d'arrêter des masses aussi formidables, de faire tête à des bataillons aussi nombreux ? Qu'opposer à ce déluge d'hommes? les fortifications, les ouvrages qui ceignaient le Delta; mais ces chétives constructions de palmiers et de boue étaient à peine achevées : les troupes? mais elles étaient exténuées, harrassées de fatigue et de misère, hors d'état de recevoir le choc qui se préparait. D'ailleurs, où se procurer des armes? où trouver des munitions? et quand rien de tout cela ne manquerait, où puiser, à qu'elle caisse recourir pour animer, vivifier les services? Quels fonds avait laissés Bonaparte? quelle ressource? quels moyens n'avait-il pas épuisés? L'Égypte méritait-elle d'ailleurs qu'on mît tant d'obstination à la disputer au turban? elle était dépourvue de bois, elle manquait de fer, de combustibles; elle était loin d'avoir l'importance qu'on avait cru, et coûterait plus à la France qu'elle ne lui rendrait. Kléber avait trop de lumières pour le croire; mais après avoir donné le signal du décri, il avait fini par être subjugué par l'opinion que ses imprudences avaient faite. Il accueillit toutes ces exagérations, tous ces faux aperçus qu'il confondit plus tard à Héliopolis, et en forma un exposé qu'il adressa au Directoire comme un tableau de la situation des affaires en Égypte.

On ne peut reproduire l'accusation sans la faire suivre de la défense. Je joindrai, à chacun des griefs qu'énonce Kléber, les observations que lui oppose Napoléon. Le lecteur passera des imputations de l'un, aux réponses de l'autre; il aura sous les yeux les exposés contradictoires : il jugera.

Au quartier-général du Caire, le 4 vendém. an VIII (26 sept. 1799).

KLÉBER, GÉNÉRAL EN CHEF, etc., AU DIRECTOIRE.

CITOYENS DIRECTEURS,

« Le général en chef Bonaparte est parti pour la France, le 6 fructidor au matin, sans avoir prévenu personne. Il m'avait donné rendez-vous à Rosette le 7; je n'y ai trouvé que ses dépêches. Dans l'incertitude si le général a eu le bonheur de passer, je crois devoir vous envoyer copie et de la lettre par laquelle il me donna le commandement de l'armée, et de celle qu'il adressa au grand-visir à Constantinople, quoiqu'il sût parfaitement que ce pacha était déjà arrivé à Damas. »

Observations de Napoléon. — Le grand-visir était à la fin d'août à Érivan, dans la Haute-Arménie; il n'avait avec lui que cinq mille hommes. Le 22 août, on ignorait en Égypte que ce premier ministre eût quitté Constantinople; l'aurait-on su, qu'on y aurait attaché fort peu d'importance. Au 26 septembre, lorsque cette lettre était écrite, le grand-visir n'était ni à Damas ni à Alep, il était au-delà du Taurus.

« Mon premier soin a été de prendre une connaissance exacte de la situation actuelle de l'armée.

« Vous savez, citoyens Directeurs, et vous êtes à même de vous faire représenter l'état de ses forces à son entrée en Égypte. Elle est réduite de moitié, et nous occupons tous les points capitaux du triangle des cataractes à d'El-A'rych, d'El-A'rych à Alexandrie, et d'Alexandrie aux cataractes. »

L'armée française était de trente mille hommes au moment du débarquement en Égypte, en 1798; puisque le général Kléber déclare qu'elle était réduite de moitié au 26 septembre 1799, elle était donc de quinze mille hommes. Ceci est une fausseté évidente, puisque les états de situation de tous les chefs de corps, envoyés au ministre de la guerre, datés du 1er septembre, portaient la force de l'armée à vingt-huit mille hommes, sans compter les gens du pays. Les états de l'ordonnateur Daure faisaient monter la consommation à trente-cinq mille hommes, y compris les abus, les auxiliaires, les rations doubles, les femmes et les enfans; les états du payeur Estève, envoyés à la trésorerie, faisaient monter l'armée à vingt-huit mille hommes. Comment, dira-t-on, la conquête de la Haute et Basse-Égypte, de la Syrie; les maladies, la peste, n'avaient fait périr que quinze cents hommes? Non, il en a péri quatre mille cinq cents; mais, après son débarquement, l'armée fut augmentée de trois mille hommes, provenant des débris de l'escadre de l'amiral Brueix.

Voulez-vous une autre preuve tout aussi forte : c'est qu'au mois d'octobre et de novembre 1801, deux ans après, il a débarqué en France vingt-sept mille hommes venant d'Égypte, sur lesquels vingt-quatre mille appartenaient à l'armée : les autres étaient des mamelroucks et des gens du pays. Or, l'armée n'avait reçu aucun renfort, si ce n'est un millier d'hommes partis par les trois frégates *la Justice*, *l'Égyptienne*, *la Régénérée*, et une douzaine de corvettes ou d'avisos qui arrivèrent dans cet intervalle.

En 1800 et 1801, l'armée a perdu quatre mille huit cents hommes, soit de maladie, soit dans la campagne contre le grand-visir, soit à celle contre les Anglais, en 1801. Deux mille trois cents hommes ont en outre été faits prisonniers dans les forts d'Aboukir, Julien, Rahmanièh, dans le désert avec le colonel Cavalier, sur le convoi de djermes, au Marabou; mais ces troupes, ayant été renvoyées en France, sont comprises dans le nombre des vingt-sept mille cinq cents hommes qui ont opéré leur retour.

Il résulte donc de cette seconde preuve, qu'au mois de septembre 1799, l'armée était de vingt-huit mille cinq cents hommes, éclopés, vétérans, hôpitaux, etc., tout compris.

« Cependant il ne s'agit plus comme autrefois de lutter contre quelques hordes de mameloucks découragés; mais de combattre et de résister aux efforts réunis de trois grandes puissances : la Porte, les Anglais et les Russes.

« Le dénûment d'armes, de poudre de guerre, de fer coulé et de plomb, présente un tableau aussi alarmant que la grande et subite diminution d'hommes dont je viens de parler : les essais de fonderie n'ont point réussi; la manufacture de poudre établie à Raouda n'a pas encore donné et ne donnera probablement pas le résultat qu'on se flattait d'en obtenir; enfin, la réparation des armes à feu est lente, et il faudrait pour activer tous ces établissemens, des moyens et des fonds que nous n'avons pas. »

Les fusils ne manquaient pas plus que les hommes; il résulte des états des chefs de corps, de septembre 1799, qu'ils avaient sept mille fusils et onze mille sabres au dépôt; et des états de l'artillerie, qu'il y en avait cinq mille neufs, trois cents en pièces de rechange au parc : cela fait donc quinze mille fusils.

Les pièces de canon ne manquaient pas davantage. Il y avait, comme le constatent les états de l'artillerie, quatorze cent vingt-six bouches à feu, dont cent quatre-vingts de campagne; deux cent vingt-cinq mille projectiles, onze cents milliers de poudre; trois millions de cartouches d'infanterie, vingt-sept mille cartouches à canon confectionnées; et ce qui prouve l'exactitude de ces états, c'est que deux ans après, les Anglais trouvèrent treize cent soixante-quinze bouches à feu, cent quatre-vingt-dix mille projectiles, et neuf cents milliers de poudre.

« Les troupes sont nues, et cette absence de vêtemens est d'autant plus fâcheuse qu'il est reconnu que, dans ce pays, elle est une des causes les plus actives des dysenteries et des ophthalmies, qui sont les maladies constamment régnantes. La première surtout a agi, cette année, sur des corps affaiblis et épuisés par les fatigues. Les officiers de santé remarquent et rapportent constamment que, quoique l'armée soit considérablement diminuée, il y a cette année un nombre beaucoup plus grand de malades qu'il n'y en avait l'année dernière, à la même époque. »

Les draps ne manquaient pas plus que les munitions, puisque les états de situation des magasins des corps portaient qu'il existait des draps au dépôt, que l'habillement était en confection, et qu'effectivement au mois d'octobre, l'armée était habillée de neuf. D'ailleurs, comment manquer d'habillemens dans un pays qui habille trois millions d'hommes, les populations de l'Afrique, de l'Arabie; qui fabrique des cotonades, des toiles, des draps de laine en si grande quantité.

« Le général Bonaparte, avant son départ, avait à la vérité donné des ordres pour habiller l'armée en drap; mais pour cet objet, comme pour beaucoup d'autres, il s'en est tenu là; et la pénurie des finances, qui est un nouvel obstacle à combattre, l'a mis sans doute dans la nécessité d'ajourner l'exécution de cet utile projet. Il faut en parler de cette pénurie.

« Le général Bonaparte a épuisé toutes les ressources extraordinaires dans les premiers mois de notre arrivée. Il a levé alors autant de contributions de guerre que le pays pouvait en supporter. Revenir aujourd'hui à ces moyens, alors que nous sommes au-dehors entourés d'ennemis, serait préparer un soulèvement à la première occasion favorable; cependant Bonaparte, à son départ, n'a pas laissé un sou en caisse, ni aucun objet équivalent. Il a laissé, au contraire, un arriéré de 12,000,000; c'est plus que le revenu d'une année dans la circonstance actuelle. La solde arriérée pour toute l'armée se monte seule à 4,000,000. »

Depuis long-temps la solde était au courant. Il y avait 150,000 francs d'arriéré; mais cela datait de longue main. Les contributions dues étaient de 16,000,000, comme le prouvent les états du sieur Estève, datés du 1er septembre.

« L'inondation rend impossible en ce moment le recouvrement de ce qui reste dû sur l'année qui vient d'expirer, et qui suffirait à peine pour la dépense d'un mois. Ce ne sera donc qu'au mois de frimaire qu'on pourra en recommencer la perception; et alors, il n'en faut pas douter, on ne pourra s'y livrer, parce qu'il faudra combattre.

« Enfin, le Nil étant cette année très mauvais, plusieurs provinces, faute d'inondation, offriront des non-valeurs auxquelles on ne pourra se dispenser d'avoir égard. Tout ce que j'avance ici, citoyens Directeurs, je puis le prouver, et par des procès-verbaux, et par des états certifiés des différens services.

« Quoique l'Égypte soit tranquille en apparence, elle n'est rien moins que soumise. Le peuple est inquiet et ne voit en nous, quelque chose que l'on puisse faire, que des ennemis de sa propriété; son cœur est sans cesse ouvert à l'espoir d'un changement favorable. »

La conduite de ce peuple, pendant la guerre de Syrie, ne laissa aucun doute sur ses bonnes dispositions; mais il ne faut lui donner aucune inquiétude sur sa religion, et se concilier les ulémas.

« Les mameloucks sont dispersés, mais ils ne sont pas détruits. Mourád-Bey est toujours dans la Haute-Égypte avec assez de monde pour occuper sans cesse une partie de nos forces. Si on l'abandonnait un moment, sa troupe se grossirait bien vite; et il viendrait nous inquiéter sans doute jusque dans cette capitale, qui, malgré la plus grande surveillance, n'a cessé de lui procurer jusqu'à ce jour des secours en argent et en armes.

« Ibrahim-Bey est à Ghazah avec environ deux mille mameloucks ; et je suis informé que trente mille hommes de l'armée du grand-visir et de Djezzar-Pacha y sont déjà arrivés. »

Mourâd-Bey, réfugié dans l'oasis, ne possédait plus un seul point dans la vallée ; il n'y possédait plus un magasin ni une barque ; il n'avait plus un canon : il n'était suivi que de ses plus fidèles esclaves. Ibrahim-Bey était à Ghazah avec quatre cent cinquante mameloucks. Comment pouvait-il en avoir deux mille, puisqu'il n'en a jamais eu que neuf cent cinquante, et qu'il avait fait des pertes dans tous les combats de la Syrie ?

Il n'y avait pas, en septembre, un seul homme de l'armée du grand-visir en Syrie : au contraire, Djezzar-Pacha avait retiré ses propres troupes de Ghazah pour les concentrer sur Acre. Il n'y avait à Ghazah que les quatre cents mameloucks d'Ibrahim-Bey.

« Le grand-visir est parti de Damas il y a environ vingt jours ; il est actuellement campé auprès d'Acre. »

Le grand-visir n'était point en Syrie, le 26 septembre. Il n'était pas même à Damas, pas même à Alep ; il était au-delà du mont Taurus.

« Telle est, citoyens Directeurs, la situation dans laquelle le général Bonaparte m'a laissé l'énorme fardeau de l'armée d'Orient. Il voyait la crise fatale s'approcher : vos ordres sans doute ne lui ont pas permis de la surmonter. Que cette crise existe, ses lettres, ses instructions, sa négociation entamée en font foi : elle est de notoriété publique, et nos ennemis semblent aussi peu l'ignorer que les Français qui se trouvent en Egypte.

« Si cette année, me dit le général Bonaparte, « malgré toutes les précautions, la peste était en « Égypte, et que vous perdissiez plus de quinze « cents soldats, perte considérable puisqu'elle « serait en sus de celle que les événemens de « la guerre occasionneraient journellement, dans « ce cas, vous ne devez pas vous hasarder à sou- « tenir la campagne prochaine, et vous êtes au- « torisé à conclure la paix avec la Porte ottomane, « quand même l'évacuation de l'Égypte en serait « la condition principale. »

« Je vous fais remarquer ce passage, citoyens Directeurs, parce qu'il est caractéristique sous plus d'un rapport, et qu'il indique surtout la situation critique dans laquelle je me trouve.

« Que peuvent être quinze cents hommes de plus ou de moins dans l'immensité de terrain que j'ai à défendre, et aussi journellement à combattre ? »

Cette *crise fatale* était dans l'imagination du général, et surtout des intrigans qui voulaient l'exciter à quitter le pays.

Napoléon avait commencé les négociations avec Constantinople, dès le surlendemain de son arrivée à Alexandrie ; il les a continuées en Syrie. Il avait plusieurs buts; d'abord d'empêcher la Porte de déclarer la guerre ; puis de la désarmer, ou au moins de rendre les hostilités moins actives;

enfin, de connaître ce qui se passait par les allées et venues des agens turcs et français, qui le tenaient au courant des événemens d'Europe.

Où était la *crise fatale* ? L'armée russe qui, soi-disant, était aux Dardanelles, était un premier fantôme; l'armée anglaise, qui avait déjà passé le détroit, en était un second; enfin, le grand-visir, à la fin de septembre, était encore bien éloigné de l'Égypte. Quand il aurait passé le mont Taurus et le Jourdain, il avait à lutter contre la jalousie de Djezzar; il n'avait avec lui que cinq mille hommes; il devait former son armée en Asie, et peut-être y réunir quarante à cinquante mille hommes, qui n'avaient jamais fait la guerre, et qui étaient aussi peu redoutables que l'armée du mont Thabor : c'était donc en réalité un troisième fantôme.

Les troupes de Mustapha-Pacha étaient les meilleures troupes ottomanes; elles occupaient, à Aboukir, une position redoutable. Cependant elles n'avaient opposé aucune résistance. Le grand-visir n'aurait jamais osé passer le désert devant l'armée française, ou s'il l'avait osé, il eût été très facile de le battre.

L'Égypte ne courait donc de dangers que par le mauvais esprit qui s'était mis dans l'état-major.

La peste, qui avait affligé l'armée en 1799, lui avait fait perdre sept cents hommes. Si celle qui l'affligerait en 1800 lui en faisait perdre quinze cents, elle serait donc double en malignité. Dans ce cas, le général partant voulait prévenir les seuls dangers que pouvait courir l'armée, et diminuer la responsabilité de son successeur, l'autorisant à traiter, s'il ne recevait pas de nouvelles du gouvernement, avant le mois de mai 1800, à condition que l'armée française resterait en Égypte jusqu'à la paix générale.

Mais enfin, le cas n'était point arrivé; on n'était pas au mois de mai, puisqu'on n'était qu'au mois de septembre; on avait donc tout l'hiver à passer, pendant lequel il était probable que l'on recevrait des nouvelles de France: enfin, la peste n'affligea pas l'armée en 1800 et 1801.

« Le général dit ailleurs : « Alexandrie et El-A'rych, voilà les deux clefs de l'Égypte. »

« El-A'rych est un méchant fort à quatre journées dans le désert. La grande difficulté de l'approvisionner ne permet pas d'y jeter une garnison de plus de deux cent cinquante hommes. Six cents mameloucks et Arabes pourront, quand ils le voudront, intercepter sa communication avec Catiëh ; et comme, lors du départ de Bonaparte, cette garnison n'avait pas pour quinze jours de vivres en avance, il ne faudrait pas plus de temps pour l'obliger à se rendre sans coup férir. Les Arabes seuls étaient dans le cas de faire des convois soutenus dans les brûlans déserts ; mais d'un côté ils ont tant de fois été trompés que, loin de nous offrir leurs services, ils s'éloignent et se cachent. D'un autre côté, l'arrivée du grand-visir, qui enflamme leur fanatisme et leur prodigue des dons, contribue tout autant à nous en faire abandonner. »

Le fort d'El-A'rych, qui peut contenir cinq ou six cents hommes de garnison, est construit en bonne maçonnerie; il domine les puits et la forêt de palmiers de l'oasis de ce nom. C'est une vedette située près de la Syrie, la seule porte par où toute armée qui veut attaquer l'Égypte par terre, puisse passer. Les localités offrent beaucoup de difficultés aux assiégeans. C'est donc à juste titre qu'il peut être appelé une des clefs du désert.

« Alexandrie n'est point une place, c'est un vaste camp retranché ; il était à la vérité assez bien défendu par une nombreuse artillerie de siége ; mais depuis que nous l'avons perdue cette artillerie, dans la désastreuse campagne de Syrie ; depuis que le général Bonaparte a retiré toutes les pièces de marine pour armer au complet les deux frégates avec lesquelles il est parti, ce camp ne peut plus offrir qu'une faible résistance. »

Il y avait dans Alexandrie quatre cent cinquante bouches à feu de tout calibre. Les vingt-quatre pièces que l'on avait perdues en Syrie, appartenaient à l'équipage de siége, et n'avaient jamais été destinées à faire partie de l'armement de cette place. Les Anglais y ont trouvé, en 1801, plus de quatre cents pièces de canon, indépendamment des pièces qui armaient les frégates et autres bâtimens.

« Le général Bonaparte enfin s'est fait illusion sur l'effet du succès qu'il a obtenu au poste d'Aboukir. Il a en effet détruit la presque totalité des Turcs qui étaient débarqués : mais qu'est-ce qu'une perte pareille pour une grande nation à laquelle on a ravi la plus belle portion de son empire, et à qui la religion, l'honneur et l'intérêt prescrivent également de se venger, et de reconquérir ce qu'on avait pu lui enlever ? Aussi cette victoire n'a-t-elle retardé d'un instant ni les préparatifs ni la marche du grand-visir. »

L'armée de Moustapha, pacha de Romélie, qui débarqua à Aboukir, était de dix-huit mille hommes. C'était l'élite des troupes de la Porte, qui avaient fait la guerre contre la Russie. Ces troupes étaient incomparablement meilleures que celles du mont Thabor et toutes les troupes asiatiques, dont devait se composer l'armée du grand-visir.

Le grand-visir n'a reçu la nouvelle de la défaite d'Aboukir qu'à Érivan, dans l'Arménie, près la mer Caspienne.

« Dans cet état de choses, que puis-je et que dois-je faire? Je pense, citoyens Directeurs, que c'est de continuer les négociations entamées par Bonaparte; quand elles ne donneraient d'autre résultat que celui de gagner du temps, j'aurais déjà lieu d'en être satisfait. Vous trouverez ci-jointe la lettre que j'écris en conséquence au grand-visir, en lui envoyant le *duplicata* de celle de Bonaparte. Si ce ministre répond à ces avances, je lui proposerai la restitution de l'Égypte, aux conditions suivantes:

« Le grand seigneur y établirait un pacha comme par le passé.

« On lui abandonnerait le miry, que la Porte a toujours perçu de droit et jamais de fait.

« Le commerce serait ouvert réciproquement entre l'Égypte et la Syrie.

« Les Français demeureraient dans le pays, occuperaient les places et les forts, et percevraient tous les autres droits, avec ceux des douanes, jusqu'à ce que le gouvernement eût conclu la paix avec l'Angleterre.

« Si ces conditions préliminaires et sommaires étaient acceptées, je croirais avoir fait plus pour la patrie qu'en obtenant la plus éclatante victoire;

mais je doute que l'on veuille prêter l'oreille à ces dispositions. Si l'orgueil des Turcs ne s'y opposait point, j'aurais à combattre l'influence des Anglais. Dans tous les cas je me guiderai d'après les circonstances. »

Ceci est bien projeté, mais a été mal exécuté; il y a loin de là à la capitulation d'El-A'rych.

Tout traité avec la Porte, s'il avait ces deux résultats, de lui faire tomber les armes des mains, et de conserver l'armée en Égypte, était bon.

« Je connais toute l'importance de la possession de l'Égypte; je disais en Europe qu'elle était pour la France le point d'appui avec lequel elle pourrait remuer le système du commerce des quatre parties du monde; mais pour cela il faut un puissant levier; et ce levier c'est la marine : la nôtre a existé; depuis lors tout a changé, et la paix avec la Porte peut seule, ce me semble, nous offrir une voie honorable pour nous tirer d'une entreprise qui ne peut plus atteindre l'objet qu'on avait pu se proposer.

« Je n'entrerai point, citoyens Directeurs : dans le détail de toutes les combinaisons diplomatiques que la situation actuelle de l'Europe peut offrir, ils ne sont point de mon ressort.

« Dans la détresse où je me trouve, et trop éloigné du centre des mouvemens, je ne puis guère m'occuper que du salut et de l'honneur de l'armée que je commande : heureux si, dans mes sollicitudes, je réussis à remplir vos vœux; plus rapproché de vous, je mettrais toute ma gloire à vous obéir ?

« Je joins ici, citoyens Directeurs, un état exact de ce qui nous manque en matériel pour l'artillerie, et un tableau sommaire de la dette contractée et laissée par Bonaparte.

« Salut et respect,

« *Signé*, KLÉBER »

La destruction de onze vaisseaux de guerre, dont trois étaient hors de service, ne changeait rien à la situation de la République, qui était, en 1800, tout aussi inférieure sur mer qu'en 1798 : si l'on eût été maître de la mer, on eût marché droit à la fois sur Londres, sur Dublin et sur Calcutta : c'était pour le devenir que la République voulait posséder l'Égypte. Cependant la République avait assez de vaisseaux pour pouvoir envoyer des renforts en Égypte, lorsque ce serait nécessaire. Au moment où le général écrivait cette lettre, l'amiral Brueys, avec quarante-six vaisseaux de haut bord, était maître de la Méditerranée; il eût secouru l'armée d'Orient, si les troupes n'eussent été nécessaires en Italie, en Suisse, et sur le Rhin.

P. S. « Au moment, citoyens Directeurs, où je vous expédie cette lettre, quatorze ou quinze voiles turques sont mouillées devant Damiette, attendant la flotte du capitan-pacha, mouillée à Jaffa, et portant, dit-on, quinze à vingt mille hommes de débarquement. Quinze mille hommes sont toujours réunis à Ghazah, et le grand-visir s'achemine de Damas. Il nous a renvoyé, la semaine dernière, un soldat de la 25ᵉ demi-brigade, fait prisonnier du côté d'El-A'rych. Après lui avoir fait voir tout le camp, il lui a intimé de rapporter à ses compagnons ce qu'il avait vu, et de dire à leur général de trembler. Ceci paraît annoncer ou la confiance que le grand-visir met dans ses forces, ou un désir de rapprochement. Quant à moi, il me serait de toute impossibilité de réunir plus de cinq mille hommes en état d'entrer en campagne. Nonobstant ce, je tenterai la fortune, si je ne puis parvenir à gagner du temps par des négociations. Djezzar a retiré ses troupes de Ghazah, et les a fait revenir à Acre. »

Cette apostille peint l'état d'agitation du général Kléber. Il avait servi huit ans comme officier dans un régiment autrichien; il avait fait les campagnes de Joseph II, qui s'était laissé battre par les Ottomans; il avait conservé une opinion fort exagérée de ceux-ci. Sidney Smith, qui avait déjà fait perdre à la Porte l'armée de Mustapha, pacha de Romélie, qu'il avait débarquée à Aboukir, vint mouiller à Damiette, avec soixante transports sur lesquels étaient embarqués sept mille janissaires, de très bonnes troupes : c'était l'arrière-garde de l'armée de Moustapha-Pacha. Au 1ᵉʳ novembre, il les débarqua sur la plage de Damiette : l'intrépide général Verdier marcha à eux, avec mille hommes, les prit, les tua, ou les jeta dans la mer. Six pièces de canon furent ses trophées.

Le capitan-pacha n'était point à Jaffa; l'armée du visir n'était point entrée en Syrie; il n'y avait donc pas trente mille hommes à Ghazah. Les armées russe et anglaise ne songeaient point à attaquer l'Égypte.

Cette lettre est donc pleine de fausses assertions. On croyait que Napoléon n'arriverait point en France; on s'était décidé à évacuer le pays; on voulut justifier cette évacuation, car cette lettre arriva à Paris le 12 janvier. Le général Berthier la mit sous les yeux du premier consul ; elle était accompagnée du rapport et des comptes de l'ordonnateur Daure, du payeur Estève, et de vingt-huit rapports de colonels et de chefs de corps d'artillerie, infanterie, cavalerie, dromadaires, etc.; tous ces états, que fit dépouiller le ministre de la guerre, présentaient des rapports qui contredisaient le général en chef. Mais heureusement pour l'Égypte qu'un duplicata de cette lettre tomba entre les mains de l'amiral Keith, qui l'envoya aussitôt à Londres. Le ministre anglais écrivit sur-le-champ, pour qu'on ne reconnût aucune capitulation qui aurait pour but de ramener l'armée d'Égypte en France ; et que, si déjà elle était en mer, il fallait la prendre et la conduire dans la Tamise.

Par un second bonheur, le colonel Latour-Maubourg, parti de France à la fin de janvier avec la nouvelle de l'arrivée de Napoléon en France, celle du 18 brumaire, la constitution de l'an VIII, et la lettre du ministre de la guerre, du 12 janvier, en réponse à celle de Kléber, ci-dessus, arriva au Caire le 4 mai, dix jours avant le terme fixé pour la remise de cette capitale au grand-visir. Kléber comprit qu'il fallait vaincre ou mourir ; il n'eut qu'à marcher.

Ce ramassis de canaille, qui se disait l'armée du grand-visir, fut rejeté au-delà du désert, sans faire aucune résistance. L'armée française n'eut pas cent hommes tués ou blessés, en tua quinze mille, leur prit leurs tentes, leurs bagages et leur équipage de campagne.

Kléber changea alors entièrement ; il s'appliqua sérieusement à améliorer le sort de l'armée et du pays ; mais, le 14 juin 1800, il périt sous le poignard d'un misérable fanatique.

S'il eût vécu lorsque, la campagne suivante, l'armée anglaise débarqua à Aboukir, elle eût été perdue : peu d'Anglais se fussent rembarqués, et l'Égypte eût été à la France.

PIÈCES JUSTIFICATIVES.

FRAGMENS DE LA CORRESPONDANCE DE L'ÉTAT-MAJOR.

(N° 1.)   Au quartier-général d'Alexandrie, le 1ᵉʳ thermidor an VI
(19 juillet 1798).

Au général BONAPARTE.

Il y a deux ou trois jours, citoyen général, qu'un employé de l'armée fit courir le bruit et répandit partout qu'il y avait eu un mouvement à Paris dans le sens contraire du 18 fructidor; que Lamarque, Sieyès et plusieurs autres avaient été déportés; que Talleyrand-Périgord était ambassadeur à Vienne; Bernadotte ministre de la guerre; enfin que vous étiez rappelé.

Comme cette dernière assertion a fait une grande sensation, j'ai fait arrêter le nouvelliste pour être interrogé. Ce qui pourtant m'a fait penser qu'il pouvait y avoir du vrai dans tout ceci, c'est le courrier qui nous vint de Toulon, il y a quelques jours, et qui prit un air mystérieux. Veuillez me faire connaître ce qu'il en est. *J'ai résolu, mon général, de vous suivre partout; je vous suivrai également en France. Je n'obéirai pas à d'autre qu'à vous, et je ne commanderai pas, parce que je ne veux pas être en contact immédiat avec le gouvernement. Je n'ai jamais été si avide de nouvelles et sur Paris et sur les événemens du Caire.*

                                    KLÉBER.

(N° 2.) Rosette, 25 août 1799.

Le général de division Kléber, au général de division Menou, a Alexandrie.

Je reçois le 5 au soir, mon cher général, une lettre du général en chef, dont voici l'extrait : « Vous recevrez cette lettre le 3 ou le 4 : partez, je vous prie, sur-le-champ, pour vous rendre, de votre personne, à Rosette, si vous ne voyez aucun inconvénient à vous absenter de Damiette : sans quoi, envoyez-moi un de vos aides-de-camp. Je désirerais qu'il pût arriver à Rosette dans la journée du 7. J'ai à conférer avec vous sur des affaires extrêmement importantes. » Je traverse en deux jours le désert et le lac Bourlos, j'arrive à Rosette le 7 à dix heures du soir, mais l'oiseau était déniché et n'avait pas même passé par ici. Je m'en retourne à Damiette où j'attendrai tranquillement les ordres de celui qui commande l'armée. Vous avez déjà sans doute appris, mon cher général, que la flotte qui avait paru devant Damiette était repartie de ce mouillage faisant route vers la Syrie ou vers Chypre. Le bataillon de la 25ᵉ a rejoint, et j'ai reçu dans cet intervalle votre aimable lettre, dans laquelle vous me donnez des détails intéressans du siége d'Aboukir. Veuillez bien me tenir au courant de ce qui se passera dans l'étendue de votre commandement, j'en userai de même. Rien ne pourra m'être plus agréable que de recevoir souvent de vos lettres; et pour la première, j'espère que vous aurez la complaisance de me donner des détails sur le départ de notre héros et de ses dignes compagnons. Je vous embrasse de cœur et d'âme.

Kléber.

(N° 3.) Quartier-général d'Alexandrie, le 27 août 1799.

LE GÉNÉRAL DE DIVISION MENOU, AU GÉNÉRAL EN CHEF KLÉBER.

Mon cher général,

Vous êtes nommé au commandement général de l'armée d'Égypte. Le général Bonaparte est parti avant-hier dans la nuit pour la France, avec les généraux Berthier, Andréossy, Marmont, Lannes et Murat. Je n'entre point ici dans le détail des motifs qui ont déterminé le général Bonaparte. Cette explication ne peut avoir lieu que verbalement. Je me bornerai à vous dire que j'ai trouvé ces motifs justes, et que cette mesure est la seule qui puisse être de quelque utilité à l'armée.

Le général Bonaparte m'a remis tous les papiers et lettres relatifs à votre nomination : j'en ai chargé le citoyen Eysotier, chef de brigade de la 69e ; il a ordre de ne les remettre qu'à vous-même. Le général Bonaparte m'a dit vous avoir donné rendez-vous à Rosette, et d'après son calcul, vous devez y arriver aujourd'hui ou demain. Mais, en supposant que votre voyage ait rencontré quelque obstacle, je donne ordre à l'adjudant-général Valentin, commandant à Rosette, de faire partir sur-le-champ un exprès qui vous portera ma lettre à Damiette, mais non celle du général en chef, qui restera constamment entre les mains du chef de brigade de la 69e, jusqu'à ce qu'il puisse vous la remettre à vous-même, ou que vous lui ayez donné des ordres pour vous la faire passer, ou pour vous la porter. Il attendra donc à Rosette, si vous n'y êtes pas rendu, que vous lui ayez dicté ce qu'il doit faire. Le général en chef m'a nommé au commandement du deuxième arrondissement, qui comprend Alexandrie, Rosette et le Bahirëh; mais je n'ai accepté que provisoirement, pour plusieurs raisons; la première, c'est que cela doit être à votre disposition : la deuxième, c'est que je désire, mon cher général, avant de prendre ce commandement, si votre intention est de me le donner, avoir une conversation avec vous. J'attendrai à cet égard ce que vous me prescrirez sur le lieu et le temps de la conversation; je désirerais que cela fût le plus promptement possible.

Le général Bonaparte m'avait donné, avant son départ, ordre de mettre un embargo sur tous les bâtimens du port d'Alexandrie, jusqu'à trente-six heures après son départ. L'embargo est levé depuis ce matin, mais seulement pour les djermes qu'on peut expédier soit à Aboukir, soit à Rosette; car pour les bâtimens destinés à se rendre en Europe, d'après les mêmes ordres, il n'en partira tout au plus que dans vingt-cinq jours. Le citoyen Guieux, capitaine de vaisseau, est nommé commandant du port d'Alexandrie, qui ne devra plus être considéré que comme port de deuxième classe. Le capitaine de frégate Rouvier continuera de remplir ces mêmes fonctions à Boulac, et aura inspection sur toute la navigation en activité. Le capitaine de frégate Guichard commandera tous les bâtimens armés du fleuve. La ville d'Alexandrie est tranquille, mais il n'y a pas le premier sou dans les caisses. J'ai eu ordre d'envoyer des lettres au général Dugua et au divan du Caire.

Vous devez croire, mon général, que je suis extrêmement satisfait d'être sous vos ordres : soyez assuré qu'en tout et partout, vous ne trouverez personne de plus empressé que moi à exécuter ce que vous me prescrirez. Je vous ai voué depuis long-temps estime et amitié franche;

je compte sur les mêmes sentimens de votre part. J'ai ordre de faire abattre ici les armes de l'Empereur, du grand-duc de Toscane et du roi de Naples, avec lesquels nous sommes en guerre. Les consuls de ces différentes nations doivent cesser leurs fonctions. J'ai aussi, relativement à des draps pour l'habillement de l'armée, des ordres qui frappent les négocians étrangers. La djerme la *Boulonnaise* est à Rahmaniëh. J'envoie à Rosette les chevaux des guides que Bonaparte a emmenés avec lui en France : ils sont destinés à remonter les guides restés au Caire.

Salut et respect,

Abdalla Menou.

(N° 4.)   Rosette, 8 fructidor (25 août 1799).

J'ai reçu le paquet que vous m'avez fait passer par le chef de brigade de la 69°, mon cher général. J'aurais bien désiré que vous vous fussiez rendu vous-même ici. Ma présence me semble très nécessaire au Caire ; cependant je vous attendrai jusqu'au 10, neuf heures du matin. Hâtez-vous donc d'arriver, afin que nous puissions amplement conférer ensemble. Non seulement je vous maintiendrai dans le commandement du deuxième arrondissement, qui n'aurait jamais dû vous être ôté, mais je ferai encore et toujours tout ce qui pourra contribuer à votre satisfaction, persuadé que vous mettrez toujours en première ligne le bien de la chose, qui est notre bien commun, et d'où seulement peut découler le bien public. *Si j'approuve le motif du départ de Bonaparte, du moins me reste-t-il quelque chose à dire sur la forme.*

Adieu, ou plutôt au plaisir de vous voir bientôt.

A vous et tout à vous,   Kléber.

(N° 5.) Menouf, 14 fructidor (31 août 1799).

LANUSSE, GÉNÉRAL DE BRIGADE, AU GÉNÉRAL EN CHEF.

Votre lettre vient de me parvenir, citoyen général; j'ai appris sans étonnement, sans doute parce que j'étais préparé depuis quelques jours à recevoir cette nouvelle, que le général Bonaparte s'est embarqué pour retourner en Europe. Je ne sais si c'est par la même raison que ce départ n'a pas produit le moindre effet sur l'esprit du soldat ni sur celui de l'habitant du pays, mais, ce qu'il y a de sûr, c'est que je n'ai jamais vu le premier plus content et le second plus tranquille. Pour moi, espérant beaucoup du général qui est parti, mais comptant davantage sur la capacité de celui qui le remplace, je ne doute point que l'issue de l'expédition d'Égypte ne soit aussi belle qu'on se l'était promis. Vous pouvez au moins compter, citoyen général, que vous trouverez des officiers qui seconderont de tout leur pouvoir les efforts que vous serez à même de faire pour parvenir à ce but.

Salut et respect,

LANUSSE.

(N° 6.) Siout, 18 fructidor (4 septembre).

LE GÉNÉRAL DE BRIGADE FRIANT AU GÉNÉRAL EN CHEF.

Je vous accuse réception de deux paquets adressés aux généraux Belliard et Desaix, que j'ai fait passer de suite à Kéné où ces deux généraux sont en ce moment. J'ai donné connaissance, par un ordre du jour, de votre circulaire à mon adresse, aux troupes que je commande, et le leur ai lu moi-même. Je puis vous dire qu'officiers et soldats ne sont point mécontens du départ du général en chef, étant persuadés que le bien de l'armée exigeait ce voyage en Europe. Vous pouvez aussi compter, mon général, sur l'ancien attachement que ces militaires vous portent : ce sont vos anciens soldats de l'armée de Sambre-et-Meuse. De mon côté, je ferai tous mes efforts pour mériter votre estime.

FRIANT.

(N° 7.)   Damiette, 18 fructidor (4 septembre).

Verdier, général de brigade, au général en chef Kléber.

Hier seulement, mon général, j'ai reçu une de vos lettres du 9, de Rosette. Oui, mon général, je conçois que les motifs qui ont déterminé le départ du général Bonaparte avec tant de précipitation et de secret, doivent être puissans. Je les respecte, ces motifs, et me borne à espérer dans la certitude qu'étant aussi dignement remplacé, l'armée n'a qu'à gagner dans les événemens. L'amour de mon devoir, l'estime dont vous m'honorez, sont d'assez puissans motifs pour vous donner la certitude que toutes mes facultés seront employées à justifier les premiers et mériter de plus en plus la seconde. Le vide que laisse, dans l'opinion, Bonaparte, est grand, tant dans le militaire que dans les habitans du pays ; mais les uns et les autres connaissent combien vous pouvez le remplacer, et tous regardent comme heureux cet événement, dont ils attendent de grands résultats. Voilà ce que pense la division que vous m'avez provisoirement laissée, et de laquelle vous avez tout à espérer. Confiance entière en son nouveau chef, discipline, bravoure, voilà ce que je crois pouvoir vous offrir, en vous assurant de nouveau de tout mon respect.

VERDIER.

(N° 8.) Kéné, 21 fructidor (7 septembre).

BELLIARD, AU GÉNÉRAL EN CHEF.

J'ai reçu, mon général, la lettre dans laquelle vous m'annoncez le départ du général en chef Bonaparte pour la France. Quels que soient les événemens, mon général, ils ne peuvent rien changer à mes principes et à mon amour pour ma patrie, qui est et sera toujours le mobile de toutes mes actions.

Salut et respect,

BELLIARD.

(N° 9.) Au Caire, 21 fructidor (7 septembre).

POUSSIELGUE, etc., AU GÉNÉRAL DE DIVISION MENOU.

Je reçois, mon cher général, votre lettre du 13 de ce mois. Je suis persuadé que Bonaparte avait de bonnes raisons pour partir; mais je ne lui pardonnerai jamais d'en avoir fait un mystère à des hommes à qui il devait beaucoup, qui avaient toujours justifié sa confiance, et qu'il laissait chargés du fardeau du gouvernement. Le général Dugua et moi nous avons beaucoup à nous en plaindre; il nous a joués.

Son successeur a des talens moins brillans, mais il a des qualités solides, et malgré mon attachement personnel pour Bonaparte, je suis convaincu que l'on sera beaucoup plus content du gouvernement du général Kléber, Français et Turcs. Il jouit d'une grande célébrité, et il a l'estime de tout le monde au plus haut degré. Réunissons-nous tous à lui, aidons-le à mener notre vaisseau au port, et à le sauver, en attendant, des tempêtes. Quant à de nouveaux systèmes de finances, j'avais, il est vrai, des vues et des projets tout prêts à éclore; mais il n'est plus temps. Il faut que notre établissement soit consolidé par un traité de paix, pour qu'on puisse innover avec succès. Un bon plan ne réussirait pas en ce moment, et alors il serait perdu pour toujours. Soyez tranquille sur vos besoins dans votre arrondissement, non pas que je vous promette qu'ils seront tous satisfaits, mais vous pouvez compter qu'ils le seront dans une proportion égale au reste de l'armée. C'est un principe que le général Kléber m'a annoncé vouloir maintenir contre toute section de l'armée qui pourrait être tentée de s'en écarter, et déjà il l'a annoncé dans un ordre du jour. Au reste, vous serez le premier à recueillir les revenus de 1214, c'est-à-dire le saïfi de la province de Rosette pour 1213; il sera exigible à la fin de brumaire. J'ai conseillé à vos aides-de-camp de loger quelques personnes dans votre maison, c'est l'unique moyen de vous la conserver.

Poussielgue.

(N° 10.) Toulon, 18 mai 1798.

AU GÉNÉRAL MOREAU.

Je ne pourrai vous écrire un peu au long, mon cher Moreau, que lorsque nous serons au large, et que je serai dégagé du détail et de l'embarras de l'embarquement. Je n'ai pas encore un moment de libre, et je change souvent quatre fois de linge par jour. Le vent, qui était favorable il y a quelques jours, a changé tout à coup, et on a profité de cette contrariété pour faire aussi quelques changemens dans la répartition des troupes. Tout cela occupe et demande des sollicitudes. Enfin, le vent paraît se remettre, et s'il continue ainsi, dans trois jours nous serons au large. Vous devez être au fait du secret de notre expédition; j'ai ouï dire que vous la désapprouviez, j'en ai été fâché; j'aurais désiré que vous eussiez à cet égard moins de précipitation. Quand on fait la chose unique qui est à faire, l'opération est bonne, par cela même qu'on ne pourrait pas faire mieux; mais lorsqu'il y a au bout de tout cela de grands résultats à espérer, il faut, ce me semble, approuver. Je m'expliquerai mieux dans ma première, et comme je suis un peu paresseux pour écrire, Baudot sera celui qui vous transmettra mes idées et tout ce que je pourrais avoir à vous dire.

Je renvoie Gaillard à Paris près de sa femme; je vous prie de lui remettre la somme provenue de la vente du cheval, qui, jointe à celle qu'il tirera de ma voiture, le mettra à l'aise jusqu'à ce que je puisse donner de mes nouvelles d'au-delà les mers. Prenez, au reste, avec lui, les arrangemens de détail que vous croirez les plus convenables. Si j'ai besoin de quelque chose, je vous écrirai. Adieu, mon cher Moreau, j'espère que le gouvernement, plus juste, aura bientôt le bon esprit de vous tirer d'une retraite pour laquelle vous n'êtes pas fait, en utilisant vos talens. Comptez à jamais sur mon attachement et ma bien sincère amitié.

KLÉBER.

(N° 11.)   Au quartier-général du Caire, 21 septembre 1799
(an vii de la République française).

KLÉBER, GÉNÉRAL EN CHEF, AU GRAND-VISIR, GÉNÉRALISSIME DES ARMÉES OTTOMANES,

Illustre parmi les gens éclairés et sages, que Dieu lui donne une longue vie, pleine de gloire et de bonheur; SALUT.

Le général en chef Bonaparte a écrit à Votre Excellence, il y a trente jours; comme il y a lieu de craindre que cette dépêche n'ait été interceptée par les bâtimens qui croisent dans la Méditerranée, je crois devoir en envoyer un duplicata à Votre Excellence : il est joint à la présente lettre.

Vous y trouverez sans doute tout ce que vous pensez vous-même, car la nécessité d'une parfaite union entre la Sublime Porte et la France, n'a jamais été un problème pour aucun politique; et il n'est pas un Ottoman, comme il n'est pas un seul Français qui n'ait la conviction intime de ce qui convient aux intérêts des deux nations.

Les Français, en venant en Égypte, n'avaient d'autre but que de faire trembler les Anglais pour leurs possessions et leur commerce de l'Inde, et les forcer à la paix.

En même temps, les Français se vengeaient des outrages multipliés qu'ils avaient reçus des mameloucks; ils délivraient l'Égypte de leur domination, et rendaient au Grand-Seigneur la jouissance entière de ce beau pays, que depuis un siècle il ne pouvait plus compter réellement au nombre de ses provinces, puisqu'il n'en retirait aucun fruit.

La conduite des Français a été conséquente à ces principes. Arrivés en Égypte, les caravelles et le pavillon du Grand-Seigneur ont été respectés et honorés. Il a été fait une guerre à outrance aux mameloucks; leurs propriétés ont été séquestrées, et, au contraire, les sujets du Grand-Seigneur ont été maintenus dans leurs propriétés; ils ont été rappelés dans leurs habitations. Les odjaklis et les ministres du Grand-Seigneur ont été conservés dans leurs droits et dans leur jouissance. Les kadis ont été confirmés, et les lois turques suivies.

L'administration civile du pays a été confiée aux ulémas et aux grands du Caire. La charge si importante de prince de la caravane de la Mecque a été donnée à un Osmanli-kiaya du pacha, et s'il n'avait pas trahi ses devoirs, cette caravane serait partie suivant l'usage. Enfin la religion musulmane a été protégée et honorée.

Malgré la déclaration de guerre de la Sublime Porte, les Français n'ont pas cessé de tenir cette conduite franche et loyale; ils ont été contraints, malgré leurs vœux, malgré leurs intérêts, à se battre en Syrie et à Aboukir, contre les armées qui venaient les attaquer; et au milieu de leurs victoires et au milieu de la guerre, ils n'ont rien diminué des égards et des sentimens d'affection qu'ils avaient témoignés aux Osmanlis, tant ils sentaient l'absurdité de cette guerre, et tant ils étaient persuadés qu'il fallait arriver à une prompte réconciliation.

Que l'expédition d'Égypte ait été faite sans la participation formelle de la Sublime Porte, c'est ce que j'ignore; mais il est évident que cette expédition, pour réussir par rapport aux Anglais, exigeait la plus grande activité, et surtout le plus grand secret.

La France, sûre des sentimens d'amitié de la Sublime Porte, sûre qu'elle ne pourrait blâmer une expédition dont elle retirerait le principal avantage, puisqu'il en résulterait l'affranchissement d'une de ses plus belles provinces, devait croire qu'elle serait toujours à temps de justifier l'entreprise à ses yeux, surtout en appuyant ces motifs de sa conduite, même en Égypte.

Mais après le malheureux combat naval d'Aboukir, le général Bonaparte se trouva privé de faire connaître toutes ces vérités à la Sublime Porte, et nos ennemis communs y virent l'occasion d'un double triomphe contre nous et contre vous. Ils n'eurent pas de peine à persuader ce qu'ils voulurent, et à donner à notre entreprise les couleurs les plus odieuses, quand ils eurent le grand avantage d'être entendus seuls, et d'avoir pour eux les apparences résultant d'une invasion réelle.

Ils excitèrent un ressentiment facile à enflammer, et ils hâtèrent d'autant plus la détermination de la Sublime Porte, que la moindre explication avec les Français lui eût découvert le piége dans lequel on voulait l'entraîner, et l'aurait infailliblement ramenée à ses véritables intérêts.

Il faut que Votre Excellence ait la gloire de faire la paix; c'est le plus grand service qu'elle puisse rendre à son pays.

Les Français ne craignent ni leurs ennemis ni leur nombre; ils ne craignent pas non plus la guerre: depuis dix ans ils en donnent des preuves. Mais en faisant la guerre à leur ancienne amie la Sublime Porte, c'est comme s'ils la faisaient à eux-mêmes. Nous devons pleurer, même nos victoires, puisqu'elles affaiblissent vos armées, auxquelles bientôt il faudra nous réunir pour combattre leurs véritables ennemis.

La négociation de cette paix est simple et facile. Il n'existe point d'intérêts compliqués entre les deux nations : il ne s'agit que de l'Égypte, et l'Égypte est toujours à vous, elle y est plus que jamais puisque les mameloucks n'y règnent et n'y régneront plus.

Vous serez obligés de garder des ménagemens, parce que vous aurez introduit au milieu de vous, et comme alliés, vos plus cruels ennemis, et qu'avec raison vous devez craindre qu'ils n'éclatent, aussitôt qu'ils en auront une occasion qu'ils attendent avec impatience. Mais c'est un motif de plus pour hâter les négociations, et ne pas épuiser en efforts vains et impolitiques contre nous, des armes, des hommes et des richesses que réclament des dangers plus réels.

En un mot, et en laissant de côté toute considération étrangère, la guerre entre nous ne peut avoir aucun but.

Vous pourrez recevoir plusieurs duplicata de cette lettre. Son importance est telle que je ne saurais trop multiplier les moyens pour m'assurer qu'elle vous parviendra.

Si elle vous détermine à m'envoyer une personne de votre confiance, elle sera bien accueillie, et nous nous serons bientôt entendus.

Le général en chef Bonaparte est parti pour aller travailler lui-même à une paix si nécessaire. Je le remplace, et je suis comme lui animé du désir de voir terminer notre malheureuse querelle.

J'ai l'honneur d'assurer Votre Excellence des sentimens d'estime et de la considération distinguée que j'ai pour elle.

KLÉBER.

KLÉBER HASARDE UNE NOUVELLE TENTATIVE AUPRÈS DU VISIR.

L'évaluation du général Kléber était évidemment trop faible, car enfin aucune action n'avait eu lieu depuis la bataille d'Aboukir, où assurément Bonaparte avait mis plus de cinq mille hommes en ligne, et où cependant les troupes de la Haute-Égypte ni celles de la Charkiëh, de Damiette, de Mansoura, n'avaient combattu. Celle des forces que nous avions en tête n'était pas plus juste : les Anglais n'avaient pas augmenté leurs croisières, les Russes n'avaient pas paru, et les mameloucks, dont on se faisait une si terrible image, fuyaient devant quelques centaines de fantassins perchés sur des dromadaires. La population devait inspirer des craintes moins sérieuses encore : aucune émeute n'avait éclaté; aucun acte, aucun symptôme ne décelait des sentimens hostiles ; loin de là, les naturels se montraient calmes, résignés, et faisaient peu de cas des préparatifs du visir. Le général Reynier, qui leur rendait ce témoignage, ne partageait pas non plus les prévisions de Kléber, au sujet du voltigeur de la 25e; cet incident pouvait bien indiquer le désir d'un rapprochement, mais ne prouvait pas une haute confiance. L'idée d'enlever un prisonnier pour en faire un messager d'effroi trahissait son origine : elle ne pouvait avoir germé dans une tête turque, c'était une suggestion de quelque Européen.

La conjecture était probable; Kléber résolut de l'éclaircir, et de savoir au juste à qui, des Musulmans ou des Anglais, il avait affaire. La flotte croisait à l'entrée du Boghaz; il chargea l'adjudant-général Morand de s'assurer des vues, des forces qu'elle pouvait avoir. Cet officier se rendit à Lesbëh, se jeta dans une chaloupe et se dirigea sur l'escadre que commandait Petrona-Bey. Il passa la première ligne, pénétra dans la seconde; personne ne prenait garde à lui : il demanda l'amiral. Il fut accueilli, traité avec égards, et put observer la surprise du Turc à la suscription des lettres qu'il lui avait rendues. « Kléber! s'écria l'Ottoman; et Bonaparte? — Il est parti. — D'où? — D'Alexandrie. — Il y a long-temps? — Le 23 août. — Sur un bâtiment de guerre? — Avec deux frégates. — Il emmène des généraux? — Plusieurs. » Il s'adressa alors à ses Turcs, échangea avec eux quelques phrases, et reprit : « Quel motif l'a déterminé à quitter l'Égypte? — L'intérêt de la patrie, sa gloire, l'obéissance. Il est parti comme eût fait un pacha rappelé par Sa Hautesse. » Petrona-Bey fit servir le café, présenta une pipe à l'adjudant-général, et continuant la conversation : « Avez-vous beaucoup de riz au Caire? — A profusion. — Les vivres ne vous manquent pas? — Les blés surabondent. — N'importe; les Anglais, les Russes, les Osmanlis, ont replacé sur le trône un frère du fils du dernier de vos rois. Son envoyé, M. Boyle, est déjà accrédité auprès du Sultan. Il faudra bien de force ou de gré que vous évacuiez l'Égypte. »

Cette singulière conversation indiquait la couleur que la guerre allait prendre. Morand en rendit compte à son chef, et lui fit part du peu de troupes que la flotte avait à bord. L'effendi que Bonaparte avait envoyé en Syrie rentra sur ces entrefaites, et ne fit pas un rapport plus alarmant. L'armée turque était peu nombreuse, Djezzar ne voulait ni marcher ni permettre qu'on pénétrât dans ses places. L'entrée d'Acre, celle de Jaffa même était interdite aux Ottomans. Les subsistances devenaient chaque jour plus rares, les mameloucks manquaient de tout, et le généralissime, mécontent des exigences des Anglais, montrait les vues les plus pacifiques. Ce rapport rendait plus frappant le contraste que présentaient les intentions personnelles du visir avec celles de sa chancellerie. La réponse officielle qu'avait rendue l'effendi avait toutes les grâces, toute l'aménité que l'Angleterre sait répandre dans ses manifestes : elle était ainsi conçue :

Du quartier-général de Damas (sans date).

Youssef-Pacha, grand-visir et généralissime de l'armée de la sublime porte,

Au modèle des Princes de la nation du Messie, au Soutien des Grands de la secte de Jésus, l'estimé et affectionné Bonaparte (*dont la fin soit heureuse*), *l'un des généraux de la République française*, Salut et amitié.

« J'ai reçu votre lettre par la voie de Mahmed-Koushdy, effendi, et j'en ai compris le contenu.

Tout le monde connaît l'ancienne amitié de la Sublime Porte pour la France gouvernée par ses rois, et sa grande bienveillance envers la République française, mais personne n'ignore non plus que les Français, excités et poussés par des malintentionnés, portés à semer partout le trouble et la discorde, ont entrepris de faire des choses que jamais on n'avait ouïes, et qu'aucune nation, ni ancienne ni moderne, n'a jamais faites. C'est ainsi qu'ils ont attaqué l'Égypte à l'improviste, et se sont emparés de ce pays, quoiqu'il fût sous la domination directe de la Sublime Porte.

« Il est étonnant qu'après une semblable démarche, vous ayez pu écrire dans votre lettre que la République française est notre amie, et que les ennemis de la Sublime Porte sont ceux que la Sublime Porte regarde comme ses véritables et loyaux amis.

« Sont-ce les Anglais, les Russes ou les Allemands, dont vous parlez ainsi, qui ont engagé les Français à surprendre l'Égypte et à s'en rendre maîtres?

« Lequel de ces trois gouvernemens a fait en temps de paix la moindre chose qui soit contraire aux droits des nations?

« Vous m'écrivez que l'intention de la République française n'a été que de détruire les mameloucks, et qu'elle a toujours désiré de vivre en paix et en bonne amitié avec la Sublime Porte. Mais les mameloucks étant dans la dépendance de la Sublime Porte, c'est à elle à les diriger; d'ailleurs, une pareille intention était-elle conforme aux lois des nations, même des plus petites?

« Les témoignages de l'affection et de l'amitié de la République française envers la Sublime Porte ne peuvent que paraître bien étranges, dans le temps que, malgré la bienveillance et l'amitié que la Sublime Porte a toujours témoignée à votre gouvernement, les Français ont rompu avec elle la bonne harmonie, d'une manière tout-à-fait contraire aux droits des nations, et ont commis par là une action blâmable.

« C'est une idée bien extraordinaire que celle que vous avez de vouloir instruire la Sublime Porte de la véritable situation de l'Arabie et de l'Égypte, qui lui appartiennent. Sachez qu'après que les Français ont eu de vive force attaqué l'Égypte, et que la Sublime Porte leur a déclaré, conformément à la loi et aux droits des nations, une guerre qui a pour elle tous les augures de la victoire, on n'a pas différé un moment à préparer tout ce qui est nécessaire pour combattre, et à lever, dans tout l'empire ottoman, des troupes aussi nombreuses que les étoiles des cieux, pour les faire marcher par bataillons vers la Syrie et l'Égypte. Il était nécessaire que l'hiver finît, qu'on entrât dans la belle saison, et que moi-même, plénipotentiaire absolu et généralissime de l'armée de la Sublime Porte, je me rendisse en Égypte par la Syrie, conformément aux ordres, auxquels obéit l'univers, du très puissant, très magnifique, très grand, très fort, mon protecteur, mon seigneur, mon souverain, qui est aussi grand que le grand Alexandre, roi des rois, asile de la justice.

« Après avoir complété le nombre des canonniers, celui des bombes, des canons et de tous les instrumens de guerre, je suis entré à Damas.

« D'un côté, j'envoie devant moi par terre des troupes toujours fatales à leurs ennemis, me tenant à l'arrière-garde, prêt à marcher avec mon quartier-général. D'un autre côté, les Français, pour avoir rompu la paix d'une manière inouïe, ont été dispersés et détruits à Corfou et en Italie; ce qui devait nécessairement être le résultat de leur démarche peu réfléchie. Les escadres de la Sublime Porte et des deux glorieuses nations, nos alliées, les Anglais et les Russes, qui se trouvaient dans ces parages, après avoir été devant Alexandrie, sont employées en Chypre à l'embarquement d'un grand nombre de nouvelles troupes ; et l'escadre anglaise, jointe à l'escadre de la Sublime Porte, doivent attaquer de concert Alexandrie et ces parages. Ce sera alors, comme vous pouvez le juger vous-même, que les Français connaîtront bien la véritable situation de l'Arabie, *et tu verras, quand la poussière sera dissipée, si tu es sur un cheval ou sur un âne.* (Verset arabe.)

« Mais comme dans votre lettre vous manifestez le penchant que vous avez à renouer une amitié pure et sincère, et qu'ainsi il paraît que vous demandez sûreté et sauf-conduit, expliquez-moi si vous désirez seulement sauver votre vie, parce que, dans ce cas là, en vertu de la loi de Mahomet, qui ne permet pas d'étendre le sabre sur ceux qui demandent grâce et pardon, je vous ferai embarquer avec tous les Français qui se trouvent en Égypte, et je vous ferai parvenir sains et saufs dans les ports de France. Que si vous ne vous fiez pas à ce que je vous propose, et que vous soupçonniez quelque mauvais dessein, apprenez que si l'on manquait à un pareil engagement, ce serait violer ce que la loi nous prescrit, et agir d'une manière tout-à-fait opposée aux droits des nations; tandis que l'on est bien loin de se croire permis de se détourner, à votre exemple, du chemin droit, pour suivre un sentier qui n'est pas conforme aux principes et aux réglemens des nations.

« Quoique la paix soit dans tous les temps préférable à la guerre, cette paix ne peut d'aucune manière être conclue en Égypte; mais si vous partez, en vous embarquant sur les bâtimens de la Sublime Porte, vous n'aurez rien à craindre pendant la traversée, ni de la part des Russes, ni de celle des Anglais, nos alliés; et vous épargnerez l'effusion du sang humain, et la destruction inutile de tant de malheureux qui seraient foulés aux pieds des chevaux des Musulmans.

« Que si, à votre arrivée à Paris, le vœu de la République est de rétablir la paix, et si l'on fait part de ces dispositions à la Sublime Porte, par la médiation de notre ambassadeur ou de tout autre, je ferai de mon côté tout ce qui dépend de moi, pour le succès d'une affaire si utile.

« Dans le cas où vous n'adhéreriez pas à des propositions si convenables, j'espère qu'à mon arrivée dans ces contrées, je finirai, comme je le dois, tout ce qui vous concerne, et je mettrai un terme à la route que fait la République française, route qui ne peut la conduire qu'à sa perte. Le Créateur de la lumière et du monde n'approuve pas les massacres que les Français ont fait des Français, d'une manière contraire aux lois et aux réglemens; c'est la cause pour laquelle ils ont commencé à être malheureux et dispersés de tous côtés.

« Indépendamment de cent mille Français environ qui ont été tués dans les départemens de l'Italie, dans les villes d'Ancône et de Naples et dans les environs, votre escadre qui était sortie pour venir au secours de l'armée d'Égypte, a été brûlée et coulée à fond par les escadres des Anglais, des Russes et de la Sublime Porte. Vous pouvez conclure de tous ces événemens que le vent du malheur et du désordre commence à souffler contre les Français, et qu'ils sont devenus désormais l'objet de la colère du Très-Haut.

« Vous qui êtes renommé par votre intelligence, et par la sagesse de la direction que vous avez imprimée aux affaires de la République française; vous aussi, vous n'avez considéré le lendemain que d'aujourd'hui.

« Le Grand-Seigneur, souverain de la terre, roi des rois, asile de la justice, ayant destiné une armée formidable contre l'Égypte, vous connaîtrez bientôt, s'il plaît à Dieu, la grandeur, la dignité, le zèle et la force de la Sublime Porte.

« Quoique d'après les fausses démarches des Français, et leur conduite contraire aux droits des nations, il ne fût pas nécessaire de répondre à ce que vous m'avez écrit; sans m'arrêter à ces considérations, et parce que le refus d'une réponse serait contraire aux usages et à la bienveillance, je vous ai écrit cette lettre amicale, et je vous l'ai envoyée par ledit effendi. Après que vous l'aurez reçue, ce sera à vous à choisir celui des deux partis que vous devez prendre. »

Signé en chiffre Youssef, *ainsi que dans le sceau apposé à la lettre.*

Cette réponse outrageante rendit Kléber à toute son énergie; il repoussa des bases qu'il ne pouvait accepter sans déshonneur, et ne songea plus qu'à combattre; il porta des troupes à Souez, réunit des bâtimens à Castel-Messara, fit passer des renforts au général Verdier, et lui manda que si l'ennemi débarquait sur la plage étroite qui sépare la mer du lac Menzalëh, il l'attaquât avec ses dragons et ses chaloupes; que dans une position aussi resserrée, trois cents de nos braves ne devaient pas craindre d'aborder trois mille Turcs. Il ordonna en même temps qu'on doublât tous les postes qui protégeaient les terres cultivées, et voulut qu'au lieu d'être réduit à la simple défensive, El-A'rych fût en état de donner de l'inquiétude à l'ennemi, de tenter une sortie, d'arrêter les Osmanlis et de les livrer à toutes les privations du désert. Il connaissait, par les rapports, la disette qu'éprouvait l'armée du visir, et prit des mesures pour l'accroître ; il savait qu'elle était alimentée par les Arabes, et qu'elle n'avait, pour ainsi dire, de subsistances que celles qu'elle recevait des caravanes. Il défendit l'exportation, abandonna aux troupes les prises qu'elles pourraient faire, et punit de mort ceux qui se livreraient à ce coupable trafic. Menou, toujours prêt à trancher de l'économiste, voulut s'élever contre des arrêtés qu'il jugeait trop sévères, et se prévalut de l'autorité de l'ancien commandant de Mansoura ; mais Kléber resta inébranlable, et répondit au malencontreux dissertateur que la première loi à la guerre était de mettre l'ennemi dans la détresse ; qu'il persistait dans ses décisions.

Les mouvemens n'étaient pas moins actifs dans la Haute-Égypte. Mourâd-Bey, après sa défaite, s'était réfugié dans le désert, d'où il s'échappait de temps à autre, lorsque le besoin de prendre du repos ou de faire des vivres le pressait trop vivement. Desaix, que ces incursions fatiguaient, résolut d'y mettre fin ; il réunit quelques troupes à cheval, des pièces, de l'infanterie montée à dromadaire; forma deux colonnes mobiles ; se mit à la tête de l'une, et confia l'autre à l'adjudant-général Boyer. Le général battit vainement le désert ; mais son lieutenant fut plus heureux. Parti de Siout dans les premiers jours d'octobre, il suivit le désert jusqu'à la hauteur de Benezëh, où Mourâd était établi avec quatre tribus arabes. Le bey ne l'eut pas plus tôt aperçu qu'il leva son camp; il se dirigea sur Heslé, s'enfonça dans les sables, prit la route du palais Caron, alla, revint, et chercha par mille détours à dérober sa trace. Il ne put y réussir, et se trouva le 9, au point du jour, en face des troupes qu'il voulait éviter. Il prend aussitôt son parti; il accepte la charge, et se flatte de venger sur cette cavalerie de nouvelle espèce les échecs qu'il a essuyés; mais les Arabes ne sont pas à portée, que déjà elle est à terre et ouvre sur eux un feu meurtrier. Ils se reforment, bravent les balles et les baïonnettes, sont repoussés, reviennent, ne sont pas plus heureux, et rendus furieux par les pertes qu'ils ont faites, s'élancent en aveugles sur le carré, où se brisent leurs efforts. Ils ne peuvent ni l'abandonner ni le rompre, et se dispersent, pour mieux l'inquiéter, sur les mamelons voisins : mais ils sont abattus par les coups pressés d'une nuée de tirailleurs, qui marchent à eux, et se perdent dans les sables. Notre infanterie se jette aussitôt sur ses chameaux, et les pousse à Rauyanné, à l'oasis, et les force de se dissoudre. Mourâd, harcelé, traqué d'un bout du Saïd à l'autre, prend le parti de se jeter dans le Delta. Il franchit le Nil à la hauteur d'Attfiély, évite les troupes du général Rampon, s'enfonce dans la vallée de l'Égarement, change de résolution, revient sur ses pas, échappe aux colonnes qui le poursuivent, et regagne la Haute-Égypte. Ses tentatives auprès de la population sont moins heureuses. En vain il sème les proclamations, prodigue les firmans ; les villages restent sourds à ses appels, aucun ne répond à ses cris d'insurrection.

Tout était à la guerre : les troupes se dirigeaient sur le désert, on approvisionnait, on armait les forts qui couvrent les terres cultivées, personne ne pensait plus qu'à punir un ennemi présomptueux. Sidney sentit la faute qui avait été faite, et avisa aux moyens de renouer des communications auxquelles on ne songeait plus. Il mit son secrétaire en avant; celui-ci, qui avait été accueilli par Marmont, feignant d'ignorer que ce général avait quitté Alexandrie, lui écrivit sous prétexte de demander une réponse que réclamait le commodore, et lui communiqua les nouvelles qu'il jugeait les plus propres à ébranler la résolution que manifestait l'armée de se maintenir en Égypte : les Directeurs avaient été renouvelés ; Barras seul était resté au pouvoir, et avait vu ses collègues chargés d'un acte d'accusation. Un des principaux griefs qu'on alléguait contre eux était d'avoir relégué dans les déserts la plus belle armée de la République. Le secrétaire signalait ensuite, comme une nouvelle de mer que son correspondant connaissait déjà, la perte de l'escadre que commandait le contre-amiral Perée, et joignait à son insidieux message une collection de journaux qui exagéraient encore l'état fâcheux où se trouvait la France. Les flottes combinées avaient repassé le détroit, toute espérance de secours était évanouie.

Cette lettre produisit l'effet que Smith s'en était promis. Retenue par l'état-major d'Alexandrie, elle fut acheminée sur le Caire, et rendit Kléber à toutes ses perplexités; il retomba sous l'inspiration des hommes dont il avait secoué la funeste influence; et lui, qui s'était soulevé contre les insolens propos que le visir adressait à Bonaparte, qui avait déclaré qu'on ne pouvait les entendre sans se couvrir d'infamie, ne trouva plus ni indignation ni colère contre la plus outrageante correspondance qui fut jamais. Il avait proposé de mettre fin aux différends qui divisaient la France et la Sublime Porte, et de renouer les relations d'amitié qui les avaient si long-temps unies. Le Turc ne répondit à ces ouvertures que par des offres de pitié, des maximes de commisération, et des doutes offensans sur l'aptitude du général à traiter les hautes questions qu'il soulevait. Ce ne fut pas tout. Il avait outragé Kléber, il voulut insulter la nation. Il délégua ses pouvoirs à Moustapha-Pacha auquel il adressa l'instruction qui suit :

Reçue le 23 octobre.

LE GRAND-VISIR, A MOUSTAPHA-PACHA, PRISONNIER.

MON TRÈS HONORÉ, HEUREUX ET CHÉRI COLLÈGUE,

« J'ai reçu la lettre que vous m'avez envoyée par votre trésorier, et j'en ai compris le contenu. Dans la crainte que la lettre que Bonaparte m'avait envoyée par Mahmed-Kouschdy, effendi, n'eût été prise par les bâtimens qui croisent dans la Méditerranée, on m'en a envoyé une double copie, jointe à la lettre du général Kléber qui m'apprend que Bonaparte est parti, qu'il l'a remplacé, et dans laquelle il me témoigne le désir de rétablir la paix entre les deux puissances.

« Quoique je sois persuadé que ma réponse à la lettre de Bonaparte, envoyée par Mahmed-Kouschdy, effendi, est arrivée au général Kléber, j'ai cru devoir aussi lui répondre. Je lui ai observé qu'avant de commencer des négociations de paix entre la République française et la Sublime Porte, il fallait faire connaître les pouvoirs donnés par la République française à ses plénipotentiaires, désigner le lieu où ils pourront se réunir avec ceux de la Sublime Porte et des autres puissances étrangères, et qu'on discuterait ensuite tout ce qui serait relatif au rétablissement de la paix, d'une manière qu'elles pourraient approuver. Je l'ai assuré ensuite que s'il devait seulement entamer des négociations afin de pouvoir retourner avec sûreté en France, je lui procurerais protection pour y arriver, lui et tous les Français qui sont en Égypte, avec leurs armes, conformément à ce que prescrit la loi du Prophète. Je leur garantis leur retour, en France, sur leurs vaisseaux et sur ceux de la Sublime Porte; vous pouvez traiter vous-même cette affaire avec le général Kléber et tous les délégués de la nation française, en les assurant qu'ils n'auront rien à craindre pendant la traversée. S'ils osent dire qu'ils sont venus en Égypte avec le consentement de la Sublime Porte, qu'ils avancent d'autres faussetés, comme ils y sont habitués, et qu'ils veuillent établir sur ces bases fausses des négociations, comme ils ont coutume de le faire, d'assurer comme des vérités des mensonges qui ne peuvent être crus de personne, cette conduite ne serait pas capable d'arrêter un seul instant une marche victorieuse. Si les Français désirent rétablir une paix durable, ils ne peuvent espérer la traiter en Égypte. S'ils ont seulement l'intention de chercher leur sûreté, ils doivent être persuadés que je la leur garantirai comme je l'ai dit auparavant. Qu'ils se gardent bien de croire qu'il leur serait avantageux de temporiser en parlant du secours qu'ils attendent de Bonaparte, qui peut bien en effet leur en avoir promis. Mais le vrai motif de son départ est l'approche de l'armée innombrable et victorieuse de la Sublime Porte, qu'il a vue munie de toute l'artillerie et des provisions nécessaires à la guerre. Voilà ce qui l'a fait fuir, avec le désespoir dans l'âme, et tremblant que son armée ne s'aperçoive du précipice dans lequel il l'a entraînée. Toutes les routes sont fermées pour empêcher l'arrivée d'aucun secours qui leur serait apporté par leur escadre; et si Bonaparte est assez heureux pour arriver à Paris, il ne pensera plus à revenir en Égypte; mais quand il le voudrait, les escadres anglaise et russe et celle de la Sublime Porte, envoyées au commerce de Constantinople, et qui doivent être arrivées dans les parages d'Alexandrie, nous assurent que non seulement Bonaparte, mais pas même un seul oiseau ne pourrait passer sans être vu et arrêté. Je suis d'ailleurs prêt à marcher sur l'Egypte avec mon armée redoutable. Dans le cas où les Français voudraient retourner sains et saufs dans leur pays, ils doivent compter sur mes promesses, que vous pouvez leur garantir vous-même encore. Le but de la présente est de vous engager à faire tout ce qui dépendra de vous pour sauver de la mort ces malheureux Français que le général Bonaparte a si cruellement trompés. J'espère que lorsque vous aurez reçu et compris ma lettre, vous agirez en conséquence de ce que je vous dis. »

P. S. de la main du grand-visir.

Mon honoré, heureux et chéri collègue,

« Le général Kléber, que je regarde comme mon ami, est porté à vouloir la paix : toutes les nations de l'univers la préfèrent à l'effusion du sang humain. Il faut cependant être persuadé que, quoi qu'il s'agisse de traiter de la paix, nous mettrons la plus grande activité pour accélérer notre marche vers l'Égypte, en nous confiant toujours dans la toute-puissance du Très-Haut. Vous n'ignorez pas que les Français ont employé, depuis quelque temps, toutes sortes de ruses pour tromper toutes les nations de l'univers. Si, dans cette circonstance, ils ont encore la même intention, ils ne réussiront pas. Il arrive souvent que ceux qui trompent sont eux-mêmes trompés. Au reste, s'ils désirent sincèrement négocier avec la Sublime Porte, et nous donner des témoignages d'amitié en commençant des conférences de paix, qu'ils le prouvent en retirant leurs troupes d'El-A'rych, Catiëh et Salëhiëh; qu'ils commencent par là à vous donner à vous-même la confiance qu'ils veulent que nous prenions : on pourra alors entamer des négociations et travailler à leur sûreté. J'espère que vous mettrez le plus grand zèle à agir en conséquence ».

Suivre ces ouvertures était en accepter la base. La négociation se trouvait close avant d'être ouverte; l'évacuation était consentie, il n'y avait plus qu'à régler quelques accessoires insignifians. Kléber envisagea la chose sous un autre point de vue. Il pensa que ces propositions n'étaient qu'un premier mot, que la question se releverait d'elle-même, qu'il s'agissait moins de la poser que de la débattre. Une autre considération contribua encore à l'égarer. Il savait quel était le grand visir; bon, intègre, généreux, excellent comptable, mais vieilli dans l'administration des mines de la Haute-Asie, et porté tout à coup des modestes fonctions de collecteur au faîte du pouvoir. Ses idées étaient aussi étroites que sa fortune avait été obscure; il se berça de l'espérance de le primer dans la discussion, et qu'au lieu d'en être le préliminaire, l'Égypte serait le gage de la paix. C'était mal connaître la fixité des Turcs.

La tentative, néanmoins, ne laissa pas d'alarmer Sidney; il écrivit à Kléber, lui donna connaissance du traité qui liait la Porte à l'Angleterre, et demanda à intervenir dans les négociations. Sa mésaventure d'Alexandrie lui tenait à l'âme, il tremblait qu'elle ne se répétât. Toujours insidieux, toujours philanthrope, ce qu'il désirait le plus lui était indifférent. S'il revenait sur des offres qu'on n'avait pas craint de flétrir du nom d'embauchage, c'est qu'il répugnait à l'effusion du sang, qu'il souffrait de voir se consumer dans l'exil d'aussi généreux soldats. Que pouvaient en effet leurs efforts contre l'Angleterre? Isolés comme ils étaient, sans flotte, sans communication, qu'avait à en redouter le commerce britannique? Qu'avait à en craindre l'Indostan? Indifférent au fond sur la possession de l'Égypte, son gouvernement n'insistait sur l'évacuation que parce qu'il était lié par les traités, qu'il avait garanti l'intégrité de l'empire ottoman. Ses moyens d'ailleurs égalaient sa bonne foi; l'Angleterre était en mesure de prouver sur le Nil, comme elle l'avait fait sur l'Adige, qu'elle savait venger un outrage, et ne partageait pas les principes envahisseurs du Directoire, qu'on osait lui attribuer. La politique exigeait peut-être qu'elle retirât une offre trop généreuse; mais l'humanité l'avait faite et la politique anglaise était de tenir sa parole sans jamais sacrifier à l'intérêt du jour. Qu'on se hâtât donc, qu'on ne se berçât plus de la vaine espérance de repasser en Europe, sans l'agrément de l'amirauté, ni de parvenir à la paix avant d'avoir restitué l'Égypte. L'un était aussi impossible que l'autre. Les injustes provocations du Directoire lui avaient aliéné tous les peuples, et l'évacuation était un préliminaire dont on était résolu de ne pas se départir. Cette résolution, d'ailleurs, ne fût-elle pas immuable comme elle l'était, ce n'était pas dans un lieu aussi éloigné du siége des gouvernemens respectifs que pouvait se traiter une affaire de la nature et de l'importance de celle dont il s'agissait.

Cette lettre, espèce de duplicata de la dépêche du visir, ne pouvait manquer son effet sur un homme du caractère de celui auquel elle s'adressait. Kléber avait l'âme haute, la répartie heureuse, belle; il connaissait ses avantages et aimait à les déployer. Il ne passerait pas à un Anglais ce qu'il avait toléré de la part d'un Turc; il s'emporterait, s'engagerait dans une vaine discussion, répondrait avec chaleur à ce qui aurait été combiné avec astuce, et finirait par donner prise. C'est ce qui arriva. La réponse du général, d'ailleurs pleine de noblesse et de dignité, était ainsi conçue:

Au quartier-général du Caire, an VIII de la République
(30 octobre 1799).

KLÉBER, GÉNÉRAL EN CHEF, A MONSIEUR SIDNEY-SMITH,

Commandant l'escadre anglaise dans les mers du Levant.

MONSIEUR LE GÉNÉRAL,

« Je reçois votre lettre au sujet de celles que le général Bonaparte et moi avons écrites au grand-visir, les 30 thermidor et 1er jour complémentaire derniers.

« Je n'ignorais pas l'alliance contractée entre la Grande-Bretagne et l'empire ottoman : mais je crois inutile de vous exposer les motifs d'après lesquels je me suis expliqué directement avec le grand-visir. Vous sentez comme moi que la République française ne doit à aucune des puissances avec lesquelles elle était en guerre, quand nous sommes venus en Egypte, compte des motifs qui nous y ont amenés.

« Au reste, dans les dernières conférences que j'ai eues avec Mahmed-Kouschdy, effendi, j'ai demandé moi-même votre intervention dans ces négociations, persuadé, comme je le suis, qu'elles peuvent devenir les préliminaires d'une paix générale, que vous désirez sans doute autant que moi.

« Je ne m'arrête pas à tout ce qui, dans votre lettre, est étranger à cet objet; vous n'avez jamais pensé sérieusement, monsieur le Général, qu'une armée française, et chacun des individus qui la composent, pussent écouter des propositions incompatibles avec la gloire et l'honneur. Partout où l'on sert son pays, l'on est bien. Et certes! l'Égypte, le pays le plus fertile de la terre, n'est pas plus un exil que les mers orageuses que vous êtes contraints d'habiter.

« Les Français n'ont jamais demandé à quitter l'Égypte, uniquement pour retourner dans leur patrie; ils le demanderaient encore moins aujourd'hui qu'ils ont vaincu tous les obstacles intérieurs, et multiplié leurs moyens de défense à l'extérieur; mais ils la quitteraient avec autant de plaisir que d'empressement, si cette évacuation pouvait devenir le prix de la paix générale.

« Les événemens de l'Europe et des Indes n'ont rien de commun avec ma position en Egypte. Que les armées françaises aient éprouvé des revers au-delà des Alpes, c'est une bataille perdue qui nous a ôté l'Italie, une bataille gagnée nous la rendra; et l'Europe a déjà vu que la République française sait se relever avec éclat de ses revers.

« Les forces que je commande peuvent me suffire encore long-temps, et quelque actives que soient les croisières ennemies dans la Méditerranée, elles n'empêcheront pas plus un secours d'arriver, qu'elles n'ont empêché l'escadre française de passer de Brest à Toulon, et de sortir ensuite de Toulon pour se réunir à l'escadre espagnole.

« Le moindre secours que je recevrais, me rendrait pour toujours inexpugnable. Avant deux mois, je n'ai rien à craindre du grand-visir. Avec deux cents hommes, je garde les défilés inondés des pays cultivés; et si cette armée est retenue dans les déserts, elle est forcée d'y périr de misère.

« J'ai une cavalerie et une artillerie nombreuse, pour garder les forts, qui, dans deux mois, et lorsqu'il serait possible de faire une attaque combinée, seront inabordables. En attendant, la Nubie et l'Abyssinie me fournissent des recrues nombreuses. Une poudrière, une fonderie et des manufactures d'armes sont en activité, et me mettent insensiblement en état de me passer des secours de l'Europe. Il est donc indifférent à la sûreté de l'armée que vous soyez les maîtres des deux mers avec lesquelles nous communiquons.

« Mais comme le but auquel en définitif il faut atteindre, est la paix; qu'on peut, en s'entendant, la faire dès à présent comme on la ferait plus tard; qu'on épargnerait ainsi l'effusion de beaucoup de sang; qu'enfin je ne connais pas de gloire au-dessus de celle que l'histoire reconnaissante distribuera aux précurseurs d'un si grand bienfait, j'ai fait les avances convenables pour commencer cet ouvrage; et la place honorable que vous occupez dans la carrière politique, m'assure, monsieur le Général, que votre âme ne peut concevoir d'ambition plus noble que celle de concourir à l'achever.

« L'intégrité de l'empire ottoman, qui est la base

de l'alliance de l'Angleterre avec la Sublime Porte, est aussi l'objet des sollicitudes de la République française. Je l'ai écrit au grand-visir et je vous le répète, l'Egypte, que nous n'avons cessé de considérer comme lui appartenant, sera restituée à cette puissance aussitôt qu'une paix solide entre la France, l'Angleterre et la Sublime Porte, assurera cette intégrité même de l'empire ottoman.

« Je sens parfaitement comme vous, monsieur le Général, que la paix générale ne peut avoir eu lieu avant l'évacuation de l'Égypte, et qu'elle pourrait être accélérée par l'évacuation préliminaire. Mais ce préliminaire ne peut en être un aux négociations, il doit simplement en être une suite; et s'il est vrai que ce n'est pas dans un endroit aussi éloigné du siége des gouvernemens respectifs que la paix générale peut être conclue, je ne pense pas qu'il en soit de même pour établir les négociations.

« J'ajouterai, à l'égard de l'Angleterre, que les circonstances me paraissent avoir apporté de grands changemens dans ses intérêts politiques ; changemens qui doivent rendre très facile la fin de nos malheureux débats.

« Il est temps que deux nations qui peuvent ne pas s'aimer, mais qui s'estiment, deux nations les plus civilisées de l'Europe cessent de se battre.

« Je me féliciterais, monsieur le Général, d'avoir avec vous l'avantage d'arriver à ces heureux résultats. J'en trouve un augure favorable dans le désir qui nous est commun de baser nos communications officielles sur la franchise du caractère militaire ; il me sera naturel d'écarter tout sentiment étranger à la plus parfaite estime.

« J'ai écrit au grand-visir d'envoyer deux personnes de marque pour entamer les conférences dans un lieu qu'il indiquera ; de mon côté, j'enverrai le général de division Desaix et l'administrateur général des finances Poussielgue. Si vous désirez que ces conférences se tiennent à bord de votre vaisseau, j'y consentirai volontiers.

« J'ai l'honneur d'être avec une haute considération,

« *Signé* KLÉBER. »

Sidney ne demandait pas mieux ; mais, accoutumé à la marche réservée de Bonaparte, il ne s'attendait pas à trouver tant d'abandon dans son successeur, et cherchait dans le développement, les moyens de faire admettre son intervention. Les derniers bâtimens de la flotte qui arrivait de Constantinople l'avaient joint : il commandait des troupes aguerries, il avait reconnu les passes, fait sonder la côte ; il savait que Lesbëh n'était défendu que par un millier d'hommes, il résolut de l'attaquer. Il forma ses chaloupes canonnières, le feu s'ouvrit ; en un instant la plage fut couverte de projectiles. Ils firent assez peu d'effet, jusqu'à ce qu'enfin, se concentrant sur une tour que nous occupions à un quart de lieue en mer, ils nous forcèrent à l'évacuer. Le commodore s'y établit, déploya de nouveau ses embarcations, et fit redoubler le feu.

Prévenu de ce petit échec, Kléber fit aussitôt ses dispositions pour recevoir l'attaque qui se préparait. Desaix venait d'arriver au Caire; il lui donna cent cinquante dragons, deux bataillons d'infanterie, et le fit partir pour Damiette, dont il le chargea de diriger la défense. Ce secours fut inutile, tout était terminé lorsqu'il arriva. L'ennemi avait continué son feu, et s'était enfin décidé à prendre terre après quatre jours d'une canonnade non interrompue. Il avait choisi, pour point de débarquement, la zone étroite qui sépare la mer du lac Menzalëh et que sillonnaient dans toute son étendue les batteries de ses vaisseaux. Le 1er novembre, ses chaloupes se mirent en mouvement dès que le jour commença à paraître, et jetèrent du premier transport quatre mille hommes à la côte. Tous aussitôt se mettent à défoncer, à remuer la terre et dessinent une espèce de tranchée, pendant que les embarcations courent chercher un nouveau convoi. Le général Verdier, qui était campé à quelque distance, ne leur laisse pas le temps d'achever. Il marche sans délibérer, brave le feu des chaloupes, arrive aux retranchemens, joint les Turcs et engage une mêlée furieuse. Pas un cri, pas un coup de feu! On se choque, on donne, on reçoit la mort sans proférer un mot; le cliquetis des armes est le seul bruit qui se fasse entendre au milieu de cette vaste scène de carnage. Enfin les Osmanlis sont rompus; trois mille d'entre eux sont couchés dans la poussière, le reste cherche à regagner les chaloupes qui l'ont jeté sur la plage, ou implore la clémence du vainqueur. Telle fut la fin de cette expédition qui devait nous arracher l'Égypte. L'armée avait succombé sous les murs d'Aboukir, l'arrière-garde vint expirer sous ceux de Damiette : ainsi l'avait voulu la destinée.

L'escadre était battue ; les vents la portaient au large, elle ne pouvait désormais rien tenter en faveur du visir. Sa défaite devait relever la négociation, et la placer sur ses justes bases. Kléber le sentait, le mandait à Desaix ; mais rendu bientôt à son irrésolution première, il ne voyait, ne rêvait que le visir. En vain le général Verdier lui annonçait qu'il avait soigneusement interrogé les prisonniers qu'il avait faits ; que tous étaient d'accord, qu'ils arrivaient de Constantinople et n'avaient aucune communication avec Joussef, dont ils ignoraient la force et estimaient peu l'activité. Kléber n'en voulait rien croire ; il s'obstinait à ne voir dans l'attaque de Damiette qu'une diversion partie de Ghazah, et ordonnait à Desaix de ne rien négliger pour se mettre en rapport avec Sidney. Mais celui-ci avait gagné la haute mer ; Morand, qui lui portait la dépêche du général en chef n'avait pu l'atteindre, et avait été obligé de pousser jusqu'à Jaffa. Loin de chercher à ouvrir des communications, dont les fruits étaient déjà si déplorables, le général résolut de profiter de l'éloignement du commodore pour les rompre tout-à-fait. Il écrivit à Kléber, lui peignit l'exaltation des troupes, les difficultés que présentait la côte couverte de forts et de boue. Il lui représenta qu'il suffisait de quelques réparations pour mettre Lesbëh hors d'insulte, et qu'avec une place de cette force que protégeait un bon fossé, que défendait une immense étendue de vase, il n'avait rien à craindre d'un débarquement. Au surplus, l'expédition qui s'était présentée à l'embouchure du Nil arrivait directement de Constantinople, et n'avait rien de commun avec l'armée du visir. Sidney, qui l'avait si bien fait battre, était accouru se disculper auprès du généralissime. « Je n'ai pas besoin, poursuivait-il, de le porter à la paix. Il n'a qu'un but, qu'un désir, qu'une volonté, celle de négocier pour nous prouver qu'il faut que nous nous en allions bien vite. La gloire qui lui en reviendrait dans son pays, chez les Russes et chez les Turcs, lui fait tourner la tête. Il paraît qu'il a peur de la voir échapper, car il a l'air inquiet. Les revers que ses soldats éprouvent, c'est-à-dire les Osmanlis, paraissent le faire peu aimer d'eux. Encore quelques revers, ces bonnes gens, je crois, s'accommoderont. Battez le grand-visir, ils feront tout ce que vous voudrez. La saine politique ne leur entrera dans la tête qu'après bien des corrections ; encore une bonne, et tout ira bien, du moins je le présume. Smith s'impatientait de n'avoir pas de vos nouvelles; il frappait du pied, il s'écriait : « Le général Kléber devrait me répondre ; ce que je lui ai dit est honnête ; je le croyais plus raisonnable que le général Bonaparte. » Vous voyez d'après cela, mon général, qu'il ne demande pas mieux que de négocier. Tout ce qu'il veut, c'est que nous partions le plus tôt possible. Quand un ennemi demande quelque chose avec instance, c'est que cela lui tient à cœur ou lui fait bien du mal : c'est, je pense, une raison de ne pas l'accorder légèrement.

« Menou conseillait la même réserve Les prévenances des Anglais lui étaient suspectes. *Milord et messieurs* étaient inquiets, soucieux; ils méditaient sûrement quelque complot, tramaient quelque surprise, mais tout était en éveil, depuis Damiette au Marabou. *S'ils arrivaient comme le vent, ils tomberaient comme la grêle;* on pouvait s'en rapporter à lui. Le général en chef n'avait besoin que de prudence, de sang-froid, pour rendre un service signalé à la République, et ajouter à sa réputation militaire celle d'un très habile et très heureux négociateur.

Kléber avait naturellement l'âme ouverte à toutes les inspirations nobles et généreuses. Ses lieutenans s'adressaient à son courage; ils lui parlaient de dangers, de gloire, ils ne pouvaient manquer de faire impression sur lui. Il sentit, en effet, qu'il avait été emporté loin du but. Il chercha à revenir sur lui-même; il se fit rendre compte de la situation des corps, voulut connaître les mouvemens qu'ils avaient faits, les vues, les espérances des généraux qui les avaient conduits. La correspondance de tous ceux qui avaient commandé fut analysée avec soin. Ce travail, loin de justifier les bases qu'on s'était laissé imposer, ne présentait que des motifs de sécurité. Les croisières étaient faibles, les mameloucks dispersés, les Osmanlis aux prises avec la faim : nos troupes, électrisées par la victoire et le butin qu'elles avaient fait, étaient assurées de vaincre, et ne demandaient que nouvelle fête, comme l'écrivait Desaix. Ces bonnes dispositions furent inutiles. Un Tartare, expédié de Jaffa, fit évanouir toute la résolution que Kléber avait montrée. L'énergie du soldat plia devant la responsabilité du général ; il craignit de courir les chances d'une action, et résolut de s'en remettre encore aux subtilités de la diplomatie. Peut-être un peu de présomption se mêlait à ce dessein. Il se confiait à la supériorité européenne, et ne désespérait pas de *dessiller les yeux au pauvre grand-visir*. Menou était désigné pour opérer ce prodige, mais le rusé Abdalla n'eut garde d'accepter la mission. Il éluda, se perdit en considérations sur l'état où se trouvaient les Ottomans. Il représenta que la Turquie était à bout, qu'elle exécrait les Russes et ne pouvait marcher qu'avec défiance contre un ennemi qu'ils combattaient. Kléber n'en voulut pas davantage. Ces aperçus le touchaient peu ; ne croyait pas à la sagesse des gouvernemens, et perdait patience quand il l'entendait invoquer. « Leur sagesse ! répétait-il avec amertume, mais le divan a ouvert les Dardanelles aux Moscovites, le Directoire nous a mis aux prises avec les Turcs. Qu'attendre ? que se promettre désormais ? comment, dans cette vaste confusion de choses et d'intérêts, prévoir ce qui arrivera, pressentir ce qui n'aura pas lieu? Au reste, je négocierai, je combattrai, je ferai tout pour gagner du temps. Chacun en agira de même, et la fortune décidera. » Ces brusques allocutions ne satisfaisaient pas Menou. Il voulut revenir sur les rapports qu'ont entre eux les États; mais Kléber refusa de se prêter à ses dissertations. Il lui défendit de l'entretenir de politique, et ordonna à Desaix de négocier.

Ce général ne savait trop avec qui, Sidney avait disparu, le visir n'arrivait pas; il commençait à croire qu'il en serait quitte pour battre ce qui restait d'Ottomans sur la côte, lorsqu'il apprit que leur chef avait enfin planté ses tentes à Jaffa. Il voulut essayer si une nouvelle tentative ne rendrait pas Kléber à son élan. Il lui écrivit, et faisant légèrement allusion au long effroi qu'on lui avait donné du visir; il lui exposa l'insolence des Turcs, les prétentions des Anglais, et l'impossibilité de rien arrêter de raisonnable avec eux avant de les avoir défaits. « Vous m'annoncez, lui mandait-il l'arrivée du visir à Jaffa. Il était temps qu'il vînt, car en voilà beaucoup qu'il est en marche. Je suis bien convaincu qu'il ne fera pas de paix qu'il n'ait été battu. Les Turcs sont trop insolens et ont la tête trop dure pour entendre si facilement raison. Il faut les étriller souvent pour leur faire comprendre quelque chose. Smith sera plus traitable ; mais il voudra que vous partiez de suite. Si la fortune vous faisait

battre le visir, ils seraient tous plus raisonnables. »
Il lui exposait ensuite combien les armées qui menaçaient l'Égypte étaient peu redoutables, et les chances qu'il avait pour lui. Elles n'avaient plus de flotte pour les appuyer : elles marchaient sans ordre. Les corps s'attendaient, se devançaient, agissaient sans concert ; un tel assemblage était hors d'état d'obtenir des succès décisifs sur des troupes aguerries.

Ces considérations étaient vraies ; mais peu de jours avaient suffi pour compliquer la position du général en chef. Bonaparte avait, de prime abord, pénétré Sidney et interdit toute communication avec son escadre. Kléber, plus confiant, tint une conduite opposée ; il laissa imprudemment affluer les Anglais sur la côte : l'inquiétude, la séduction courut aussitôt nos rangs. « Quelle folie de s'obstiner à garder l'Égypte, de défendre des principes que la victoire avait proscrits. Les généraux étaient las de guerre, d'anarchie ; ils étaient résolus de mettre un terme aux maux qui les consumaient. Ils allaient arborer les couleurs royales ; ils attendaient le prince de Condé, et se disposaient à rentrer en France les armes à la main. » Les souvenirs qu'on s'appliquait à réveiller, les desseins qu'on attribuait à leurs chefs ébranlèrent les soldats. Ils devinrent impatiens, mutins, et ne se prêtèrent plus qu'avec répugnance à éloigner l'époque d'une évacuation qu'ils croyaient arrêtée. Encouragée par ces succès, la malveillance redoubla d'efforts. Argent, proclamations, écrits anonymes, tout fut répandu à pleines mains. Partout on excitait les troupes à la révolte, partout on leur prêchait l'insubordination. Lanusse cherchait à intercepter ces écrits; Menou jurait qu'il ne survivrait pas à la République. Mais ni ces soins ni cette résolution ne remédiaient au désordre. L'anxiété de Kléber était au comble. Les rapports qui arrivaient de toutes parts vinrent encore l'augmenter. On enrôlait ouvertement pour les mamelucks au Caire, on sortait furtivement des armes d'Alexandrie. Les caravanes partaient en plein jour de Mansoura, le parlementage, comme l'écrivait Dugua, portait son fruit. Bientôt même il eut des conséquences qu'on n'eût osé prévoir. Les troupes, égarées par des suggestions qui pourtant avaient été signalées bien des fois, demandèrent impérieusement leur solde et refusèrent de marcher. En vain Verdier, qui venait si glorieusement de triompher à la tête de celles qui occupaient Damiette, essaya de les ramener : les prières furent aussi inutiles que les menaces; il ne put les apaiser qu'en avisant aux moyens de les satisfaire. Lanusse fut plus heureux quelques jours plus tard, et parvint à contenir les siennes; mais toutes étaient agitées, mécontentes, prêtes à éclater. Kléber, stupéfait, ne savait que résoudre. Il était humilié, consterné de ce soulèvement inattendu, et cherchait à l'apaiser lorsque le persiflage du reis-effendi vint lui faire encore mieux sentir le danger qu'il y a à trop étendre ses communications. Cette lettre, qui répondait à la dépêche transmise par Moustapha, était ainsi conçue :

Le Reis-Effendi, ministre des relations extérieures de la Sublime Porte, a Moustapha-Pacha.

28 de gemaizcoulaher, l'an de l'hégire 1214; savoir, 28 brum. an VIII (19 nov. 1799).

Mon Magnifique, Puissant, Généreux, Clément Seigneur et Maître.

« Le contenu de toutes les lettres qui sont parvenues de la part du général en chef français l'honoré général Kléber, à mon puissant, miséricordieux bienfaiteur et maître le grand-visir, généralissime des armées ottomanes, a été bien compris par sa hautesse et par moi votre serviteur, qui occupe actuellement la place du reis-effendi. Quoique le général votre ami m'ait paru sous différens rapports être un homme sage, prévoyant et intelligent, je ne puis approuver ni comprendre sa manière d'écrire, où l'on trouve quelques phrases qu'on ne peut saisir, et qui peuvent être expliquées de différentes manières. Il dit, d'un côté, que la nation française, ancienne amie de la Sublime Porte, n'avait pas le moindre avis de l'occupation de l'Égypte par l'armée française, opérée par l'instigation d'une bande séditieuse; que le conseil ayant discuté sur une affaire si mauvaise et sinistre, était sincèrement porté à faire la paix avec la Sublime Porte : il dit de plus d'être notre ami, et il conteste de l'être. De l'autre côté, il dit être prêt à tout, même à se battre contre les armées de la Sublime Porte. Tantôt il veut évacuer l'Égypte ; tantôt il fait voir qu'il voudrait faire cette évacuation d'une manière à n'avoir rien à craindre. D'un côté, il fait changer la face des affaires en n'expliquant pas clairement qu'il ne se propose pas d'évacuer l'Égypte ; de l'autre côté, après avoir allégué l'opinion de la nation française relativement à l'invasion de l'Égypte, il dit que pour n'être pas réprimandé par cette même nation et par le Directoire exécutif, pour avoir quitté l'Égypte, il veut être muni d'un titre qui est impossible. Le moyen de comprendre comment un homme intelligent peut écrire des phrases qui se croisent les unes avec les autres, de sorte que ce qu'il paraît vouloir dans un endroit s'oppose et fait changer de face à ce qu'il demande dans un autre ? Il est certain que si le général mettait sous ses propres yeux et examinait attentivement ses écrits et la signification véritable qui doit y être donnée par ceux à qui ils sont adressés, il ne pourrait que s'apercevoir de l'opposition des phrases qui s'y trouvent, et du jugement que l'on doit en porter. Si le général croit que ceux à qui il envoie ses écrits ne se pénètrent pas de leur véritable signification, il se trompe ; il se trompe encore s'il croit qu'il n'y a pas des personnes capables d'approfondir le véritable sens des choses : des hommes intelligens et sages, dont le but est de concilier et d'arranger les affaires, ne doivent pas d'ailleurs avoir de pareilles fantaisies. Le général votre ami doit être convaincu le premier que des formes pareilles de traiter peuvent être comparées à des bâtisses transparentes, dont tous les contours ont toujours été connus la Sublime Porte, qui découvrit les choses les plus cachées, et qui développe les affaires les plus embarrassées et les plus compliquées. Puisque le général votre ami désire empêcher l'effusion du sang humain, pourquoi ne pas diriger ses paroles et ses actions vers le véritable but? pourquoi ne pas faire en sorte que ses intentions soient toujours pures et constantes, que toutes ses expressions soient sincères et loyales, que toutes ses phrases soient conformes les unes aux autres? Voilà la conduite qui doit être tenue par tous ceux qui agissent légalement en hommes, sans dissimulation, et qui ont pris leur parti.

« Quoique ni Votre Excellence, ni moi votre serviteur n'ayons aucune destination spéciale dans cette affaire, tous les hommes qui aiment le bien doivent contribuer à ce qu'elle prenne une bonne tournure et qu'elle ait un heureux succès. J'ai pensé en conséquence que je devais expliquer tout ce qui pourrait rencontrer quelque difficulté, d'une manière toujours digne et conforme à l'état et au mérite des deux parties.

« Si l'on finit par traiter d'une manière conforme à celle que j'ai annoncée, que les paroles et les faits soient toujours conformes les uns aux autres, tout ira bien, et tout sera bientôt arrangé; et comme il est très clair et évident que l'on ne pourrait que faire naître des difficultés à la réussite de l'affaire que l'on traite, par des paroles et par des faits qui se croiseraient les uns les autres, l'on espère que dorénavant, avec la grâce du Très-Haut, tout sera énoncé d'une manière claire et évidente, et que la sincérité des intentions des deux parties sera exprimée de sorte qu'il n'y aura pas le moindre doute ni équivoque. Je vous prie de croire digne de votre attention ce que j'ai eu l'honneur de vous exposer, mon magnifique, puissant, généreux, clément seigneur et maître.

« *Signé* Moustapha-Rasikh. »

Morand arriva quelques jours après la dépêche du reis-effendi. Il avait joint le commodore à Jaffa; les propositions dont il était porteur avaient été discutées, accueillies en plein conseil; et Smith, toujours prompt à attester l'honneur, la bonne foi, n'avait pas manqué d'assurer Kléber de la délicatesse qu'il apporterait dans la négociation.

Le visir fut moins poli. Il distribua en général quelques maximes sur l'accord qu'il doit y avoir entre les paroles et les actions; il le prévint ensuite que ses dépêches avaient été soumises au commodore, et au conseiller russe qui suivait le quartier-général ottoman; que le conseil avait agréé ses propositions et *chargé le commandant Smith de négocier l'affaire relative à l'évacuation.* Le commodore se trouvait ainsi accrédité par la Porte et la Russie.

Le grand-visir signifiait les pouvoirs dont il était revêtu ; il devenait inutile de vérifier le titre de plénipotentiaire de la Grande-Bretagne qu'il avait pris ; il n'y avait plus qu'à se réunir. Kléber avait désigné pour ses plénipotentiaires le général Desaix et l'administrateur Poussielgue. Il les envoya attendre à Damiette l'apparition du commodore, et leur remit les instructions qui suivent :

INSTRUCTIONS

Données par le général en chef Kléber, au général de division Desaix, et à l'administrateur général des finances Poussielgue, pour les conférences relatives à l'occupation et à l'évacuation de l'Égypte.

1°. Les envoyés proposeront, à l'ouverture des conférences, d'arrêter une suspension d'armes pour tout le temps qu'elles dureront, sous la condition, en cas de rupture, de n'en agir offensivement de part et d'autre, que quinze jours après la notification de ladite rupture. Si cette proposition est agréée, même avec quelques modifications que les envoyés trouveront convenables, ils sont autorisés à signer ledit armistice.

2°. La triple alliance entre la Porte, les Anglais et les Russes, ayant eu pour objet apparent l'intégrité du territoire de l'empire ottoman ; une des premières conditions à exiger pour consentir à l'évacuation de l'Égypte, est la dissolution de cette triple alliance contre la France, et une nouvelle garantie du gouvernement anglais de cette même intégrité de l'empire ottoman.

3°. Depuis l'envahissement de l'Égypte par les Français, la Porte, en usant de représailles, s'est emparée des îles de Corfou, Zante et Céphalonie. Les envoyés demanderont, de la manière la plus expresse, que ces îles, et ce qui en dépend, soient restituées à la France, à qui elles seront garanties par la Porte et par le gouvernement anglais, tout le temps que durera la guerre.

4°. Ainsi, dès que l'évacuation de l'Égypte aura été arrêtée, ces îles et les places qu'elles renferment ou qui en dépendent, seront abandonnées par les troupes de la Porte, et par celles de ses alliés. Le général en chef Kléber sera le maître d'y envoyer de suite, et directement de l'Égypte, telles garnisons, munitions de guerre et de bouche qu'il jugera convenables. Il est entendu, du reste, que les ports et places de ces îles seront restitués dans le même état où ils se trouvaient lorsque les troupes ottomanes s'en sont emparées.

5°. Le gouvernement anglais tirant le plus grand avantage de l'évacuation de l'Égypte, il lui sera demandé formellement, ainsi qu'à la Porte, une garantie sur la possession, durant la guerre, des îles de Malte et de Goze, de leurs forteresses et dépendances. Le général en chef aura pareillement la faculté de ravitailler la forteresse de Malte et ses dépendances, tant en troupes qu'en munitions de guerre et de bouche, qui seront envoyées directe-

ment de l'Égypte avec les passe-ports et sauf-
conduit nécessaires. Le général en chef pense que
cet article devra souffrir d'autant moins de difficultés que, si la Sublime Porte et le gouvernement anglais avaient à opter sur l'occupation de
ces îles par les Français ou par les Russes, ils de-
vraient, en bonne politique, solliciter les premiers
pour y rester et s'y maintenir plutôt que de les
voir possédées par les derniers.

6°. Dans le cas où, par l'acceptation des articles
ci-dessus, l'évacuation de l'Égypte serait consentie
par les plénipotentiaires français, ils traiteront des
détails sur la manière dont cette évacuation aura son
exécution, et stipuleront, nominativement les places
et forts qui seront successivement remis aux commissaires de la Porte.

7°. Aussitôt que le général en chef sera instruit
de l'acceptation des articles ci-dessus, il enverra au
lieu où se tiendront les conférences l'ordonnateur
de la marine, pour régler et déterminer le nombre
de bâtimens qui devra être fourni par la Porte
à l'armée française, pour elle, ses bagages, munitions de guerre et de bouche.

8°. La forme des sauf-conduit pour le passage
de l'armée sera stipulée particulièrement : ils devront être conçus de la manière la plus honorable,
et tels qu'il ne puisse être apporté aucune entrave
à ce qui aura été convenu de part et d'autre.

9°. Les délégués français exigeront la garantie
de la vie et des biens de ceux des habitans de l'Égypte

qui ont servi les Français avec la soumission que l'on doit à tout gouvernement établi.

10°. Toutes choses devant être rétablies entre la France et la Sublime Porte comme par le passé, les négocians français résidans en Égypte, ou ceux qui voudraient s'y fixer par la suite, jouiront de la même liberté, des mêmes priviléges et franchises qu'avant l'occupation de ce pays par l'armée française.

11°. Tous les prisonniers faits de part et d'autre, à Corfou, Zante, Céphalonie, en Syrie, ou en Barbarie, ou sur quelque autre point de l'empire ottoman, soit par les Français, la Porte, les Anglais ou les Russes, seront mis en liberté sans rançon, et renvoyés dans leur patrie respective, avec les secours et passe-ports nécessaires.

12°. Toute hostilité entre la France et la Sublime Porte, ainsi qu'entre les puissances barbaresques, cessera aussitôt après l'évacuation de l'Égypte, en attendant la conclusion définitive de la paix entre lesdites puissances.

13°. Les plénipotentiaires français sont autorisés à stipuler et consentir toutes les autres conditions qu'ils jugeront convenables ou conformes aux intérêts de la nation, mais en tant seulement qu'elles ne seront pas diamétralement contraires, ni atténuantes de celles portées dans les présentes instructions.

14°. Si cependant notre situation en Europe était telle que nos frontières fussent déjà envahies, nos places principales prises ou attaquées, ce que les plénipotentiaires connaîtront facilement par les papiers publics qu'on ne manquera pas de leur communiquer; comme alors probablement les plénipotentiaires adverses n'acquiesceront pas aux conditions ci-dessus, et qu'ils insisteront au contraire sur l'évacuation pure et simple de l'Égypte, les plénipotentiaires français déclareront, dans ce cas, que jamais général français ne consentira à une semblable évacuation que sur les ordres par écrit de son gouvernement : ils demanderont un sauf-conduit pour expédier un courrier extraordinaire au Directoire exécutif, et une suspension d'hostilités, jusqu'à son retour, qui sera fixé à quatre mois.

15°. Le même arrangement pourra avoir lieu dans le cas où les plénipotentiaires ennemis auraient à consulter leurs cours sur les différentes conditions proposées, aux fins d'avoir leur consentement.

16°. Les plénipotentiaires ne correspondront officiellement que par écrit.

Fait au quartier-général du Caire, le 16 frimaire an VIII de la République française,

Signé KLÉBER.

Pour copie conforme,

Signé KLÉBER.

PIÈCES JUSTIFICATIVES.

Réponse du Grand-Visir, *à la Lettre qui lui a été écrite par le général en chef* Kléber, *le 5ᵉ complémentaire an* viii,

Apportée le 1ᵉʳ brumaire an viii par le trésorier de Moustapha-Pacha, prisonnier au Caire.

(N° 1.)   Au quartier-général de Damas (sans date).

Au Modèle des Princes de la nation du Messie, au Soutien des Grands de la secte de Jésus, à l'honoré et estimé Kléber, *dont la fin puisse être heureuse, un des Généraux de France,* Salut et Amitié.

J'ai reçu la lettre que vous m'avez envoyée par le trésorier de Moustapha-Pacha, et j'en ai compris le contenu, qui me fait voir que vous êtes disposé à rétablir la paix entre la Sublime Porte et la République française, et que vous cherchez à excuser ce qui s'est passé. Vous m'avez annoncé en même temps que Bonaparte était parti du Caire, et que vous l'aviez remplacé. J'ai reçu, jointe à cette lettre, la double copie de celle que m'avait écrite Bonaparte, qui me fut remise par Mahmed-Kouschdy effendi, et que vous me dites m'avoir envoyée dans la crainte que la première n'ait été prise par quelqu'un des bâtimens qui croisent dans la Méditerranée. Je pense que vous avez reçu ma réponse à la lettre de Bonaparte, que j'ai envoyée par le même effendi qui était porteur de la sienne, et que vous avez parfaitement compris le sens de ce que je lui écrivais.

Il me semble par votre lettre, ainsi que je vous l'ai déjà dit, que vous désirez la paix, que les hommes sensés ont toujours préférée à la guerre. Quel est celui qui n'aime pas mieux la tranquillité publique que l'effusion du sang humain !

Je dois vous observer, d'après le désir que vous montrez de rétablir la paix entre la Sublime Porte et la République française, qu'il faut commencer par faire connaître les pouvoirs donnés par les cinq Directeurs de France, désigner ensuite les plénipotentiaires et le lieu des conférences, où l'on pourra discuter tout ce qui peut renouer cette paix entre les deux puissances, et que nécessairement ces préliminaires prendront beaucoup de temps.

Si, en me proposant la paix, vous n'avez d'autre intention que de retourner en sûreté d'où vous êtes venu, et entamer des négociations pour cet objet ; quoique je sois en route pour marcher au Caire, suivi d'une armée innombrable et pleine de confiance dans la puissance du Très-Haut, la loi de Mahomet prescrivant formellement à tous les musulmans de favoriser tous ceux qui demandent protection et salut, ainsi que je l'ai dit dans ma réponse à Bonaparte, je vous ferai avoir toute sûreté de la part de la Sublime Porte, pour qu'il n'arrive le moindre dommage, de la part des Anglais ou de tout autre, à vous, ni à aucun des Français qui sont en Égypte, et qui pourront en partir avec leurs armes. Je garantirai votre retour en France sur les bâtimens français qui sont en Égypte, et s'ils ne suffisent pas, sur ceux de la Sublime Porte.

Lorsque vous serez arrivés dans votre pays, si votre république témoigne le désir de rétablir la paix avec la Sublime Porte, vous savez qu'il doit être ouvert à cet effet des négociations entre des envoyés de part et d'autre, conformément aux anciens usages établis.

Si vous désirez donc assurer votre retour dans votre pays, cet arrangement pourra avoir lieu conformément à ce que je viens de vous dire; et si vous avez quelque autre moyen qui vous paraisse plus convenable pour votre sûreté, ne tardez pas à m'en instruire. C'est pour cet objet que je vous ai écrit la présente; quand vous l'aurez reçue, et que vous en aurez compris le contenu, réfléchissez beaucoup à sa fin, en saisissant bien ce que je vous propose.

Signé en chiffre Joussef, ainsi que dans le sceau apposé à la lettre.

Traduit par le citoyen Brascevich, interprète du général en chef.

Signé Damien Brascevich.

Pour copie conforme,

Signé Kléber.

(N° 2.) Au quartier-général du Caire, 27 octobre 1799.

Kléber, général en chef, au Grand-Visir.

J'ai reçu une lettre que Votre Excellence m'a fait passer par le trésorier du très considéré Moustapha-Pacha, et après en avoir compris le contenu, j'en ai conféré avec ce dernier, en le chargeant de vous faire connaître mes intentions ultérieures. Il ne me reste donc ici qu'à prier Votre Excellence d'apporter à ce que ce pacha, notre prisonnier et pourtant notre très honoré ami, pourra vous écrire. Il s'agit moins, ce me semble, en ce moment, de diriger nos regards sur le passé que sur l'avenir, et j'ose inviter Votre Excellence de considérer surtout que de quelque côté que puisse se ranger la victoire dans le combat que nous sommes prêts à nous livrer, elle ne saurait être qu'infiniment préjudiciable aux grands intérêts des deux puissances pour lesquelles nous agissons.

Je prie Votre Excellence de croire à la très haute considération que j'ai pour elle. **Kléber.**

(N° 3.) Au quartier-général du Caire, 12 octobre 1799.

Kléber, général en chef, au général de division Menou.

Le grand-visir a renvoyé l'effendi qui était porteur de la lettre de Bonaparte, avec une réponse écrite dans le délire de l'orgueil, et marquée au coin de la plus haute insolence. *Il faut, d'après cela, renoncer entièrement à traiter avec les ministres de la Sublime Porte, ou se couvrir et s'envelopper d'infamie ; ce à quoi aucun individu de l'armée ne consentirait sûrement pas.*

Cette circonstance ne doit pourtant pas vous empêcher d'entrer en pourparlers avec les bâtimens européens qui pourraient se présenter devant vous. Je serais fort aise d'avoir ici un parlementaire russe ou anglais. J'inspirerais par là aux Turcs une jalousie, ou plutôt une défiance qui pourrait les rendre plus traitables, et mon objet principal, celui de gagner du temps, se trouverait toujours rempli.

KLÉBER.

(N° 4.) Belbéis, 2 octobre.

Le général Reynier au général en chef Kléber.

Je vous envoie, citoyen Général, une lettre de l'adjudant-général Martinet, qui m'écrit les renseignemens qu'il a reçus d'un volontaire de la 25ᵉ demi-brigade, pris le 18 fructidor, conduit à Damas, et renvoyé par le visir. L'idée de faire un prisonnier et de nous le renvoyer afin d'effrayer sur les préparatifs ne peut avoir été suggérée que par des Européens, et annonce en même temps peu de confiance dans ses forces, ou le désir de négocier. L'adjudant-général Martinet doit vous écrire les mêmes renseignemens qu'il me donne.

Je n'ai appris ici aucune nouvelle de Syrie. *L'esprit des habitans est toujours fort bon; ils font peu d'opinion des préparatifs des pachas.*

(N° 5.) Tigre, le 16 octobre 1799.

Au général Marmont.

Votre départ subit de nos parages, il y a deux mois, me priva du plaisir de vous revoir, comme je l'avais espéré, et de prendre votre réponse à la dernière lettre du commodore, qui l'attend encore.

Votre ex-général en chef trouvera bien du changement en France, s'il y arrive. Tout le Directoire, à l'exception de Barras, est en état d'accusation. On leur impute formellement, entre autre choses, d'avoir *exilé et relégué la plus belle armée de la République dans les déserts de l'Arabie;* et Rewbell en appelle au général Bonaparte, pour justifier son projet, comme vous verrez par les feuilles ci-incluses. J'espère que nous serons bientôt devant Alexandrie, et que j'aurai l'honneur de vous y voir dans le courant du mois. Je vous ferai part alors de tout ce verbiage de l'Europe. Il n'y en eut jamais autant que dans ce moment-ci.

Vous avez sûrement appris la capture de l'escadre de l'amiral Perée, de trois frégates et deux bricks, par nos vaisseaux *le Centaure* et *la Bellone;* le dernier commandé par le chevalier Thompson, ci-devant capitaine du *Leander*, et qui fut si maltraité par le commandant du *Généreux*. Nos officiers et matelots qui sont revenus se louent beaucoup de M. Trullet, peu de M. Barré, mais se plaignent de la dureté et de la grossièreté de l'amiral Perée à leur égard.

Je prends la liberté de vous prier de vouloir bien acheminer la lettre ci-incluse à son adresse. Elle est de notre *consulesse* à Acre, a rapport, à ce que l'écrivain m'a dit, à des affaires de famille, etc., etc. Je suis honteux d'user si librement de votre complaisance; si jamais il était en mon pouvoir de vous être utile à vous ou à vos amis, j'en serais bien charmé, et vous prie de disposer de mes services sans réserve.

John Keit.

(N° 6.) Damiette, le 18 brumaire an VIII (9 nov. 1799).

LE GÉNÉRAL DESAIX AU GÉNÉRAL EN CHEF.

Je crois, mon Général, que ma présence est ici très peu nécessaire. Le général Verdier est jeune, actif, intelligent. Le succès qu'il vient d'avoir, et qui lui fait vraiment bien de l'honneur, lui a électrisé la tête. Les troupes sont enchantées d'avoir si promptement et si rapidement détruit les Turcs; elles sont sûres de vaincre, ont fait bien du butin, et ne demandent que tous les jours nouvelle fête pareille. Il y a ici assez de moyens pour vaincre tout ce qui se présenterait; il y a trop de cavalerie, à ce que trouve le général Verdier; mais sur les plages entre le lac Burlos et ici, elle peut être utile : si vous pouviez retirer tous ces détachemens épars et les faire remplacer par un régiment entier, cette partie-ci serait à l'abri de tout événement. Il y a plus qu'il ne faut de moyens, puisqu'il y a six pièces mobiles, plus de quatre cents chevaux. J'ai vu Lesbëh; il a un grand défaut, un immense développement. Avec quatre à cinq cents prisonniers turcs très poussés, on pourra faire bien de l'ouvrage. Je pense qu'en creusant tout autour un fossé, quand il n'aurait que trois pieds d'eau (c'est déjà un très grand obstacle), l'ennemi ne pourrait plus escalader les remparts, ne pouvant s'avancer qu'avec infiniment de peine dans ces boues jusqu'aux jarrets. Vous seriez bien à l'abri de tout événement avec une bonne place ainsi construite à l'embouchure du Nil. Sous très peu de jours, la place sera entièrement fermée sur tous les points. Le général Verdier fait faire des redoutes fermées en avant de son camp, pour battre la mer et éloigner les bâtimens ennemis. Les redoutes fermées sont très dangereuses ; elles ne sont jamais assez fortes pour n'être pas prises de vive force. Les Turcs les défendent si bien qu'entre leurs mains elles sont excessivement dangereuses. J'engage le général Verdier à les laisser comme vous les avez faites, c'est-à-dire ouvertes à la gorge. Il paraît bien clair que l'expédition de Damiette avait été cherchée par Smith lui-même à Constantinople; qu'elle était indépendante de celle du visir; il paraît aussi que nous avons des agens qui négocient à Constantinople. Vous me disiez de voir, si je pouvais, cet officier anglais. Vous savez qu'il est parti, et que Morand a couru après lui à Jaffa. Je crois qu'il va presser le visir à agir, et se disculper du malheur qu'il a éprouvé. Je présume que je n'ai pas besoin de porter Smith à la paix, comme vous le désiriez : il n'a qu'un but, qu'un désir, qu'une volonté, c'est de négocier avec nous, pour nous prouver qu'il faut que nous nous en allions bien vite. La gloire qui lui en reviendrait dans son pays, chez les Russes et chez les Turcs, lui fait tourner la tête. Il paraît qu'il a peur de la voir échapper, car il a l'air inquiet. Les revers que ses soldats éprouvent, c'est-à-dire les Osmanlis, paraissent le faire peu aimer d'eux. Je crois qu'encore quelques revers, les bonnes gens s'accommoderont. Battez le grand-visir, et ils feront alors tout ce que vous voudrez. La bonne politique ne leur entrera dans la tête que par bien des corrections; encore une bonne, et tout ira, je le présume. Smith tremblait de n'avoir pas de vos nouvelles; il frappait du pied, il s'écriait : « Le général Kléber devrait me répondre ; ce que je lui ai dit est honnête; je le croyais plus raisonnable que le général Bonaparte. Ainsi, d'après tout cela, vous voyez, mon

Général, qu'il veut bien négocier ; mais tout ce qu'il veut, c'est de vous faire partir d'ici le plus tôt possible ; quand un ennemi demande instamment quelque chose, c'est que cela lui fait bien du mal, et il ne faut pas, je pense, le lui accorder légèrement. J'espère qu'avant qu'il soit deux mois nous aurons des nouvelles bien intéressantes. Je voudrais savoir ce que vous voulez que je fasse ; je suis inutile ici. J'irai visiter le lac Menzaleh, les côtes vers le lac Burlos, si vous ne me faites pas passer d'autres ordres ; j'irai ensuite au Caire pour me rendre de là au point où vous me destinerez. Avant que de faire ces voyages, j'aurais été bien aise d'aller chercher des effets qui me manquent. J'attends de vos nouvelles.

DESAIX.

(N° 7.)   Quartier-général du Caire , 18 brumaire an VIII
(9 novembre).

AU GÉNÉRAL DESAIX.

Le grand-visir est enfin arrivé à Jaffa, d'où il m'a expédié un courrier à dromadaire avec une lettre fort polie par laquelle il déclare, comme toujours, que tant que nous serons en Égypte, il n'y aura pas moyen de conclure ni paix ni trève, et si je ne me résous pas à accepter les offres qu'il me fait, le sort des armes en décidera. *Depuis, il aura appris l'affaire à Dainiette*, et je pense que cela le rendra un peu plus traitable, ce qu'il faudra voir et attendre, ainsi que la réponse de M. Sidney Smith. Je suis fâché du contre-temps du départ de ce dernier, et du voyage que sera obligé de faire Morand ; mais ce malheur sera peut-être bon à quelque chose.

Il me tarde de recevoir de vos nouvelles. Le général Verdier s'attend à une autre descente, et je partage bien son opinion; c'est pourquoi je vous prie de ne pas vous presser de revenir ici, et de prendre le commandement des troupes à Lesbëh. Mouråd-Bey a définitivement passé en Syrie avec une cinquantaine de mameloucks, évitant fort adroitement la rencontre de nos troupes.

J'attends le 20ᵉ de dragons; dès qu'il sera arrivé je vous l'enverrai, et alors il faudra de suite renvoyer au Caire le 3ᵉ régiment de cette arme, et les chasseurs du 22ᵉ à Rosette.

Je ne désespère pas de renouer les conférences, et vous serez toujours un des conférendaires.

KLÉBER.

(N° 8.) 10 novembre.

KLÉBER, AU GÉNÉRAL DE DIVISION MENOU.

J'envoie le général Lanusse à Alexandrie pour prendre le commandement provisoire du cinquième arrondissement. Donnez-lui, mon cher Général, les instructions et les renseignemens nécessaires, et vous rendez, dans le plus court délai possible, au Caire. Si vous y arrivez à temps, c'est-à-dire d'ici à huit jours, je vous emploierai comme un de mes chargés de pouvoirs dans une négociation où il s'agit de dessiller les yeux au pauvre grand-visir et lui faire entendre raison.

Je vous salue,

KLÉBER.

(N° 9.) Quartier-général du Caire, 8 novembre 1799.

**KLÉBER, GÉNÉRAL EN CHEF, A S. EX. LE GRAND-VISIR,
GÉNÉRALISSIME DES ARMÉES DE LA SUBLIME PORTE,**

Illustre parmi les Grands éclairés et sages, que Dieu lui donne une longue vie, pleine de gloire et de bonheur ;
SALUT ET AMITIÉ.

J'envoie à Votre Excellence copie d'une lettre que j'ai reçue de M. le commodore Sidney Smith, et de la réponse que je lui ai faite. Par les articles du traité du 5 janvier dernier, relatés dans la lettre de ce ministre plénipotentiaire, il est clair que la Sublime Porte n'a contracté les alliances avec la Russie et l'Angleterre que pour garantir l'intégrité de son empire, et surtout pour obtenir la restitution de l'Égypte.

Il est, d'après cela, et d'après tout ce que j'ai eu l'honneur d'écrire à Votre Excellence, difficile de comprendre comment nos malheureux débats ne sont pas encore terminés. C'est pour arriver plus tôt à leur fin que je vous ai fait proposer dernièrement par Moustapha-Pacha, notre très honoré ami, d'envoyer dans un lieu que vous indiquerez, deux personnes de marque, revêtues de vos pouvoirs, et que je vous ai demandé en même temps de m'envoyer trois sauf-conduit pour le général de division Desaix, l'administrateur général des finances Poussielgue, et le citoyen Brascevich, secrétaire interprète. Je suis à attendre la réponse de Votre Excellence.

Si cette conférence pouvait avoir lieu, tout s'expliquerait et s'arrangerait facilement. Je me flatte même d'avance d'avoir une réponse victorieuse à opposer à toutes les objections que feraient ceux qui, ne désirant pas sincèrement la fin de cette querelle, ne manqueraient pas d'employer tous les moyens de la faire prolonger.

Signé Kléber.

(N° 10.) Au camp de S. A. le suprême Grand-Visir, à Jaffa, le 8 nov. 1799.

Le commodore Sidney Smith, au général en chef Kléber.

Monsieur le Général,

La lettre que vous m'avez fait l'honneur de m'écrire le 8 brumaire, m'a été remise hier à mon bord, en rade de Jaffa, par M. l'adjudant-général Morand.

Le trésorier de son excellence Moustapha - Pacha, m'a accompagné au camp de son altesse le Suprême Visir, et il a eu occasion de présenter, pendant ma première audience, les lettres dont il était porteur.

Le tout fut lu et discuté de suite, l'agent de Russie y ayant assisté; et comme vous proposez d'envoyer deux personnes de marque pour tenir des conférences, il a été décidé que je dois accepter votre offre à cet égard, et écouter les propositions qu'elles pourront faire en votre nom et celui de l'armée française, pourvu toutefois que ces ouvertures n'aient rien de contraire à la dignité, la loyauté et la bonne foi des cours alliées. Et puisque vous voulez bien consentir que ces conférences aient lieu à mon bord, je me rendrai à cet effet devant Alexandrie. De mon côté, monsieur le Général, je ne saurais jamais faire une proposition déshonorante pour l'armée française, dont la bravoure m'est si bien connue, considérant que celui qui n'est pas délicat sur ce point se déshonore lui-même. L'estime que vous voulez bien me témoigner m'est d'autant plus agréable que je n'ambitionne que celle des hommes estimables.

« La réputation du général Desaix m'est un garant que nos conférences seront basées sur les qualités qui le distinguent. Le choix que vous faites de l'administrateur Poussielgue pour l'accompagner, ne peut que m'être agréable; et je regarde comme un compliment très flatteur pour moi, que vous ayez cru que le caractère de l'adjudant-général Morand le rendait propre à commencer le degré de rapprochement qui existe si heureusement entre nous.

J'ai l'honneur d'être, monsieur le Général, avec la plus parfaite estime et la plus haute considération,

SIDNEY SMITH.

LE GRAND-VISIR AU GÉNÉRAL EN CHEF KLÉBER.

Apporté par un Arabe arrivé le 7 frimaire an VIII (28 novembre).

Je désire autant que vous que l'évacuation de l'Égypte se fasse sans effusion de sang, et la Sublime Porte incline également à adopter un pareil accommodement, pourvu que les conditions proposées par les Français soient également conformes à sa dignité, aux traités faits entre elle et ses alliés, et à ses justes prétentions sur l'Egypte. Telle est la réponse à la lettre que vous m'avez envoyée par le trésorier du très honoré Moustapha-Pacha.

L'honoré et estimé commandant plénipotentiaire anglais Smith était venu à mon quartier-général; tout a été discuté avec lui et en présence du conseiller interprète russe, l'honoré Frankini. On a cru ensuite convenable de charger le commandant Smith de négocier l'affaire relative à l'évacuation de l'Égypte de la manière la plus avantageuse et la plus honorable, et de désigner le lieu où les délégués français devront se rendre.

Si Mustapha-Pacha s'est immiscé sans ordre et de son propre mouvement dans cette affaire, ce ne doit être d'aucune conséquence, car la Sublime Porte, vu sa situation, ne lui avait délégué ni ouvertement ni secrètement aucun pouvoir pour traiter des affaires.

Il est des principes consacrés par toute espèce de religion, tels, par exemple que les faits doivent répondre aux promesses, et qu'il ne faut point répandre le sang inutilement. C'est pour vous faire connaître tout cela, et pour faire savoir que la Sublime Porte se prête toujours avec empressement à de pareils accommodemens que la présente vous a été expédiée.

Écrit le 12 du mois de la lune Guemad-El-Aktar l'an de l'hégire 1214 (21 *brumaire an* VIII).

Signé en chiffres JOUSSEF.

(N° 9.)

Le commodore Sidney Smith, au général en chef Kléber,

A bord du vaisseau de Sa Majesté, *le Tigre*, devant Damiette, le 26 octobre 1799 (4 brumaire an VIII).

Monsieur le Général,

La lettre que le général Bonaparte a écrite à Son Excellence le suprême Visir, en date du 17 août (30 thermidor), ainsi que celle que vous lui avez adressée en date du 17 septembre (1er jour complémentaire), demandent une réponse; et comme la Grande-Bretagne n'est pas auxiliaire, mais bien puissance principale dans les questions auxquelles ces lettres ont rapport, depuis que les cours alliées ont stipulé entre elles de faire cause commune dans cette guerre, je puis y répondre sans hésitation, dans les termes du traité d'alliance, signé le 5 janvier dernier.

« Par l'article 1er, Sa Majesté Britannique, déjà liée à
« Sa Majesté l'Empereur de Russie par les liens de la
« plus stricte alliance, accède, par le présent traité, à
« l'alliance défensive qui vient d'être conclue entre Sa
« Majesté l'empereur ottoman et celui de Russie..... Les
« deux parties contractantes promettent de s'entendre
« franchement dans toutes les affaires qui intéresseront
« leur sûreté et leur tranquillité réciproque, et de pren-
« dre, d'un commun accord, les mesures nécessaires pour
« s'opposer à tous les projets hostiles contre elles-mêmes,
« et pour effectuer la tranquillité générale..... Par l'ar-
« ticle 2, elles se garantissent mutuellement leurs pos-
« sessions, sans exception..... Sa Majesté Britannique ga-

« rantit toutes les possessions de l'empire ottoman, sans
« exception, telles qu'elles étaient avant l'invasion des
« Français en Égypte, et réciproquement...... Par l'ar-
« ticle 5, une des parties ne fera ni paix ni trêve durable
« sans y comprendre l'autre et sans pourvoir à sa sûreté.
« Et en cas d'attaque contre l'une des deux parties, en
« haine des stipulations de ce traité ou d'exécution fidèle,
« l'autre partie viendra à son secours, de la manière la
« plus utile, la plus efficace et la plus conforme à l'intérêt
« commun, suivant l'exigence du cas.....

« Par les articles 8 et 9, les deux hautes parties con-
« tractantes se trouvant actuellement en guerre avec
« l'ennemi commun, elles sont convenues de faire cause
« commune, et de ne faire ni paix ni trêve que d'un
« commun accord..... promettant de se faire part l'une à
« l'autre de leurs intentions relativement à la durée de
« la guerre et aux conditions de la paix, et de s'entendre
« à cet égard entre elles, etc.... »

D'après cet arrangement, monsieur le Général, vous pouvez croire que le gouvernement ottoman, célèbre de tout temps pour sa bonne foi, ne manquera pas d'agir de concert avec la puissance que j'ai l'honneur de représenter.

L'offre faite de laisser le chemin libre à l'armée française pour l'évacuation de l'Égypte a été méconnue jusqu'ici, et on a traité d'embauchage cette mesure proposée à une armée en masse; mesure qui n'avait d'autre but que d'épargner l'effusion du sang, et de plus longues souffrances à des hommes exilés, du propre aveu de ceux mêmes qui les ont relégués dans ces contrées lointaines.

Cette proclamation vient de m'être confirmée par Son Excellence le Reis-Effendi, par le nouvel envoi d'un paquet qu'il m'a fait, signé de sa main et du premier drogman de la Porte, comme vous le verrez par quelques exemplaires que vous trouverez ci-inclus. On est encore à temps de profiter de cette offre généreuse; mais que l'on n'oublie pas que si cette évacuation de l'empire ottoman n'était pas permise par l'Angleterre, le retour des Français dans leur patrie serait impossible. Comment peut-on espérer de trouver les moyens de transporter une armée dont la flotte est détruite, sans le secours et le consentement des alliés, et cela dans le temps où les insultes et les imprécations multipliées du gouvernement français laissent à peine une puissance neutre en Europe.

J'ai engagé le général Bonaparte, en lui laissant le passage libre, d'aller prendre le commandement de l'armée d'Italie, qui n'existait déjà plus. Son arrivée, sans un passeport de moi, sera une de ces chances heureuses que la fortune pourra bien lui refuser. Il a dédaigné de ramener avec lui les intrépides instrumens de son ambition dans leur patrie; il est donc réservé à un autre de faire cet acte d'humanité auquel on trouvera la Sublime Porte prête à acquiescer. Mais que l'on n'infère pas de là que je sollicite l'armée française d'accepter un bienfait.

Le commerce britannique aux Indes, comme partout ailleurs, est à l'abri de toutes tentatives funestes de la part de la république française; et la mort de Tipoo sultan, qui a eu le malheur de céder aux insinuations du Directoire et de ses émissaires, a été le terme de ses cruautés et de son empire. L'armée d'Orient reste donc sur le point de communication entre les deux mers dont nous sommes les maîtres.

Notre seule raison de désirer l'évacuation de l'Égypte

par les Français, est que nous sommes garans de l'intégrité de l'empire ottoman; car si les forces employées aujourd'hui ne suffisaient pas pour exécuter cet article du traité, les puissances alliées ont promis d'employer des moyens suffisans. On leur prête gratuitement les principes envahisseurs du Directoire; mais elles prouveront aux Français en Égypte, comme elles l'ont appris à ceux de l'Italie, que leur bonne foi et leurs moyens vont de pair quand il s'agit de se venger mutuellement lorsqu'elles sont outragées.

L'armée française ne peut tirer aucun parti de l'Égypte sans commerce; son séjour ne fera qu'aggraver ses propres maux, prolonger les souffrances des nombreuses familles françaises réparties dans les diverses échelles du Levant; tandis que, d'un autre côté, l'état de guerre avec la Porte ottomane répand le discrédit et la misère sur tout le midi de la France.

L'humanité seule dicte cette offre renouvelée aujourd'hui. La politique actuelle semblerait peut-être exiger sa rétractation; mais la politique des Anglais est de tenir leur parole, quand même cette tenacité pourrait nuire à leurs intérêts du jour. La paix *générale ne peut jamais avoir lieu avant l'évacuation de l'Égypte;* elle pourrait être accélérée par la prompte exécution de ce préliminaire à toute négociation. Mais vous devez sentir, monsieur le Général, que ce n'est pas dans un endroit aussi éloigné du siége des gouvernemens respectifs, qu'une affaire de cette nature et de cette importance peut être même entamée.

Je me félicite, monsieur le Général, de ce que cette occasion me met à même de vous témoigner l'estime que j'ai pour un officier aussi distingué que vous, et de me flatter que vos communications officielles, basées sur la franchise du caractère militaire, n'auront rien de cette aigreur ni de ce ton de dépit qui ne devrait pas entrer dans des rapprochemens de ce genre.

J'ai l'honneur d'être, avec une haute considération,

Monsieur le Général,

Votre très humble
et très obéissant serviteur,

Signé SIDNEY SMITH,

Ministre plénipotentiaire de S. M. Britannique près la Porte Ottomane, commandant son escadre dans les mers du Levant.

(N° 99).

Quartier-général du Caire, le 10 novembre 1799.

KLÉBER, GÉNÉRAL EN CHEF, A S. EX. LE GRAND-VISIR, GÉNÉRALISSIME DES ARMÉES DE LA SUBLIME PORTE,

Illustre parmi les Grands éclairés et sages, que Dieu lui donne une longue vie pleine de gloire et de bonheur; SALUT ET AMITIÉ.

Je reçois la lettre que Votre Excellence m'a expédiée par un Tartare, au sujet des notes dont Mohamed-Effendi était porteur.

Si le gouvernement français m'avait chargé de m'emparer de l'Égypte et de la défendre à outrance contre quiconque voudrait me forcer à l'abandonner, j'aurais obéi; et au lieu de faire des démarches toujours honorables, quand il s'agit de terminer une guerre impolitique et sans objet, j'aurais suivi dans les combats, la gloire, compagne fidèle à l'armée que je commande, jusqu'à ce que j'eusse reçu de nouveaux ordres.

Mais, comme je l'ai fait connaître à Votre Excellence, il a toujours été constant pour moi que jamais la République française n'avait voulu faire la guerre à la Sublime Porte. Les changemens qui ont eu lieu dernièrement dans le gouvernement français, les causes qui les ont amenés, les opinions qui ont été manifestées sur l'expédition d'Égypte, annoncent un désir unanime de rétablir la paix avec l'empire ottoman.

C'est à ce désir que j'ai cédé, en faisant auprès de Votre Excellence toutes les avances convenables.

J'ai offert d'évacuer l'Égypte; je ne crois pas que la guerre que nous nous faisons puisse avoir un autre objet. Cette évacuation doit donc être le prix de la paix, au moins entre les deux puissances, si elle ne peut l'être pour toute l'Europe.

Qu'elle ne puisse ni se traiter, ni se conclure en Égypte, j'en demeurerai d'accord; mais que Votre Excellence considère l'évacuation de l'Égypte comme un préliminaire absolu à toute espèce de négociation, c'est un principe sur lequel il lui sera facile de revenir, quand elle aura réfléchi de nouveau aux véritables intérêts de la Sublime Porte. Elle sentirait quelle sera sa responsabilité personnelle, si elle attendait du sort incertain des combats, un succès qu'elle peut obtenir sur-le-champ, sans courir aucune chance funeste.

Mais enfin, quels que soient les désirs de Votre Excellence, et quand même il ne s'agirait que de l'évacuation pure et simple de l'Égypte, il est indispensable de s'entendre; et j'insiste d'autant plus pour établir des conférences à cet effet, que je donnerai à mes délégués des instructions telles qu'ils ne se sépareront pas des vôtres sans avoir terminé à la satisfaction de la Sublime Porte et à celle de Votre Excellence.

Je l'engage de nouveau à m'envoyer trois ou quatre sauf-conduit en blanc, et à me désigner le lieu où devront se rendre mes délégués.

Si, contre mon espérance, je fais en vain pour la paix tout ce que les intérêts de mon pays et ceux de l'humanité me commandent, je serai au moins justifié de tout le sang qui va encore se répandre, et la postérité saura en faire rejaillir le blâme sur ceux qui l'auront mérité.

Je prie Votre Excellence de croire à la haute considération que j'ai pour elle.

Signé KLÉBER.

ARTIFICES DE SIDNEY.

INSURRECTION. — PRISE D'EL-A'RYCH.

Le bénéfice du temps était désormais tout au profit des Turcs ; Sidney ne se pressa pas de venir recevoir les plénipotentiaires à bord. Il prétexta les vents, tint la haute mer, courut la côte et ménagea aux Ottomans tout le loisir dont ils avaient besoin pour prendre sur nous quelque avantage. Ils étaient impatiens de franchir le désert. Nous paraissions peu disposés à rendre les places qui couvraient les terres cultivées ; il ne s'agissait que d'irriter l'ardeur des uns, de prolonger l'indécision des autres, pour obtenir d'un coup de main ce que ne donnerait peut-être pas la négociation. Ce fut sur ces données que se régla le commodore. D'une part il évitait soigneusement le Boghaz, gardait le large ; de l'autre il poussait les Osmanlis à la guerre, et nous accusait de chercher à gagner du temps. Cette tactique produisit son effet. L'armée turque porta son quartier-général à Ghazah : des reconnaissances s'avancèrent sur El-A'rych, le fort fut sommé, et les postes chargés de le couvrir tombèrent sous le damas des Tobargis. Kléber, à qui ces lenteurs étaient encore plus insupportables, se plaignit des conséquences qu'elles avaient eues. Le visir, toujours abusé, lui répondit qu'une aile de son armée se trouvait déjà devant nos postes, et commençait à détruire les Français qu'elle avait en face; qu'il ne pouvait arrêter sa marche ni prendre des mesures conciliatoires, si l'on ne profitait pas mieux du temps; qu'il restait cependant un moyen de s'entendre et d'échapper aux orages qui retenaient Sidney, c'était d'expédier ses délégués par le désert, que dès qu'ils seraient rendus à Ghazah, toute hostilité cesserait de part et d'autre. La proposition fut acceptée : les plénipotentiaires allaient se mettre en route lorsque Smith, jugeant sans doute que tout a des bornes, se présenta devant Lesbëh. Poussielgue et Desaix, qui avaient perdu quatorze jours à l'attendre se jetèrent aussitôt dans une chaloupe et ne tardèrent pas à être à bord. Le commodore était muni des pouvoirs du visir : ils se flattaient que les conférences commenceraient sans délai. Ce n'était pas ce que se proposait le négociateur auquel ils avaient affaire. Il les écouta cependant; et se prévalant des bases irréfléchies que Kléber avait admises, il leur proposa, comme mesure préliminaire, la remise des places qui bordent la lisière du désert; c'était la condition indispensable de l'armistice. Quant à l'armée, elle serait reçue à composition, et ne pourrait reprendre les armes qu'au bout d'un temps donné. Ces conditions, tolérables au plus après une défaite, étaient inconvenantes dans l'état où se trouvaient les choses. Elles le devenaient encore davantage par le caractère de l'homme auquel elles s'adressaient. Desaix, dévoué à Bonaparte par sentiment et par admiration, voyait avec douleur la perte d'une conquête à laquelle il avait pris une part si glorieuse. Il connaissait toute l'importance de l'Égypte, et se prêtait avec répugnance à une négociation que rien ne justifiait. Une autre circonstance le blessait encore : Kléber avait mis de la perfidie dans sa nomination; il ne l'avait choisi que parce qu'il le voyait fidèle aux premiers sentimens qu'il avait manifestés pour son ancien chef, et qu'il voulait le rendre solidaire d'une transaction qu'il condamnait. Aussi Desaix releva-t-il vivement Sidney; et sans tenir compte des injurieuses prétentions qu'il venait d'émettre, il rédigea la note suivante qui fut immédiatement passée au commodore :

« L'occupation de l'Égypte par l'armée française paraissant avoir été le principal motif qui a rallumé la guerre dans toute l'Europe, le général en chef Kléber a pensé que l'évacuation de cette province pourrait être un acheminement à cette paix générale si fortement désirée de tout les peuples; et malgré les avantages de sa position en Egypte, il s'est déterminé d'autant plus volontiers à faire les premières démarches pour cet objet, qu'il ne peut douter que l'intention du gouvernement français n'ait toujours été de rendre l'Égypte à la Sublime Porte.

« Le général Kléber a vu avec plaisir que M. le commodore Smith était investi de la confiance des parties pour traiter cette importante affaire. Ses lumières personnelles le mettent en état d'en apprécier tous les rapports.

« La guerre actuelle, poussée plus long-temps, ne peut qu'être funeste aux intérêts politiques et au système commun de la plupart des parties belligérantes, de quelque côté que soient les succès. Sous ce point de vue, l'Angleterre court les mêmes chances que la République française.

« L'évacuation de l'Égypte, effectuée aujourd'hui plutôt que dans deux ans, satisfait pleinement aux intérêts de l'empire ottoman; elle procure en même temps un très grand avantage à l'Angleterre, qu'elle délivre de toute inquiétude sur les Indes. Enfin elle écarte de part et d'autre toute idée qui pourrait faire admettre par la France un nouveau système politique dangereux pour elle-même, dont le résultat serait aussi la ruine de l'empire ottoman et successivement pour les Anglais de leurs colonies dans l'Inde, comme de leur commerce dans l'empire ottoman et avec la Russie.

« Mais en offrant l'évacuation de l'Égypte, seulement parce que des intérêts généraux la rendent beaucoup plus convenable en ce moment que plus tard, et parce qu'il vaut mieux qu'elle accélère la paix générale, que d'en être le prix, après une guerre encore longue et sanglante, l'armée française, forte de ses victoires et de sa position, a le droit d'exiger une compensation honorable, proportionnée aux avantages auxquels elle renonce. En conséquence, les soussignés, en vertu de leurs pleins pouvoirs, offrent l'évacuation de l'Égypte aux conditions :

« 1°. Que la Sublime Porte restituera à la France les possessions qu'elle peut avoir acquises sur elle pendant la guerre actuelle;

« 2°. Que les relations entre l'empire ottoman et la République française seront rétablies sur le même pied qu'avant la guerre;

« 3°. Que l'Angleterre signera une nouvelle garantie du territoire de l'empire ottoman;

« 4°. Que l'armée évacuera avec armes et bagages sur tous les ports dont il sera convenu, aussitôt que les moyens d'évacuation lui auront été procurés.

« A bord du *Tigre*, 8 nivose an VIII (29 décembre 1799).

« *Signé* DESAIX, POUSSIELGUE. »

Sidney était loin de s'attendre à des propositions de cette espèce. Il croyait prendre la négociation au point où Kléber l'avait conduite, et voilà qu'il se trouvait vis-à-vis d'un homme, d'un projet tout nouveau. Poussielgue lui-même se montrait moins impatient de revoir l'Europe. La présence de l'étranger lui avait rendu son énergie; il insistait avec force sur les conditions que renfermait la note. Le commodore n'eut garde de les refuser; toujours doucereux, toujours philanthrope, il recourut à ses artifices ordinaires, et continua de jouer son jeu. Sa qualité d'*homme*, de *chrétien*, lui faisait un devoir de prévenir l'effusion du sang; mais le visir était un Turc obstiné, farouche; on mettait en avant des considérations qui n'avaient été ni délibérées ni prévues : il allait consulter Sa Hautesse, s'interposer entre elle et les Français. Il fit voile, en effet; mais au lieu de se diriger sur Jaffa, il courut la haute mer, chassa de Tyr à Candie, de Candie au Carmel, et mit dix-huit jours à faire un trajet qui n'en exigeait pas deux. Les plénipotentiaires sentaient bien qu'il les jouait; mais il ne répondait à leurs plaintes qu'en maudissant les courans, les orages : force leur fut de se résigner.

Pendant qu'il les tenait au large, ses officiers mettaient leur absence à profit. Ils excitaient, poussaient les Turcs, et ne cessaient, avant que l'armistice fût conclu, de les engager à tenter un coup de main sur El-A'rych. Ce ramassis de sauvages souffrait impatiemment les privations du désert; ils n'eurent pas de peine à l'obtenir. Leurs dispositions répondirent au but; elles furent calculées avec une profonde astuce.

Les mameloucks nous avaient fait quelques prisonniers qui gémissaient dans les cachots. Ils se rendirent auprès d'eux, les plaignirent, et, passant à l'officier qui les commandait lorsqu'ils avaient été pris, ils lui annoncèrent que ses fers allaient tomber, que des ordres étaient donnés pour qu'il fût traité avec distinction. Ils l'engagèrent à ne pas méconnaître la bienveillance du chef de l'armée turque qui les brisait. Le Français était encore à chercher où tendaient ces insinuations, lorsqu'il voit entrer l'interprète du visir, qui lui représente que la privation des effets qu'ils avaient au fort rendait sa position, celle de ses soldats, pénible, et l'invite, au nom de son maître, à les réclamer. Il y consentit : cet acte de docilité parut de bon augure; on l'envoya chercher, au nom du visir. On le conduisit dans une tente magnifique, où se trouvaient les officiers anglais avec les généraux musulmans. On lui adresse d'abord une foule de questions : on veut savoir les ouvrages qui couvrent El-A'rych, les troupes qui les défendent; on n'omet, en un mot, rien de ce qui peut l'embarrasser, le compromettre; et, quand on juge que son trouble est au point où on se propose de le porter, on lui présente à signer la lettre qu'il doit écrire. Heureusement il n'était pas homme à se laisser imposer. Il lit, parcourt, reste muet d'étonnement, en voyant qu'au lieu d'une réclamation d'effets, c'est une invitation de livrer le fort, de se rallier au visir, qui comblera de biens, et fera passer en France ceux qui trahiront leurs sermens. Il se plaignit de l'indigne piége qu'on lui avait tendu, refusa d'apposer sa signature à cette pièce infâme, resta sourd aux prières comme aux menaces, et fut reconduit dans sa prison. L'interprète ne tarda pas à le suivre. Il lui fit une peinture animée de la colère du visir, lui montra les ennuis, les mauvais traitemens qu'il se préparait, et lui présenta un nouveau projet de lettre. Le malheureux était trop ému pour en démêler la perfidie, et signa. Une fois munis de cette pièce, les officiers anglais menèrent rapidement à fin la trame qu'ils avaient ourdie. Ils avaient parmi eux un émigré qui avait autrefois servi dans le régiment de Limousin, d'où sortait presque en entier la garnison du fort. Il était délié, adroit, capable d'organiser la révolte; il fut chargé de la semer parmi ses anciens soldats. Cette mission exigeait le concours d'un intermédiaire; mais il avait les prisonniers sous la main, il trouva sans peine l'homme qu'il lui fallait. Il choisit un vieux caporal de sapeurs; il lui prodigua l'eau-de-vie, l'argent, les caresses, et eut bientôt triomphé des scrupules que ce malheureux lui opposait. Quand il le vit bien libre, bien dégagé de toute affection nationale, il l'emmena avec lui sous les murs d'El-A'rych. Il fit halte dès qu'il fut à la vue des postes, donna ses dernières instructions à son émissaire, et se fit annoncer. Le commandant lui envoya une tente, des rafraîchissemens, et ne tarda pas à arriver lui-même. L'émigré lui remit des lettres, où le colonel Douglas, tout aussi philanthrope que son chef, ne parlait que d'honneur, que de la nécessité de prévenir l'effusion du sang; et lui demandait la remise de la place par pure humanité, car ses troupes étaient si nombreuses, les motifs si péremptoires, que ce serait folie de résister.

Cette sommation était étrange, et les insinuations qui l'accompagnaient, encore plus. Le commandant le fit sentir à l'émigré, qui s'excusa, parla des forces, de la férocité des Turcs, et ouvrit une discussion verbale, dont son émissaire profita pour se glisser parmi nos postes. La curiosité, le désir d'avoir des nouvelles de leurs camarades, les avait groupés autour de lui; il répandait la séduction à pleines mains : il montrait les pièces d'argent qu'il avait reçues, vantait les bons traitemens que tous éprouvaient, et se félicitait du bonheur qui lui était garanti de repasser incessamment en France. Quelques uns de ses auditeurs témoignaient des doutes; vous ne m'en croyez pas, leur dit-il; à la bonne heure : « mais vous en croirez peut-être le lieutenant. Tenez, voilà la lettre qu'il écrit aux officiers de la 9e. » Elle n'était pas cachetée; elle fut aussitôt ouverte, transmise de main en main, et causa une sorte de rumeur qui appela l'attention du commandant. Il vit l'imprudence; mais le mal était fait; et puis, comment imaginer qu'un homme d'honneur, qu'un Français se fît l'agent d'une si odieuse machination. Il fit retirer le prisonnier, consigna la troupe, et répondit au colonel Douglas qu'il ne revenait pas de sa surprise de recevoir une sommation au moment où un armistice, offert par son chef, avait suspendu les hostilités. Les relations fussent-elles d'ailleurs tout hostiles, les généraux ne fussent-ils pas en pleine négociation pour la paix, rien ne l'autorisait à sommer une place devant laquelle ses troupes n'avaient pas encore paru.

L'émigré avait jeté de coupables espérances dans

la troupe, et réveillé des souvenirs que la circonstance rendait fâcheux ; il se retira. Ces germes de désordre étaient lents à se développer. Les Anglais recoururent à une autre ruse. El-A'rych, placé à quatre journées de marche dans le désert, n'était soutenu que par le poste de Cathiëh. Ses communications étaient longues, pénibles, exigeaient des escortes assez nombreuses. Les officiers de Sidney imaginèrent de mettre cette circonstance à profit. Ils multiplièrent les messagers du visir, expédièrent des Tartares, qui, effrayés, tremblaient au seul nom de Bedouins, refusaient de continuer leur route, s'ils n'étaient protégés par trente à quarante hommes. Le commandant, qui avait pénétré l'artifice, se montrait peu disposé à se prêter à ces frayeurs ; mais ils insistaient, se retranchaient sur l'importance de leurs dépêches, et finissaient toujours par enlever quelques soldats à la garnison. Enfin, le Tartare de confiance du généralissime se présenta, et déclara net qu'il ne courrait pas les risques de la traversée, si on ne lui donnait une escorte capable de contenir les tribus. Le commandant Cazal disputait sur le nombre, et était bien résolu à ne pas céder, quelque spécieuses que fussent les allégations, lorsqu'un détachement de dromadaires chargé de lui remettre trois effendis que Kléber envoyait au visir, se présenta. Cette troupe allait reprendre le chemin de Cathiëh ; le Tartare fut sans prétexte, et le fort ne se dessaisit d'aucun de ses défenseurs. Sa position, néanmoins, n'en devint pas meilleure.

Les dromadaires s'étaient mêlés à la garnison, et avaient imprudemment répandu parmi elle qu'ils avaient ordre de se replier sur Saléhiëh dès qu'ils verraient El-A'rych investi. Cette nouvelle ébranla sa constance : elle se crut sacrifiée, perdue, et ne montra plus qu'indécision.

Enfin, l'armée ottomane déboucha ; elle s'établit sur le torrent qui couvre le fort, occupa le bois de palmiers qui l'avoisine, s'étendit au pied des dunes, porta un corps de mameloucks au puits de Mecondia, et poussa un gros de cavalerie à la gorge du désert. Ces dispositions achevées, elle envoya sommer la place. Son parlementaire se présenta avec un de nos prisonniers, et menaça la garnison, si elle ne rendait immédiatement le fort de ne lui faire aucun quartier. Le commandant ne voulut rien entendre ; on s'adressa à ses soldats. Ils étaient encore tout étourdis d'une attaque bruyante qui venait d'avoir lieu ; ils eurent la faiblesse de prêter l'oreille à de coupables espérances, et une insurrection terrible ne tarda pas à éclater. Le feu s'était ranimé ; les Turcs s'élançaient de la première parallèle, et, plantant leur drapeau dans les sables, travaillaient des pieds et des mains à s'établir sur une ligne plus rapprochée du fort. Ils avaient d'abord obtenu quelque succès ; mais nos projectiles tombaient si juste que les hommes, les guidons, quoique aussitôt remplacés qu'abattus, furent à la fin obligés de disparaître.

Le début était heureux, le moral des troupes

pouvait se remonter, on redoubla de séductions. On enivra de nouveau les soldats de l'espoir de revoir la France; on leur exagéra les forces du visir. On fit valoir l'habile distribution des corps qui cernaient la place; on insista sur l'impossibilité où ils étaient d'être secourus. Abandonnés, perdus au milieu du désert, que pouvaient-ils contre les hordes sauvages que l'Asie poussait sur eux? Pouvaient-ils se flatter de les vaincre? Pouvaient-ils même se promettre de les arrêter? Pourquoi se dévouer à d'inutiles tortures? Pourquoi s'exposer aux outrages dont ces barbares accablent les vaincus? N'était-il pas plus sage d'assurer, au prix de quelques mesures qu'on ne pouvait défendre, la vie de tant de braves, qui, résignés à verser leur sang pour la France, voulaient du moins que leur mort lui profitât. Résister n'offrait aucune chance de salut; traiter les présentait toutes: il fallait traiter.

La garnison ébranlée hésitait encore sur ce qu'elle avait à faire; mais la force vint seconder l'artifice, les attaques se développèrent pour appuyer la séduction. Les Turcs débouchent tout à coup du vallon des Citernes. Ils culbutent, replient nos avant-postes, et s'établissent dans des ruines, d'où on essaie en vain de les débusquer. Cette brusque irruption achève ce que la perfidie a commencé. Les troupes désespèrent d'elles-mêmes; elles s'agitent, s'inquiètent, et, se révoltant à la vue des vains dangers auxquels on les expose, elles demandent impérieusement que les hostilités cessent, et que le fort soit rendu. Le commandant essaie de ranimer leur courage. Il les rassemble, leur expose leur situation, leurs ressources, l'importance du poste qui leur est confié, les espérances que l'armée fonde sur leur bravoure ; tous ses efforts sont inutiles. Ses conseils sont accueillis par des murmures, ses observations couvertes de cris séditieux; on l'interrompt; on refuse de l'entendre ; on ne veut plus lui obéir. Il ne se rebute pas néanmoins. Il interpelle ses soldats ; il leur reproche durement de prêter l'oreille à des suggestions perfides, de s'abandonner à de coupables espérances, et leur montrant le camp des ennemis: Eh bien! leur dit-il, puisque vous n'osez affronter les Turcs, courez, j'y consens, mendier leurs outrages. Les braves qui n'ont pas abjuré les sentimens français suffiront à défendre le fort; les portes sont ouvertes, allez.

Les ponts-levis s'étaient, en effet, abattus ; mais la résolution du commandant avait imposé. La troupe était subjuguée, confondue; elle manifestait l'intention de se défendre, Cazal la renvoya à ses positions. La nuit ramena les intrigues; tout était de nouveau changé quand l'attaque recommença. Les Turcs s'échappèrent en tumulte de leurs tranchées, se répandirent sur les glacis, bravèrent le feu des détachemens qu'ils n'avaient pu ni intimider ni séduire; et, se portant tout à coup sur leur droite, ils se jetèrent dans le bastion, et l'occupèrent sans brûler une amorce. Ils suivirent les troupes qui avaient si honteusement rendu les postes qu'elles devaient défendre. Ils pénétrèrent dans les retranchemens, se couvrirent de tout ce qui leur tomba sous la main, et parvinrent à se maintenir malgré la mousqueterie qui partait des tours, des parapets voisins.

L'ennemi était au pied des ouvrages, une partie des troupes annonçait les dispositions les plus fâcheuses; tout était dans le désordre et la confusion. Les uns, inspirés par la frayeur, s'écriaient que les murailles allaient sauter, que les Turcs avaient attaché la mine; les autres, poussés par la malveillance, déploraient l'obstination du commandant, et soutenaient que la garnison était perdue si elle ne se hâtait de capituler. Cazal essaya de calmer ces frayeurs. Il fit jeter quelques obus sur les points menacés, et ordonna de déplacer toutes les poudres, tous les projectiles qui pourraient aggraver l'explosion. Le feu s'était peu à peu ralenti pendant qu'on se livrait à ces soins; les terreurs semblaient dissipées, les imaginations mieux assises; il résolut de hasarder une sortie. Chargé de balayer les retranchemens qu'occupent les Osmanlis, le capitaine Ferey réunit ses grenadiers, ouvre la barrière, commande, part, et n'est suivi par personne. Il revient, prie, exhorte, commande encore, et n'est pas mieux obéi. Le commandant accourt, rappelle aux mutins tout ce que le devoir, l'honneur inspirent, sans être plus heureux. Trois fois il leur ordonne de le suivre à l'ennemi; trois fois ils lui répondent qu'ils ne marcheront pas, qu'ils ne veulent plus se battre. La rébellion se propage comme un trait; au-dedans, au-dehors, les troupes ne connaissent plus de frein. L'un se plaint qu'on les sacrifie ; l'autre jure qu'il ne brûlera pas une amorce ; tous prétendent que le fort va sauter, et demandent à grands cris qu'il soit rendu. Cazal, pour toute réponse, leur montre l'ennemi qui chemine. Il les presse, les engage à continuer le feu; mais loin de les ramener, sa constance les irrite : ils jettent, brisent leurs armes, ou, montant sur le parapet, ils les agitent la crosse en l'air, et font signe aux assiégeans qu'ils sont prêts à se rendre. Quelques uns même se portent au drapeau ; ils l'abattent, le précipitent dans la lunette, et ne s'aperçoivent pas plus tôt qu'il est de nouveau arboré, qu'ils accourent pour le renverser encore et lui substituer un drapeau blanc. Quelques braves accourent à la défense des couleurs nationales. Le capitaine Guillermain fond sur ceux qui les attaquent; le sergent Codicé se joint à lui : ils se groupent autour du signe qu'ils ont juré de conserver intact ; ils bravent, ils menacent, et réussissent à éloigner les furieux qui, plus d'une fois, les couchent en joue.

Cependant, les Turcs voyant que le fort ne tirait plus, accourent en foule, et des lignes et du camp; ils couvrent les glacis, inondent les fossés. Bientôt une multitude sauvage, qu'on n'a aucun moyen d'éloigner, se presse au pied des retranchemens, et demande à grands cris d'être reçue dans la place. Elle s'essaie à escalader les bastions, entasse des matériaux qui n'ont pas encore été mis en œuvre; et tel est l'aveuglement de nos soldats, qu'ils lui jettent des cordages, qu'ils l'aident à franchir les remparts. Les prisonniers, qui, jusque-là étaient restés paisibles, se soulèvent à la vue de leurs camarades hissés sur les murs. Ils renversent les pierres qui, interceptent la communication du fort au bastion; ils ouvrent la poterne, introduisent tout ce qui se présente, et fondent sur les Français. Ceux-ci sentent alors la faute qu'ils ont commise; ils se rassemblent, se pelotonnent, rompent, écrasent les Turcs; mais, accablés bientôt par une soldatesque sauvage, dont les flots vont toujours croissant, ils tombent sous le damas auquel ils se sont imprudemment livrés. Ce n'est plus un combat, c'est une boucherie où quelques hommes rares se débattent au milieu d'une troupe d'égorgeurs. Cazal parvient cependant à se faire jour, à la tête de quelques uns des siens. Il gagne la porte du fort, s'y établit, s'y barricade, et oppose, à la foule qui le presse, une résistance dont elle ne peut triompher. Douglas, qu'attire la chaleur du combat, le somme, le supplie de se soumettre au sort. Il s'y refuse, et proteste qu'il est résolu de s'ensevelir sous les décombres s'il n'obtient une capitulation. Rajeb-Pacha, l'aga des janissaires, surviennent au même instant; ils ont fait briser les palissades, renverser les barrières; la porte est le seul obstacle qui leur reste à franchir pour pénétrer dans le fort. Ils s'irritent, demandent qu'elle soit ouverte, et consentent cependant à la proposition de Cazal, que leur transmet Douglas. On écrit aussitôt; on rédige une convention ainsi conçue :

ART 1ᵉʳ.

La garnison du fort sortira avec les honneurs de la guerre, et emportera ses bagages. Les officiers conserveront leurs armes et leurs effets.

ART. 2.

Les malades et les blessés sont recommandés à la générosité de l'armée ottomane.

Fait au fort d'El-A'rych, le 8 nivose an VIII.

Le colonel Douglas signa cette pièce, en expliqua le contenu aux pachas, impatiens, qui y apposèrent leur sceau, et la repassa au commandant, qui la garda.

On se mit aussitôt à déblayer les barricades, et la porte fut ouverte. Semblables à un torrent qui a rompu ses digues, les Turcs se précipitent alors dans la forteresse, et portent partout le ravage et la mort. Les uns se répandent dans l'hôpital, égorgent les malades et les blessés dans leurs lits; les autres convertissent les forges en ateliers d'assassinats. Ici, ils décapitent sur l'enclume les malheureux qu'ils immolent; là, ils les mutilent à coups de pelle et de pioche sur la culasse des canons. Plus loin ils les précipitent par-dessus le rempart, ou les descendent avec des cordes, pour les livrer à d'autres tigres impatiens de les égorger. Tel fut le résultat des manœuvres philanthropiques des officiers de Sidney; l'humanité, l'honneur, tout avait été foulé aux pieds pour arriver à cette horrible hécatombe.

Si du moins elle n'eût pas été inutile! mais Kléber avait déjà modifié ses instructions. Le temps, la situation des affaires en Europe avaient ébranlé sa constance. Il était revenu sur les conditions dont il avait d'abord déclaré ne pouvoir se désister que sur des ordres écrits, et offrait d'inspiration ce que venait de lui arracher la perfidie. Il était rebuté, impatient d'évacuer un pays qu'il désespérait de conserver. Il ne demandait pour le rendre que la neutralité de la Porte, et la libre sortie des troupes qu'il commandait. Si ces conditions étaient admises, il donnait ordre à ses plénipotentiaires de conclure, et les autorisait même à stipuler la remise d'El-A'rych, comme garantie du traité. Mais ses dépêches n'avaient pas franchi le Bogaz, que déjà la nouvelle du désastre lui était parvenue. Il s'aperçut alors du piége que lui avait tendu Sidney. Il se plaignit de la déloyauté du commodore, qui retenait ses plénipotentiaires au large, pour laisser au visir le temps d'agir; et, s'élevant au-dessus des circonstances, il donna au général Reynier, qui le pressait de livrer bataille, l'ordre de marcher aux Turcs. « Vous avez, lui manda-t-il, quatorze bataillons, neuf régimens de cavalerie, une belle artillerie; je ne crois pas qu'avec cela vous puissiez douter d'un brillant succès... » Rampon devait prendre part au mouvement. Verdier était chargé de l'appuyer, et Friant avait ordre d'accourir de la Haute-Égypte, de couvrir le Caire, pendant que le général en chef s'avançait sur Belbéis avec la 61ᵉ, la cavalerie et l'artillerie de la réserve. La réflexion vint bientôt calmer cet élan. Tout était le 4 à la guerre; le 5, tout se trouva à la modération, à la longanimité. Kléber, qui la veille écrivait, pressait, ne voulait pas qu'on perdît une heure, timide, réservé maintenant, se bornait à demander *qu'au moins l'armistice proposé par sir Sidney Smith et par le grand-visir fût désormais respecté, et, s'il se pouvait, garanti par des otages;* il ne voulait pas même que les plénipotentiaires insistassent sur la restitution du fort. Il ne s'en tint pas là. Cédant tout à coup à l'impatience, à l'impétuosité de son caractère, il voulut, suivant son expression, trancher les difficultés d'un seul coup. Il ouvrit une négociation directe avec le grand-visir, et se désista de trois des quatre articles dont les plénipotentiaires avaient ordre de ne pas se départir.

PIÈCES JUSTIFICATIVES.

(N° 1.)   Damiette, 16 décembre 1799.

LE GÉNÉRAL DE DIVISION DESAIX, ET LE CITOYEN POUSSIELGUE, ADMINISTRATEUR DES FINANCES, AU GÉNÉRAL EN CHEF KLÉBER.

CITOYEN GÉNÉRAL,

Smith n'a pas encore paru; aussitôt qu'on l'apercevra, nous lui enverrons demander le lieu où nous pourrons le joindre, et les personnes que nous pourrons amener avec nous, pour ne causer aucun embarras.

Un officier venu d'El-A'rych rapporte que le grand-visir a envoyé des Turcs, que le commissaire anglais Douglas, a fait accompagner par deux frégates anglaises, pour sommer le commandant de cette place de se rendre. Les détails de cette sommation vous seront envoyés par le général Verdier; elle a eu lieu le 18 de ce mois. Les envoyés du grand-visir ont annoncé qu'il était avec son armée à Ghazah.

Cette conduite a-t-elle pour objet de presser les conférences, d'en influencer le résultat, ou le grand-visir ne veut-il pas les attendre ? Il a au moins voulu avoir un prétexte pour tenter une reconnaissance de la place.

Il nous tarde à présent d'être auprès du commodore

anglais, pour que la suspension d'armes soit convenue jusqu'à la fin des conférences, ou que nous retournions auprès de vous, si nous nous apercevons qu'il n'y a rien à faire auprès de lui.

Vous avez oublié de nous remettre le sauf-conduit du grand-visir pour le commandant de l'escadre turque; nous vous prions de l'envoyer à Damiette auprès du général Verdier, pour nous le remettre, ou pour nous le faire passer. Salut et respect.

DESAIX, POUSSIELGUE.

(N° 2.)   Damiette, 22 décembre 1799.

LE GÉNÉRAL DE DIVISION DESAIX, L'ADMINISTRATEUR GÉNÉRAL DES FINANCES POUSSIELGUE, AU GÉNÉRAL EN CHEF KLÉBER.

CITOYEN GÉNÉRAL,

Les citoyens Savary et Pérusse sont revenus ce matin; ils ont passé la nuit à bord du *Tigre*, et nous ont rapporté les lettres et pièces dont vous trouverez ci-joint copie.

Vous y remarquerez principalement la proposition d'une trève par terre, à condition de remettre les postes d'El-A'rych et de Catiëh entre les mains de l'armée ottomane.

Sans nous arrêter à cette proposition ridicule, nous saisirons l'ouverture qui est faite pour obtenir une trève, en laissant les choses de part et d'autre *in statu quo*, ou en les modifiant à avantages égaux de part et d'autre.

Voici les nouvelles que Smith nous a données. *Le Guillaume Tell* est à Malte, les Anglais sont à Goze et continuent à bloquer Malte; *le Généreux* est rentré à Toulon ; *le Léander* a été repris à Corfou. Il y a vingt mille Espagnols qui bloquent Gibraltar par terre; les Russes bloquent Gênes par mer; nos escadres sont bloquées à Brest par une escadre anglaise de même force. Smith assure que l'escadre hollandaise s'est rendue sans combat, comme on l'a débité, et que l'armée combinée en Hollande a été battue par les coalisés. Au reste, ces nouvelles sont anciennes. Il n'en est pas arrivé, depuis le départ de l'adjudant-général Morand, de plus fraîches que celles dont il a eu connaissance.

Vous verrez la déclaration de guerre de la Russie à l'Espagne.

Vous verrez aussi la déclaration de la Porte, qui renvoie le chargé d'affaires d'Espagne à Constantinople, à cause de l'intérêt qu'il prenait aux affaires de France. Cette déclaration n'annonce pourtant pas une rupture.

Enfin Smith dit qu'on parle beaucoup des belles manœuvres de notre amiral Bruix, et qu'elles lui ont fait infiniment d'honneur.

Nous irons coucher aujourd'hui à Lesbëh, et demain matin nous serons à bord du *Tigre*.

Smith a paru sensible aux provisions que nous lui avons fait remettre de votre part. Il vous envoie en échange des liqueurs d'Angleterre.

Salut et respect.

DESAIX, POUSSIELGUE.

(N° 3.)

Le général de division Desaix, l'administrateur général des finances Poussielgue, au général en chef Kléber.

A bord du *Tigre*, 25 décembre 1799.

Citoyen Général,

Nous recevons votre lettre du 29 frimaire avec le sauf-conduit du grand-visir.

Le citoyen Damas est parti hier soir avec les réponses de M. Smith à vos lettres. Nous en sommes encore au même point, c'est-à-dire que nous n'avons pas entamé la question principale. Les premiers mots échappés à M. Smith sont si loin de ce que nous avons à demander, et même de ce que nous espérions obtenir, qu'avant d'entrer en matière nous avons jugé qu'il fallait bien préparer les esprits, et les disposer à écouter sans étonnement nos propositions. Il ne s'agirait de rien moins, suivant M. Smith, si nous l'avons bien deviné, que de traiter l'armée comme prisonnière de guerre, c'est-à-dire qu'en rentrant en France elle ne pourrait porter les armes. Qu'on mettrait en liberté tous les Français non militaires, arrêtés dans l'étendue de l'empire ottoman, mais que la paix avec cet empire n'aurait lieu qu'à la paix générale.

Nous vous répétons, citoyen Général, que nous avons deviné ces propositions plutôt que nous ne les avons entendues, et que nous avons éludé une explication plus claire, afin de reprendre du terrain avant de combattre.

Nous comptons entamer aujourd'hui plus sérieusement cette affaire, et établir nos bases.

Vous recevrez sans doute, par la voie d'Alexandrie, les premières lettres que nous vous écrirons.

Salut et respect.

DESAIX, POUSSIELGUE.

(N° 4.) Au quartier-général du Caire, 29 septembre 1799.

KLÉBER, GÉNÉRAL EN CHEF, AU GRAND-VISIR.

J'apprends que les escarmouches continuent devant El-A'rych, et en conséquence je déclare à Votre Excellence que tant qu'elle n'aura pas fait retirer ses troupes à une bonne marche de ce fort, aucune trêve, aucun arrangement ne saurait avoir lieu. Si les intérêts même confiés à Votre Excellence ne lui prescrivaient pas la plus grande loyauté, dans les circonstances actuelles, elle aurait dû y être déterminée par la franchise avec laquelle j'ai parlé et agi depuis nos relations.

J'ai aussi à me plaindre de la non-exécution du cartel d'échange arrêté entre le général français Marmont et Petrona-Bey devant Aboukir. D'après ce cartel, qui doit avoir obtenu l'approbation de Votre Excellence, puisque sir Sidney Smith le rappelle souvent dans ses écrits, il lui serait sans doute difficile de justifier l'arrestation des Français tombés en son pouvoir, lorsqu'il lui est connu que j'ai cinquante fois plus d'Osmanlis peut-être à offrir en échange. Je prie Votre Excellence de vouloir bien également s'expliquer à ce sujet, et de croire à la haute considération que j'ai pour elle.

Signé KLÉBER.

(N° 5.) Quartier-général de Ghazah (sans date).

Reçue par un Tartare, arrivé au Caire le 22 décembre 1799.

Au modèle des Princes de la nation du Messie, etc.

J'ai reçu et j'ai compris le contenu de la lettre que vous m'avez directement envoyée par Mousa, Tartare, en réponse à celles que je vous ai précédemment écrites. Je pense que les dépêches que j'ai fait remettre à l'officier que vous aviez envoyé à bord du vaisseau du commandant anglais Smith mon honoré ami, vous sont parvenues.

Vous m'avez écrit que vous voulez évacuer l'Égypte, et que les arrangemens qui seront proposés et pris pour effectuer cette évacuation seraient conformes à la dignité et à l'équité de la Sublime Porte, ainsi qu'aux devoirs de l'alliance qu'elle a contractée, et au droit des gens, afin d'épargner, par ce moyen, l'effusion du sang. Vous m'avez fait savoir plusieurs fois que vous désiriez ouvrir des conférences pour traiter de l'évacuation de l'Égypte, et que si, malgré ces avances, la Sublime Porte ne secondait pas de pareilles dispositions, vous n'étiez plus responsable devant Dieu ni devant les hommes du sang qui serait répandu; préférant alors moi-même de traiter avec vous sur des propositions aussi raisonnables, j'ai consenti à l'ouverture des conférences.

Le commandant Smith, mon ami, vient de m'écrire qu'il s'était tout récemment rendu avec son vaisseau devant Damiette, et qu'il n'avait pas trouvé les délégués que vous avez consenti à envoyer à son bord; mais que les mauvais temps l'ont forcé de quitter les parages de

Damiette, et d'aller jusqu'à Jaffa, d'où il se rendrait de nouveau devant Damiette, avec l'espérance de trouver vos délégués, et que s'ils n'y sont pas encore arrivés, il se portera vers Alexandrie. Cependant une aile de mon armée se trouve déjà devant El-A'rych, et les troupes musulmanes commençant à détruire par des escarmouches les Français qui s'y trouvent, il est impossible qu'il n'y ait pas du sang répandu. Les circonstances ne me permettant pas de retarder la marche de mon armée, nous ne pourrions, en conséquence, prendre des arrangemens conciliatoires; si nous ne profitions pas du temps qui s'écoule. Si donc vous êtes toujours dans les dispositions que vous avez manifestées, il importe que vous vous hâtiez de faire arriver vos plénipotentiaires à bord du vaisseau de mon ami Smith. Mais, comme les vents contraires et les mauvais temps, ont été les motifs du retard qui a eu lieu jusqu'à présent, j'ai écrit au commandant Smith, que dans le cas où vos délégués seraient à son bord, il les conduisît à son quartier-général de Ghazah, où ils seront à l'abri de pareils accidens et des orages. Mais si vous n'avez pas encore envoyé vos délégués à bord du commandant Smith, et que vous soyez toujours disposé à terminer l'affaire de l'évacuation de l'Égypte sans effusion de sang, je vous engage à envoyer par terre vos délégués à Ghazah. Dès qu'ils y seront rendus, il n'y aura plus d'hostilités de part ni d'autre. Dès que vos envoyés seront à Ghazah, j'inviterai le commandant Smith à s'y rendre, et l'on s'occupera d'arranger et de consolider l'affaire de l'évacuation de l'Égypte, dans l'endroit qui sera désigné à cet effet, sur le rivage de cette ville.

Comme vous me mandez, dans toutes vos dépêches, que votre volonté n'est point de répandre du sang, et que le succès de l'affaire dont il s'agit serait un moyen de rétablir l'ancienne amitié entre la Sublime Porte et les Français, je vous fais savoir par la présente, dont Mousa, Tartare, est porteur, que de pareilles dispositions ne peuvent jamais être rejetées par la Sublime Porte, parce qu'une semblable conduite serait contraire à notre équité et à notre loi.

J'espère que, lorsque vous aurez reçu cette lettre, et que vous en aurez compris le contenu, vous agirez, ainsi que vous l'annoncez dans vos lettres précédentes, et d'une manière conforme à votre intelligence et à la connaissance supérieure que vous avez des affaires.

Signé Joussef.

Note du commodore Sidney Smith.

(N° 6.)   A bord du *Tigre*, devant le cap Carmel, le 3o déc. 1799.

Le soussigné a beaucoup réfléchi sur la note de messieurs les commissaires français, datée d'hier ; et considérant qu'elle renferme des considérations d'une extension au-delà de ce qui fut prévu et convenu entre son altesse le suprême visir et lui, il se réserve d'y répondre d'une manière définitive après la conférence qu'il se propose d'avoir avec son altesse, lors de son arrivée au camp impérial à Ghazah, vers lequel il dirige sa route en ce moment. Il croit ne pouvoir mieux répondre à la franchise que messieurs les commissaires lui ont témoignée, que de leur communiquer le projet de la réponse qu'il se propose de soumettre à la considération de son altesse, avant de la leur présenter en due forme, et cela afin qu'ils suggèrent telles modifications ou tels changemens qu'ils pourront juger convenables, le soussigné se sentant disposé à les écouter favorablement pour faciliter un arrangement définitif, et autant que cela ne sera pas contraire aux obligations contractées par le traité du 5 janvier. Le général en chef Kléber a insisté avec beaucoup de raison sur ce que rien ne fût proposé à l'armée française contre son honneur et celui de sa nation, et le soussigné, en reconnaissant ce principe, a le droit de s'attendre à la réciprocité; et comme rien n'est plus contraire à l'honneur que de ne pas remplir strictement les obligations contractées par un engagement formel, il croit devoir mettre messieurs les commissaires français à même de juger de l'étendue de ses liaisons, par la communication de l'article du traité dont il est fait mention dans le projet.

Signé SIDNEY SMITH.

(N° 7.) Au quartier-général du Caire, le 13 nivose an VIII
(3 janvier 1800).

LE GÉNÉRAL EN CHEF KLÉBER, AU GÉNÉRAL DESAIX ET AU CITOYEN POUSSIELGUE, PLÉNIPOTENTIAIRES PRÈS DU GRAND-VISIR,

J'ai reçu, citoyens, les lettres que vous m'avez adressées du bord *le Tigre*, et je vous présume actuellement sur la plage de Ghazah.

J'ai aussi reçu les journaux de Francfort jusqu'au 10 octobre; ils ont particulièrement fixé mon attention.

Si jamais le douzième paragraphe de la lettre du général Bonaparte doit être applicable à une circonstance, c'est bien à celle-ci : l'Italie perdue, l'armée navale sortie de la Méditerranée, et bloquée dans le port de Brest ; la flotte hollandaise au pouvoir des ennemis ; les Anglais et les Russes dans la Hollande ; Muller battu sur le Rhin ; les frontières de l'Alsace livrées à la défense de ses habitans ; la Vendée ressuscitée de ses cendres, et Mayence en feu. Enfin, le Corps Législatif proposant de déclarer la patrie en danger, et rejetant cette proposition, non pas parce que le danger n'existe pas réellement, mais parce que le décret qui pourrait le constater n'y apporterait aucun remède. Quoi de plus alarmant !

D'après cela, et la situation plus que pénible dans laquelle je me trouve, et qui devient de jour en jour plus difficile, je crois, comme général et comme citoyen, devoir me relâcher de mes premières prétentions, et tâcher de sortir d'un pays que sous plus d'un rapport je ne puis conserver, duquel on ne paraît pas même s'occuper en France, si ce n'est pour improuver sa conquête. L'espoir d'un renfort prompt et suffisant devait nous engager à gagner du temps ; cette espérance détruite, le temps que nous passons ici est perdu pour la patrie ; hâtons-nous de lui porter un secours qu'elle est hors d'état de nous faire parvenir.

En conséquence, dès que l'on vous proposera la simple neutralité de la Porte ottomane pendant la guerre, et la libre sortie de l'Égypte, avec armes, bagages et munitions, avec la faculté de servir partout et contre tous à notre retour en France, vous devez conclure le traité sans hésiter, et je m'empresserai de le confirmer. Je remettrai de suite, pour garantie du traité, le fort d'El-A'rych ; mais les autres places et forts, tant de la Haute-Egypte que de la Basse, ne seront évacués ni cédés que lorsque tous les bâtimens nécessaires à notre traversée seront rendus devant Damiette et Alexandrie, munis de vivres. Le nombre de ces bâtimens sera calculé sur vingt-cinq mille hommes. Les commissaires turcs qui pourraient être envoyés au Caire, devront être accompagnés d'officiers anglais qui serviront d'otages ; j'en fournirai de mon côté à sir Sidney Smith à nombre et grades égaux ; mais, dans tous les cas, vous ne romprez pas vos négociations, sans que vous m'ayez fait connaître au préalable le dernier mot du grand-visir.

Vous trouverez ci-joint copie de la lettre que j'écris à sir Sidney Smith, et duplicata de celle que je vous écrivis il y a quelques jours, et qui, peut-être, ne vous sera pas parvenue ; enfin, copie de mes deux dernières au grand-visir, relativement au blocus d'El-A'rych et à l'armistice. Ces pièces sont suffisantes pour vous dicter la conduite que vous avez à tenir relativement aux objets qu'elles contiennent, me rapportant sans cesse autant à votre prudence qu'à votre zèle et à votre sagacité.

Je vous salue,

Signé KLÉBER.

(N° 8.)   Quartier-général du Caire, le 12 nivose an VIII
(4 janvier 1800).

AU GÉNÉRAL REYNIER.

J'ai reçu votre lettre il y a deux heures ; l'événement d'El-A'rych est un de ceux auxquels on ne devait jamais s'attendre. Il est affligeant, mais ne doit pas nous décourager ; une bataille gagnée peut nous donner encore le temps de nous reconnaître.

Je donne ordre au général Rampon de se rendre à Salêhiëh avec les bataillons de la 75° qui lui restent, et son artillerie. Vous ferez bien de lui confier ce poste important, et de lui laisser les trois bataillons de cette demi-brigade. Vous rassemblerez alors toute votre division à Catiëh pour recevoir la bataille de l'avant-garde ennemie, si elle vient vous l'offrir, ou l'aller chercher à la première citerne, si vous êtes instruit à temps de son arrivée. Vous avez quatorze bataillons, un régiment de cavalerie, une belle artillerie; je ne crois pas qu'avec cela vous puissiez douter d'un brillant succès. Au reste, je donne encore l'ordre au général Verdier de vous envoyer deux bataillons de Damiette.

Quant à moi, je resterai avec la 61e demi-brigade, la cavalerie et l'artillerie de réserve à Belbéis, pour couvrir le Caire contre tout ce qui pourrait venir par l'Ouadi, et pour communiquer avec Souez, fortement en l'air depuis la perte d'El-A'rych. Tout cela va s'exécuter sur-le-champ. Ne différez pas non plus d'un seul instant votre mouvement. J'ai envoyé aujourd'hui Baudot vers Desaix par Damiette et Jaffa. J'écris aussi par terre au grand-visir. Lorsque le messager passera dans votre camp, faites le plus d'étalage que vous pourrez. Enfin, je vais écrire au général Friant de se rendre près de moi, ou au moins de se rapprocher du Caire le plus possible. C'est dans cette attitude que nous attendrons les événemens ultérieurs. Marcher sur El-A'rych sans attaquer le fort est folie, ils fuiraient devant vous, et reviendraient sur leurs pas, lorsque vous auriez disparu; attaquer le fort serait pis encore. Écrivez au général Verdier pour avoir force vivres. Je vous ferai passer l'habillement de la 85e et des autres.

KLÉBER.

(N° 9.) Au quartier-général du Caire, 17 nivose an VIII
(7 janvier 1800).

AU GÉNÉRAL REYNIER.

Vous devez vous attendre à être attaqué au premier jour, car il paraît que sir Sidney Smith, sous prétexte de mauvais temps, tient mes plénipotentiaires au large pour laisser au grand-visir le temps d'agir. Je pars demain pour aller à Belbéis; de là je pourrais fort bien vous aller joindre avec quelque renfort. A l'avenir, il faudra retenir à Cathiëh tous les messagers qui pourraient m'être envoyés par le grand-visir, et m'envoyer leurs paquets; pendant le temps qu'ils auront à séjourner pour attendre ma réponse, il faudra, tout en les traitant bien, les tenir à l'étroit, afin qu'ils ne puissent voir que ce qu'on voudra bien leur faire connaître. J'excepte des dispositions ci-dessus l'homme de Moustapha-Pacha que j'ai envoyé au visir en dernier lieu, et qui pourra revenir au Caire.

Signé KLÉBER.

(N° 10.) Au quartier-général du Caire, le 15 nivose an VIII
(5 janvier 1800).

KLÉBER, GÉNÉRAL EN CHEF, AU GÉNÉRAL DESAIX ET AU CITOYEN POUSSIELGUE, PLÉNIPOTENTIAIRES PRÈS LE GRAND-VISIR.

Hier à dix heures du soir, citoyen, c'est-à-dire long-temps après le départ du citoyen Baudot, j'ai reçu une lettre qui m'annonce que l'ennemi, ayant profité du caractère sacré d'un parlementaire, a surpris le 9 El-A'rych, et après un grand carnage essuyé de part et d'autre, a réussi dans son entreprise. Vous devez naturellement être mieux que moi instruits de cet événement et de ses détails, et vous avez déjà pu faire vos réclamations à cet égard ; si cependant vos négociations prennent la tournure que j'en espère, il serait inutile d'insister sur la restitution du fort; mais qu'au moins l'armistice proposé par sir Sidney Smith et par le grand-visir, et qui doit être connu maintenant de toute l'armée ottomane, soit à l'avenir respecté et garanti, si faire se peut, par des otages. J'aime d'ailleurs à croire que, ni le grand-visir ni sir Sidney Smith, ne sont en rien et pour rien dans une entreprise aussi contraire au droit des gens. C'est à vous à m'en instruire. Je pars demain avec toute l'armée pour occuper toute la lisière du désert, et en même temps prêt à tout événement.

Ne voulant point écrire au grand-visir lui-même ni à sir Sidney Simth, sur cet objet, j'en fais dire un mot au premier, par Moustapha-Pacha.

Je vous salue,

KLÉBER.

NÉGOCIATIONS DE SALÊHIËH.

LES FRANÇAIS CONSENTENT A ÉVACUER L'ÉGYPTE.

Pendant qu'El-A'rych tombait sous les coups des Turcs, et que le général Kléber s'abandonnait si imprudemment dans les relations qu'il entretenait avec le grand-visir, les négociations continuaient à bord du *Tigre*. Smith insistait sur l'évacuation pure et simple; les plénipotentiaires demandaient que la Porte se retirât de la coalition. Le commodore leur observait qu'ils n'étaient pas munis de pleins pouvoirs, qu'ils ne pouvaient, par conséquent, résoudre les questions qu'ils soulevaient. Ils convenaient qu'à la rigueur ils n'étaient pas aptes à les traiter, mais ils répliquaient avec raison que l'évacuation était la condition onéreuse du traité; qu'il y avait mauvaise grâce à prétendre qu'ils pouvaient la souscrire sans pouvoir stipuler des compensations. Ils trouvaient déraisonnable de poser en principe que le gouvernement français acceptant la transaction pour une évacuation pure et simple, la repousserait parce qu'elle lui présenterait des avantages. La restitution des Sept Iles, que nous avaient enlevées les Turcs, ne devait pas faire obstacle; car si la Porte n'avait, comme le soutenait Smith, aucune prétention sur Corfou,

Zante, Céphalonie, en quelles mains pouvait-elle les voir avec moins de danger pour elle que dans celles des Français? La croix grecque serait bien plus redoutable; aucune des puissances qui naviguent dans la Méditerranée ne devait souffrir qu'elle les occupât. Le commodore en convenait, mais il se retranchait sur les traités, le manque de pouvoirs, et évitait de rien conclure. Les plénipotentiaires résolurent de couper court à ses allégations. Ils lui proposèrent de soumettre le résultat des conférences aux gouvernemens respectifs, et de suspendre les hostilités en attendant leurs ordres, ou, si le visir se refusait à l'armistice, de continuer à se battre.

Les choses en étaient à ce point; tous les intérêts avaient été discutés, débattus; on paraissait s'entendre lorsqu'on prit terre à Jaffa. Sidney y fut informé de la catastrophe d'El-A'rych; l'Égypte était ouverte, tout fut changé. Il se rendit au camp du visir, prit communication de la correspondance du général en chef, et appela les plénipotentiaires sur les ruines du fort, où était plantée la tente de Joussef. Toutes les dispositions étaient faites pour les recevoir, les garantir des insultes d'une soldatesque sauvage; les négociateurs ottomans étaient désignés; il semblait qu'il n'y avait plus qu'à mettre la dernière main à une transaction dont la plupart des articles avaient été si longuement débattus. Desaix et Poussielgue quittèrent Jaffa avec la confiance qu'ils allaient traiter sur les bases jetées à bord du *Ligre*. Leur erreur ne fut pas longue. Ils étaient à peine à El-A'rych qu'ils reçurent une lettre de Sidney qui les prévenait que Kléber avait retiré trois des quatre propositions qu'ils avaient si vivement défendues pendant la traversée. Ils furent étrangement surpris d'un tel abandon, et ne se dissimulèrent pas le parti que le commodore en allait tirer. Ils résolurent néanmoins de faire tête à l'orage. Ils se rendirent aux conférences, demandèrent et obtinrent sur-le-champ la cessation des hostilités. Ils abordèrent ensuite la question qui les avait conduits à El-A'rych. Ils essayèrent de se prévaloir des concessions qui avaient été faites à bord du *Tigre*, des aperçus que le commodore lui-même avait jetés; mais la situation des choses était bien changée. L'armée turque était en possession du désert, Kléber avait donné la mesure de son impatience, Sidney crut n'avoir plus de mesures à garder. Il s'emporta contre l'insistance des négociateurs, et enveloppant dans sa colère la France et la révolution, il nous reprocha la turbulence du Directoire, la manie que nous avions d'intervenir partout, de faire, bon gré malgré, des républiques dans tous les pays où *un soi-disant patriote pouvait trouver une place qui le mît à même d'achever ou mieux de continuer ses expériences politiques sur le pauvre genre humain*. Indigné de ces indécentes sorties, et plus encore des prétentions auxquelles elles étaient mêlées, Desaix releva vivement Smith. Il était décidé à rompre les conférences; mais le commodore, qui n'y intervenait plus que comme le conseil, le modérateur du visir, s'excusa, protesta qu'il n'avait voulu que découvrir jusqu'à leur base les barrières qui nous séparaient, et s'épuisa en regrets de voir que l'impression qu'il avait faite fût si différente de celle qu'il cherchait à produire. Le général ne fut pas dupe de ces protestations, mais au point où en étaient les choses, il y avait peut-être plus de danger à rompre qu'à négocier, il se calma : il reprocha vivement sa perfidie au commodore, et adressant à Kléber le résumé de la conférence qu'ils avaient eue Poussielgue et lui avec les plénipotentiaires du visir, il se plaignit avec amertume de la position où ses imprudentes communications les avaient mis. La correspondance retrace parfaitement la marche et les incidens de la négociation, je me borne à citer.

Au camp d'El-A'rych, le 23 nivose an VIII de la République française (13 janvier 1800).

LE GÉNÉRAL DE DIVISION DESAIX, ET LE CITOYEN POUSSIELGUE, CONTRÔLEUR DES DÉPENSES DE L'ARMÉE TE ADMINISTRATEUR GÉNÉRAL DES FINANCES DE L'ÉGYPTE, AU GÉNÉRAL EN CHEF KLÉBER.

CITOYEN GÉNÉRAL,

« Nous avons reçu aujourd'hui votre dépêche du 17 nivose, et copie de celle que vous adressez le même jour au grand-visir.

« Nous avons infiniment à regretter les contrariétés qui nous ont mis dans l'impossibilité de vous faire parvenir nos dépêches assez à temps pour prévenir cette dernière démarche, qui, nous le prévoyons, va multiplier les obstacles aux négociations dont vous nous avez chargés, et nous privera, selon toutes les apparences, des avantages que nous avions lieu d'en attendre, pour rendre plus honorable et plus utile l'évacuation de l'Égypte.

« A notre arrivée ici, nous avons trouvé la réponse de M. Smith à notre dernière, note dont nous vous avons envoyé copie; il nous écrit qu'il vous l'a fait passer directement comme nous l'en avions prié. Vous verrez par le ton indécent et même insolent qui y règne, comparé à celui des premières notes, combien la prise d'El-A'rych, et sans doute votre lettre du 17, ont relevé ses prétentions; car, quoique cette réponse soit datée du 9 janvier, nous avons lieu de croire qu'elle n'a été écrite que le 12.

« Nous nous sommes vus très froidement ce soir: cela était impossible autrement, en rapprochant une conduite aussi perfide avec nos entretiens précédens, remplis de confiance et de loyauté.

« Il nous a annoncé que puisque, dans votre lettre au grand-visir, vous aviez renoncé vous-même à trois articles de nos demandes, il ne restait plus qu'à s'expliquer sur le quatrième, c'est-à-dire sur la dissolution de la triple alliance, et que demain le reis-effendi nous ferait sa réponse sur cet objet.

« Nous prévoyons que sa réponse sera négative, et que même nous n'obtiendrons pas que les troupes turques n'entrent en Égypte que quand nous en serons sortis; et, en effet, l'armée turque est en majeure partie à El-A'rych; avec la confiance qu'elle a dans ses forces, surtout après son petit succès, il ne sera pas possible de l'engager à rétrograder; si la Porte craint qu'en dissolvant son alliance, ce soit un prétexte à la Russie pour lui déclarer la guerre, certainement elle n'osera pas consentir à cette dissolution; et l'Angleterre, qui a intérêt à nous conserver le plus d'ennemis possible, fera tous ses efforts pour qu'elle n'ait pas lieu avant la paix générale. Si les Turcs connaissaient mieux les intérêts de l'Angleterre, ils ne seraient pas arrêtés par ces menaces; ils seraient bien convaincus qu'elle a autant d'intérêt que la Sublime Porte à empêcher les Russes de lui déclarer la guerre.

« Au reste, nous devons vous faire remarquer que l'alliance avec les Turcs n'est que défensive, et que dans le traité aucun contingent n'est exigé; en stipulant donc une simple trêve avec l'empire ottoman jusqu'à la paix générale, sous la condition de mettre en liberté tous les Français et étrangers au service de France actuellement détenus dans cet empire, et la restitution des propriétés et établissemens séquestrés, cette condition serait honorable pour l'armée, et nous pensons qu'on ne pourrait avoir aucune raison tant soit peu fondée pour la refuser.

« Quant aux moyens d'évacuation, nous ne savons pas encore ce qu'on nous proposera; mais il nous semble qu'une fois l'évacuation convenue, on pourrait proposer au grand-visir la condition mise en avant dans les conférences avec Kouschild-Effendi, de mettre un pacha au Caire, qui le gouvernerait, qui enverrait garder tous les postes à mesure que nous les évacuerions. Nous attendrons vos ordres sur cet objet; nous vous enverrons, d'ailleurs, un nouvel exprès immédiatement après la première conférence que nous allons avoir. M. Smith sort d'auprès de nous; nous lui avons témoigné vivement l'indignation que nous avions ressentie à la lecture de sa note; nous allons bientôt juger si c'est à sa politique et à sa mauvaise foi qu'il faut attribuer ses sottises, ou si ce n'est qu'une suite du dérangement de son moral, dans tout ce qui concerne notre révolution, dérangement causé par son emprisonnement au Temple.

« Le citoyen Savary, que nous vous envoyons, vous expliquera comment nous sommes campés; nous voulions d'abord que le camp et les conférences se tinssent entre les avant-postes, mais il y aurait eu beaucoup d'inconvéniens, beaucoup de défiance et peu de sûreté. Nous nous décidons à rester ici; nous enverrons chercher nos chevaux et des chameaux à Catiëh aussitôt que nous en aurons besoin. Il paraît que les Arabes servent toujours le grand-visir; nous n'en avons pas aperçu un seul depuis Jaffa jusqu'ici; une grande partie (l'armée du grand-visir est ici, le reste est campé à Ghazah; tous les jours il arrive de nouvelles troupes qui viennent du fond de l'Asie, mais tout cela n'est pas bien terrible. Nous pensons, citoyen Général, que jusqu'à ce que toutes les conditions soient convenues et signées, il est bien important de vous tenir sur vos gardes et de ne pas vous fier à l'armistice; nous désirerions aussi que vous vous rapprochassiez de vos avant-postes, afin que nos communications fussent plus rapides.

« Salut et respect.

« *Signé* Desaix et Poussielgue. »

« *P. S.* Du 24, à onze heures du matin.

« C'est aujourd'hui à midi que nous aurons notre première conférence avec le reis-effendi. Nous avons refusé d'admettre l'envoyé russe. »

Au camp devant El-A'rych, le 24 nivose an VIII
(14 janvier 1800).

Le général de division Desaix, et le citoyen Poussielgue, contrôleur des dépenses de l'armée, et administrateur des finances de l'Égypte, au général en chef.

« Citoyen Général,

« Nous avons eu ce matin la conférence dont nous vous avons prévenu par notre lettre d'hier ; nous n'en avons rien obtenu. Il a été impossible de faire entendre la moindre raison au reis-effendi et au defterdar, plénipotentiaires du grand-visir. Ils nous ont demandé si nous avions des pleins pouvoirs pour consentir l'évacuation de l'Égypte : ils nous ont dit que ce n'était qu'autant que cela aurait lieu, que la Sublime Porte consentirait aux conditions qui formaient votre ultimatum, que cet ultimatum leur était connu par la lettre que vous avez écrite au grand-visir, le 17 de ce mois, et qu'il fallait que nous consentissions à signer sur-le-champ l'évacuation de l'Égypte, d'après les bases posées dans cette lettre. Ils ont refusé de nous écouter davantage, prétendant que si nous ne pouvions pas consentir l'évacuation pure et simple, c'était une preuve que nous n'avions pas de pouvoirs, qu'ainsi nous ne pouvions pas traiter. Nous avons demandé le temps de vous expédier un courrier pour avoir votre dernière décision. M. le commodore Smith lui-même s'est réuni à nous pour faire sentir que rien n'était plus juste, ni plus conforme aux usages que ce que nous demandions ; rien n'a pu les persuader. Cependant, voyant qu'ils nous avaient donné des raisons plausibles pour se défendre de consentir à rétablir la paix avec la France, en observant qu'ils étaient liés par des traités auxquels ils voulaient absolument tenir, nous avons demandé qu'il y eût au moins trève jusqu'à la paix générale, proposition que nous avions prise sur nous, la regardant comme un équivalent de la paix : ils ont répondu par le même refus, en nous communiquant l'article de leur traité qui s'oppose également à ce qu'ils consentent cette trève sans le consentement des puissances alliés : nous avons alors demandé qu'au moins, en évacuant l'Égypte, tous les Français détenus dans l'empire ottoman fussent mis en liberté, et que leurs biens fussent restitués. De notre côté, nous leurs offrions d'en faire autant à l'égard des Turcs ; cette proposition, que nous avons annoncée n'être pas dans nos pouvoirs comme condition principale de l'évacuation, a d'abord souffert des difficultés ; cependant, M. Smith nous ayant fortement appuyés, le reis-effendi a fini par y consentir.

« Alors, il a demandé que les points déjà convenus, tels que l'évacuation de l'Égypte et la mise en liberté des prisonniers, fussent mis par écrit, et signés de part et d'autre. Nous nous y sommes refusés, en observant que nos pouvoirs ne s'étendaient pas jusqu'à abandonner la principale condition qu'ils rejetaient, celle de la paix ou d'une trève illimitée.

« Nous avons demandé de nouveau de vous envoyer un courrier, ils ont répondu que nous voulions gagner du temps, que nous les amusions, et que *nous ne voulions pas l'évacuation que vous désiriez ;* qu'ils ne pouvaient pas attendre davantage ; et qu'enfin, si nous n'avions pas de pouvoirs, ils ne pouvaient traiter avec nous.

« Nous avons observé qu'il existait une trève qui ne devait expirer que quinze jours après la rupture des négociations ; qu'ainsi, il était évident que nous ne voulions pas les amuser, et qu'il y avait le temps nécessaire pour recevoir votre réponse, avant l'expiration de la trève ; nous avons été très étonnés d'une discussion assez longue qui s'est élevée à ce sujet pour leur faire comprendre ce que c'était qu'une trève ; on n'en est pas venu à bout, ils font partir les quinze jours de grâce de la dernière lettre que le grand-visir vous a écrite avant hier, en sorte que de demain en douze jours vous serez attaqué, si cette affaire n'est pas terminée.

« Nous avons voulu entamer les autres articles de la lettre que vous nous avez écrite le 17, surtout celui où vous ne voulez pas que l'armée turque entre en Égypte avant que l'armée française en soit totalement sortie ; ils n'ont pas voulu nous entendre ; ils ont répété, pour la trentième fois, que si nous ne voulions signer l'évacuation pure et simple, ils ne pouvaient nous écouter ; là-dessus, ils nous ont quittés, en annonçant que demain ils viendraient prendre notre dernière réponse.

« Vous nous avez circonscrits, citoyen Général, dans les bornes d'une instruction ; nous n'avons pas dû les passer, quoiqu'il soit fâcheux, de part et d'autre, qu'il faille encore éprouver des retards, puisqu'il peut en résulter des événemens funestes.

« Il est de fait que la Sublime Porte, ayant en ce moment un grand intérêt à tenir à son traité avec ses alliés pour ne pas s'exposer tout de suite à une guerre plus dangereuse que celle que nous lui faisons, il lui est impossible de faire paix ou trève indéfinie sans se compromettre ; que, quand même elle le pourrait, vous-même ne pourriez la stipuler au nom de la République, puisque vous n'avez de pouvoirs que pour ce qui concerne l'Égypte.

« Nous obtiendrons probablement une trève qui se prolongera jusqu'à trois mois après l'évacuation ; mais nous ne pouvons obtenir que les Turcs attendent notre sortie pour entrer en Égypte ; ils voudront y mener une force suffisante aussitôt que le traité sera signé.

« L'armée est ici ; il lui arrive tous les jours des renforts ; les soldats sont impatiens d'avancer, parce qu'ils sont très mal ; il sera impossible de les retenir encore quelques jours. Nous espérons tout au plus que nous aurons le temps de recevoir dans cinq jours votre réponse : encore la disposition est telle, que si votre réponse tardait, ou si elle était pour une rupture, nous ne serions pas du tout en sûreté. L'autorité du visir, celle de M. Smith, ne pourraient rien, et nous serions fort embarrassés pour vous rejoindre. Enfin, citoyen Général, les choses sont si avancées, que votre réponse doit contenir l'ordre de nous retirer sur-le-champ, ou un plein pouvoir pour traiter définitivement de tous les articles de l'évacuation sans aucune restriction, et de la manière la plus avantageuse que nous pourrons obtenir, sans qu'il ne soit plus nécessaire de vous demander de nouveaux ordres, sauf à vous rendre compte, jour par jour, de nos opérations.

« Il vient d'arriver une lettre de vous, du 21 de ce mois, écrite de Belbéis. Nous sommes fort aises de vous savoir si près, et nous espérons que vous recevrez cette lettre à Salêhiëh : votre approche semble faire plaisir au grand-visir, en ce qu'il y voit l'espoir d'une très prompte décision.

« Salut et respect.

« *Signé* Desaix et Poussielgue. »

Au camp du grand-visir, près El-A'rych, le 26 nivose an VIII
(16 janvier 1800), huit heures du soir.

LE GÉNÉRAL DE DIVISION DESAIX ET POUSSIELGUE,
AU GÉNÉRAL EN CHEF KLÉBER.

« CITOYEN GÉNÉRAL,

« Nous vous avons envoyé avant-hier le citoyen Savary avec deux lettres, dont copies sont ci-jointes :

« Hier, nous avons remis aux plénipotentiaires du grand-visir la note dont nous vous envoyons copie également. M. Smith s'est rendu au camp, et y a délibéré sur plusieurs questions que nous n'avions pu faire entendre au reis-effendi; il n'a pas été plus heureux.

« Cependant ce matin, le reis-effendi et le defterdar nous ont donné une seconde séance; nous avons long-temps insisté pour qu'ils consentissent à la proposition contenue dans la lettre que vous avez écrite de Belbéis, le 21 de ce mois, au grand-visir, consistant en ce qu'il vous envoyât deux grands pour traiter directement avec vous; nous demandions à les accompagner, et M. Smith, qui appuyait notre demande, offrait d'y venir avec nous. Il nous a été impossible de leur faire goûter cette proposition, non plus que celle d'employer Moustapha-Pacha, ou même le commodore Smith tout seul; ils ont prétendu que vous leur aviez laissé le choix des trois moyens, qu'ils avaient préféré le premier, c'est-à-dire de traiter avec vos envoyés, et qu'ils voulaient s'y tenir.

« En vain nous avons objecté que cela abrégerait infiniment de temps et de difficultés ; que, dans le cas contraire, et l'armistice devant expirer d'ici à onze jours, notre sûreté se trouverait compromise ; que d'ailleurs vous deviez être irrité du ton des dernières lettres et notes du grand-visir et de M. Smith, ce qui pourrait vous déterminer à rompre toute négociation, tandis qu'il était peut-être encore possible de s'entendre, puisque si la Sublime Porte ne voulait consentir ni à une paix, ni à une trève jusqu'à la paix, ce n'était pas qu'elle n'en eût le désir, mais seulement parce qu'elle ne le pouvait, sans le consentement de ses alliés, conformément à ses traités et à ses intérêts actuels. Toutes ces raisons n'ont produit aucun effet ; ils ont insisté pour que nous attendissions votre réponse à notre dernière lettre, et que jusque-là nous commençassions à discuter les dispositions relatives à l'évacuation, dans le cas où vous consentiriez l'évacuation de l'Égypte, sans la condition de la paix, ni de la trève jusqu'à la paix, ou de toute autre condition avantageuse à l'armée, en annonçant toujours que de son côté le grand-visir n'entendait parler que de l'évacuation pure et simple.

Alors, ils nous ont présenté, par M. Smith, un projet de dispositions d'évacuation qu'ils avaient concerté ensemble hier, et dont ils paraissent convenir; nous y avons fait tous les changemens et additions que nous avons jugés convenables et nécessaires, toujours dans la supposition que vous ne teniez pas à d'autres conditions de compensation, auquel cas toute négociation serait rompue sans retour.

« Ils liront notre projet, et nous saurons dans la prochaine conférence, s'ils l'adoptent en totalité ou quels sont les articles qu'ils voudront rejeter ou modifier. Le dix-septième nous paraît le plus difficile à obtenir; celui qui concerne l'évacuation du Caire, dans six semaines, ne passera pas non plus sans doute, à moins qu'ils n'obtiennent de pouvoir d'y envoyer de suite une autorité quelconque en leur nom, telle qu'un pacha et une garde.

« Cependant, nous ne voulons pas attendre cette réponse pour vous rendre compte de l'état des choses; nous voyons le projet qu'ils nous ont présenté, et celui que nous leur avons remis ce soir : votre réponse, citoyen Général, sera un ultimatum absolu; il faudra que vous nous donniez des ordres positifs, celui de conclure l'évacuation sans compensation, en nous laissant la faculté de stipuler toutes les dispositions pour l'effectuer, ou celui de nous retirer sur-le-champ pour que la question soit décidée par le canon. A cet égard, vous seul, citoyen Général, êtes en état de juger ce qu'il convient de faire, puisque vous seul connaissez bien tous vos moyens.

« Nous vous prions de nous renvoyer sur-le-champ votre réponse; vous ne pouvez vous former une idée de l'esprit des hommes avec qui nous traitons. Ils ne viennent jamais qu'avec une seule idée à laquelle ils ont bien pensé pendant quarante-huit heures; ils n'en sortent pas, et ce qu'on peut leur dire, quelque clair que cela soit, est absolument perdu; ils n'entendent pas.

« Ils nous proposaient aujourd'hui, quand nous leur demandions de nous en aller ou qu'on prolongeât la trêve, de l'augmenter de deux jours.

« Nous vous enverrons la réponse du grand-visir à notre projet aussitôt qu'elle aura été faite.

« Salut et respect.

« *Signé* Desaix et Poussielgue. »

La réponse de Kléber ne se fit pas attendre. Elle était ainsi conçue :

Au quartier-général de Saléhiëh, le 25 nivose
de la République française (15 janvier 1800).

Le général en chef Kléber au général de division Desaix et au citoyen Poussielgue, plénipotentiaires près du Grand-Visir.

« Je reçois ensemble aujourd'hui à Saléhiëh, où je suis arrivé le 23, vos différentes lettres et notes des 14, 18 et 21 nivose. Celle dont mon aide-de-camp Baudot était porteur, relatait en peu de mots la situation de la France, jusqu'au commencement d'octobre dernier, et j'en inférais que, se livrer à l'espoir d'un renfort dans de semblables conjonctures, ce serait s'abandonner à une idée entièrement chimérique; qu'en conséquence, il fallait songer à porter à notre patrie les secours qu'elle ne pouvait nous envoyer, ni même nous promettre, puisque dans les papiers qui nous sont parvenus jusqu'à présent, il n'a jamais été question de l'expédition d'Égypte que pour en blâmer la conquête : ceci, joint à l'extrême pénurie d'argent dans laquelle je me trouve, et qui rend ma position plus pénible encore que la présence de l'ennemi, me portait à vous prescrire de consentir à l'évacuation de ce pays, à la simple condition *que la Porte ottomane se retirerait aussitôt de la triple alliance.* Depuis cette époque, le fort d'El-A'rych a été pris; et, malgré tous mes efforts, je ne puis réunir, tant ici qu'à Belbéis et Catiëh, plus de six mille hommes pour m'opposer à l'armée ennemie qui s'avance. Que cela suffise pour nous assurer la victoire; je le veux. Mais quel avantage en tirerais-je ? Celui d'être obligé de me livrer pieds et poings liés, à la première sommation menaçante qui succéderait à mon triomphe momentané; et, si je perdais cette bataille, qui me pardonnerait jamais d'avoir osé l'accepter.

« Ces considérations, et d'autres encore que je m'abstiendrai d'exposer, me déterminent à persister dans ma résolution pour ce qui concerne l'évacuation de l'Égypte; mais si le grand-visir, trop forlement lié par le traité du 5 janvier 1799, et plus encore par les circonstances présentes, ne peut consentir à reprendre la neutralité que je lui ai proposée, et qu'au fond de son cœur il désire plus que nous, je vous autorise à passer outre, et à traiter de l'évacuation pure et simple, en évitant seulement de donner à cette reddition la formule d'une capitulation, en vous appliquant, au contraire, à lui imprimer le caractère d'un traité basé sur la note du plénipotentiaire sir Sidney Smith en date du 30 décembre dernier.

CONCLUSION.

« 1°. Nous sortirons de l'Égypte aussitôt que le nombre de bâtimens nécessaires à notre transport, et approvisionnés de subsistances, aura été fourni.

« 2°. Les bâtimens français et autres, restés dans le port d'Alexandrie, seront armés en guerre et employés de préférence à l'embarquement des troupes.

« 3°. Nous aurons, ainsi qu'il est déjà convenu, tous les honneurs de la guerre, et nous emporterons armes et bagages, sans qu'aucun bâtiment puisse être visité, sous quelque prétexte que ce soit.

« 4°. Jusqu'au moment de la réunion des bâtimens turcs dans les ports de l'Égypte, les armées resteront dans leurs positions actuelles; la Haute-Égypte seulement sera de suite et successivement évacuée jusqu'au Caire; toute l'armée partira en même temps des ports de l'Égypte pour faire route ensemble, ce qui ne pourra être qu'après l'équinoxe du printemps.

« 5°. Les détails relatifs à la marine seront arrêtés entre le reis-effendi et l'ordonnateur de la marine Leroy, qui se rendra à cet effet au lieu indiqué.

« 6°. L'armée française percevra les revenus de l'Égypte jusqu'au moment de son évacuation ; et il sera consenti jusqu'à cette époque, une trêve bien entendue et garantie réciproquement par des otages.

« Vous donnerez à toutes ces clauses et arrangemens toute l'étendue et les modifications nécessaires pour leur exécution, et toujours de la manière la plus honorable pour l'armée française ; enfin, vous ne romprez en aucun cas les conférences, à moins que le traité ne soit définitivement conclu.

« *Signé* KLÉBER. »

Les ordres étaient précis ; il fallait signer l'évacuation pure et simple, et se garder de rompre les conférences avant que le traité fût conclu. Les plénipotentiaires néanmoins hésitaient encore. Poussielgue se plaignait que *nous étions plus pressés que les Turcs.* Desaix, reculant à la vue des articles qu'il était chargé de consentir, demandait de nouveaux ordres ; et le visir, que ces répugnances fatiguaient, mandait à Kléber que ses *délégués rendaient difficile la réussite de cette si bonne affaire de l'évacuation.* La responsabilité revenait de tous côtés au général en chef; il résolut de la faire partager à ses lieutenans. Il les assembla à Salêhiëh, et supposant encore intacte une question que ses dépêches avaient depuis long-temps résolue, il leur fit un tableau animé, rapide, de la pénible situation où étaient les affaires. Il leur montra les hordes ottomanes prêtes à s'échapper du désert, et la population inquiète, mécontente, n'attendant pour s'insurger que l'apparition du visir. Qu'opposer à ces essaims de fanatiques? Qu'attendre, que se promettre au milieu d'un peuple en révolte? Nos caisses étaient vides, nos magasins épuisés; et, pour comble de maux, nos troupes rebutées n'aspiraient qu'à repasser en France. Fussent-elles d'ailleurs aussi dévouées qu'elles l'étaient peu, que faire avec une armée qui ne comptait pas quinze mille combattans, qui avait cent lieues de côtes à défendre, et tous les fellâhs disséminés des bouches du Nil aux cataractes, à comprimer! Était-ce avec les huit mille hommes au plus qu'elle pouvait mettre en ligne qu'elle garderait les vastes débouchés du désert, qu'elle veillerait sur les passes, qu'elle intercepterait les puits? Pouvait-elle, réduite comme elle était, faire face aux ennemis qui la menaçaient du dehors et à ceux qui l'attaquaient au-dedans? Pouvait-elle à la fois battre le visir, disperser les mameloucks, et contenir les naturels, que tout poussait à l'insurrection? Si, du moins, elle n'eût eu à triompher que de la disproportion du nombre! Mais une bataille gagnée ne changeait pas sa position. Bien plus, elle était perdue si elle ne recevait des secours avant la saison des débarquemens ; car, à cette époque, il faudrait garnir les côtes, porter des troupes à Alexandrie, à Aboukir, à Damiette, à Lesbëh, à Souez; disperser au moins cinq mille hommes sur la vaste plage que baigne la Méditerranée. Que resterait-il alors pour défendre un pays que ne protégeait aucune place forte, qu'attaquait une armée formidable qui parlait, agissait, combattait au nom de Mahomet? Et si la fortune trahissait leur courage, que devenaient les troupes? Les hordes barbares auxquelles nous avions affaire ne connaissent que le meurtre et le pillage. On ne traite avec elles que les armes à la main. Vaincus, nous étions sans retraite, sans point de ralliement; il fallait se résoudre à voir égorger jusqu'au dernier de nos soldats. Fallait-il courir ces chances ? Convenait-il, dans une situation aussi cruelle, de souscrire une évacuation pure et simple, ou valait-il mieux braver les hasards d'une résistance désespérée?

L'alternative parut gratuite à plusieurs membres du conseil ; Davoust la combattit vivement, et démontra combien elle était peu fondée. Mais Kléber l'interrompit avec aigreur, lui prodigua les expressions les plus dures, et s'oublia au point d'attaquer son courage. Cette scène outrageante termina la discussion. Le parti du général en chef était pris, l'opposition inutile, chacun adhéra à une résolution qu'il ne pouvait empêcher. Desaix reçut en conséquence l'ordre qu'il demandait, et l'évacuation fut consentie. Sidney, dont la médiation avait eu une influence si fatale sur les négociations, délivra, en sa qualité de ministre plénipotentiaire près la Sublime Porte, les passe-ports nécessaires à la sécurité du retour qu'avait garanti le visir. Tout était dès-lors consommé. Il ne s'agissait plus que de procéder à la remise graduelle des forts, des provinces, qu'on avait stipulée, et d'attendre, pour évacuer le Caire, que les moyens de transport convenus fussent rassemblés.

Mais l'improbation qui s'était manifestée au conseil n'avait pas tardé à retentir au-dehors. Ceux même qui s'étaient montrés les plus impatiens de revoir la France, repoussaient la transaction qui leur ouvrait la mer. Ils la trouvaient honteuse, et lui assignaient des motifs plus honteux encore. Ils accusaient le général en chef d'avoir perdu le fruit de leurs travaux ; ils le blâmaient d'avoir cédé, d'un trait de plume, une colonie dont la possession leur avait coûté tant de sang. Bientôt même la troupe ne s'en tint pas à ces plaintes. La douleur la rendit injuste ; elle ne craignit pas de parler de trafic, de spéculations, et reprocha durement à Kléber les hommes auxquels il s'était livré. Pour comble d'ennuis, le général, qui savait déjà l'arrivée de Bonaparte en France, et l'enthousiasme avec lequel il avait été accueilli, n'avait pas signé la cession de l'Égypte, qu'il apprit la promotion au consulat. Placé dès-lors entre les justes griefs d'un chef qu'il avait cruellement offensé, et les murmures d'une armée qui voulait bien se plaindre, mais non pas être blessée dans sa gloire, il reprit tristement le chemin du Caire. Inquiet, soucieux, il faisait de cruels réflexions sur l'inconstance des hommes, accusait Lanusse, qui avait éludé la part de responsabilité qu'il voulait lui imposer; et, s'adressant à Dugua, qui avait franchement persisté dans l'opinion qu'il avait d'abord émise, il lui mandait « que si la raison, la justice présidaient au jugement que l'on porterait de sa conduite, il ne pouvait s'attendre qu'à être approuvé. Si, au contraire, c'était l'animosité, la sottise, la vengeance, quelque chose qu'il eût faite, quelque parti qu'il eût pris, il n'en aurait pas moins été blâmé. Dans cette alternative, il aimait mieux l'être en sauvant les débris d'une armée, qu'en les abandonnant à une perte infaillible quelques instans plus tard. Au reste, il s'était aperçu qu'il n'avait contre lui que des hommes faibles et lâches, ou des esprits biscornus, qui eussent tremblé à la vue du danger. » Il ne soupçonnait pas, en tenant ce langage, que lui-même en ferait justice quelques mois plus tard. Il était loin de prévoir avec quel éclat il laverait sur le champ de bataille les fautes du cabinet.

Pendant, en effet, qu'il mettait une sorte d'ostentation à remplir les conditions qu'il avait souscrites, les Anglais ne songeaient qu'à violer le traité conclu sous leur médiation. Ils avaient intercepté la dépêche que Kléber avait adressée au Directoire après le départ de Bonaparte, et avaient adopté toutes les notions qu'elle renfermait. Ils avaient aussi reçu d'ailleurs une foule de documens sur l'Égypte, et s'étaient persuadés que l'armée était hors d'état de résister à une attaque. Quelques rapports, partis du *Tigre*, paraissent également n'avoir pas peu contribué à accréditer cette opinion. Quoi qu'il en soit, les Anglais, dont Smith avait déclaré que la politique était de sacrifier invariablement à l'équité, jugèrent que, si l'armée d'Orient était hors d'état de faire valoir le traité, le traité était nul, et qu'elle-même devait être prisonnière. Deux frégates, chargées de cette étrange résolution, arrivèrent d'Europe devant Alexandrie, le 19 février 1800. Des demi-mots, échappés aux commandans, mirent Lanusse sur la voie. Il expédia un courrier au Général en chef qui pressait l'évacuation du Caire, et avait déjà rendu Saléhiëh, Damiette, Lesbëh, Mansoura, et désarmé la plupart des forts. Tout fut aussitôt suspendu; on arrêta les convois qui descendaient le Nil; on rappela les corps; on prit toutes les mesures que suggérait la prudence. Pendant que Kléber réparait ainsi les fautes auxquelles sa bonne foi l'avait entraîné, les frégates faisaient voile pour l'île de Chypre, où se trouvait Sidney. A en juger par la date, le commodore ne perdit pas de temps. Il mit aussitôt la plume à la main, et adressa au Général en chef la dépêche qui suit:

Le commodore Sidney Smith au général en chef Kléber.

A bord du Tigre, à Chypre, 21 février 1800.

Monsieur le Général,

« Je reçois à l'instant la lettre ci-incluse à votre adresse. Elle est accompagnée d'ordres qui m'auraient empêché d'acquiescer à la conclusion d'une convention entre Son Altesse le grand-visir et vous, autrement que sous les conditions y énoncées, si je les avais reçus à temps. Maintenant que cette convention a eu lieu d'un commun accord, selon notre traité d'alliance avec la Porte, pendant que nous ignorions cette restriction, je ne conçois pas la possibilité de son infraction. En même temps je dois vous avouer que la chose ne me paraît pas assez claire pour que je puisse vous la garantir autrement que par ma détermination de soutenir ce qui a été fait, en tant que cela dépend de moi. Je suis au désespoir que ces lettres aient été tellement retardées en route. Si vous n'aviez rien évacué, il n'y aurait pas de mal que les choses restassent comme elles étaient au commencement des conférences, jusqu'à l'arrivée des instructions conformes aux circonstances. Il est à observer que ces dépêches sont d'ancienne date (1ᵉʳ janvier), écrites d'après des ordres venus de Londres au vice-amiral lord Keith, en date du 15 au 17 décembre, évidemment dictées par l'idée que vous traitiez séparément avec les Turcs, et pour empêcher l'exécution de toute mesure contraire à notre traité d'alliance. Mais maintenant qu'on est mieux instruit, et que la convention est réellement ratifiée, je ne doute pas que la restriction ne soit levée avant l'arrivée des transports. Je juge de votre embarras, monsieur le Général, par le mien ; peut-être avec la bonne foi qui vous caractérise, pourrions-nous aplanir des difficultés insurmontables. Je m'empresse de me rendre devant Alexandrie pour y rencontrer votre réponse. Vous voyez, monsieur le Général, que je m'en rapporte encore une fois à votre libéralité sur cette question vraiment difficile, certain qu'en tout cas vous me ferez la justice de croire à la loyauté de mes intentions.

« J'ai l'honneur d'être, avec une considération distinguée et une parfaite estime,

« Votre très humble serviteur,

« *Signé* SIDNEY SMITH. »

Cette lettre était assez curieuse ; car enfin, si ces ordres étaient précis, la bonne foi, ni les conférences ne pouvaient les éluder. Que voulait donc Sidney ? Quel but secret se proposait-il ? Du reste, Kléber était toujours sous le charme. Il se plaignait de la faiblesse du commodore, mais ne doutait pas de sa loyauté. Lanusse était moins confiant. « Pour faible, à la bonne heure, répondait-il au général en chef : de bonne foi ! je n'en suis pas sûr. » Poussielgue n'augurait pas mieux; néanmoins, des représentations étaient bonnes à faire; il résolut de les hasarder. Sidney, tout en regrettant que la convention n'eût pas la sanction de l'amirauté, ne se refusa pas à développer les motifs qu'elle avait de ne la pas donner. L'armée d'Orient ne comptait que des hommes éprouvés ; la dépêche de Kléber avait dévoilé sa détresse, le gouvernement pouvait l'avoir à discrétion ; il n'était pas assez simple pour remettre dans les mains de Bonaparte ses troupes par excellence. La résolution était avouée, les motifs parfaitement déduits; c'était désormais à la fortune à décider.

PIÈCES JUSTIFICATIVES.

(N° 1.) A bord du Tigre, 14 nivose an VIII (4 janvier 1800).

Le général de division Desaix, et le citoyen Poussielgue, contrôleur des dépenses de l'armée, et administrateur des finances, au général en chef Kléber.

Citoyen Général,

Nous vous envoyons copie de la note que nous avons remise à M. le commodore Sidney Smith, le 8 de ce mois, et des pièces par lesquelles il a répondu.

Vous remarquerez que les quatre articles de notre note renferment implicitement le fond des instructions que vous nous avez données, puisque le développement de chacun de ces articles reçoit les diverses applications qui doivent conduire à votre but.

Nous voulions voir comment cette ouverture serait reçue, avant de hasarder une explication plus positive, qui pouvait entraîner une rupture. M. Smith n'a pas manqué de nous demander quelques éclaircissemens, et nous les lui avons promis, en lui observant généralement que nous donnerions successivement à nos articles tous les développemens dont ils auraient besoin.

D'après sa réponse, nous avons aujourd'hui abordé franchement la question avant qu'il pût communiquer au grand-visir des espérances qu'il faudrait ensuite démentir. Déjà, dans nos fréquens entretiens, nous avons mis M. Smith à portée de mesurer l'étendue de nos prétentions, et il doit être préparé à les entendre sans aigreur. Vous trouverez ci-joint notre dernière note.

Vous serez étonné que notre mission soit aussi peu avancée; mais sur les quatorze jours, nous n'en avons pas passé deux sans avoir du gros temps qui nous rendait tous malades et hors d'état de nous occuper convenablement d'affaires sérieuses.

Salut et respect,

DESAIX, POUSSIELGUE.

(N° 2.) 15 nivose an VIII (5 janvier 1800).

La note remise hier par messieurs les commissaires français contenant des propositions d'une étendue qui exigerait une discussion entre les ministres plénipotentiaires de tous les gouvernemens respectifs avant de pouvoir les admettre; de plus, la ratification avant de pouvoir exécuter les conditions, et monsieur l'agent de Russie, au camp impérial ottoman, n'étant pas muni de pleins pouvoirs de son gouvernement, non plus que messieurs les commissaires français du leur : le soussigné ne voit pas la possibilité de faire un arrangement définitif sur cette base dans le camp ottoman. Il s'empressera cependant de mettre les papiers de messieurs les commissaires français sous les yeux de son altesse le suprême visir. Quant au soussigné, il ne peut donner d'autre conseil à Son Altesse que celui qu'il a développé dans le projet qui leur a été communiqué, et il manquerait à la franchise qu'il a promise au général en chef Kléber, et à messieurs les commissaires, s'il leur cachait que son devoir le portera à avertir Son Altesse du danger qui doit nécessairement résulter pour l'empire ottoman, si un intérêt local et immédiat l'inclinait à écouter favorablement une proposition tendant directement à rompre les engagemens contractés pour se préserver, soit des armes, soit de l'influence de la France dans l'état actuel des choses, essentiellement différent de celui où elles se trouvaient avant la paix de Jassy, auquel le raisonnement de messieurs les commissaires serait applicable.

A l'égard de la Grande-Bretagne elle-même, le soussigné n'hésite pas de répondre, en termes précis, qu'elle restera fidèle à ses engagemens; et les circonstances qui ont donné lieu au traité de la triple alliance existant toujours, sa confiance dans la sagesse, l'énergie et la bonne foi des alliés, la porte à croire que les liens récemment formés entre les trois puissances, ne peuvent qu'être resserrés par tous les efforts qui tendront à la rompre.

A bord du Tigre, devant Ghazah, 5 janvier 1800.

Signé Sidney Smith.

(N° 3.)   De la plaine d'El-A'rych, le 16 de Chaban 1214
(13 janvier 1800).

Le Grand-Visir au général en chef Kléber.

Le Tartare Moussa m'a apporté votre réponse. Jusqu'à présent toutes les lettres que vous avez écrites, tant à moi qu'à Moustapha-Pacha, témoignaient de votre part l'intention d'évacuer l'Égypte, pour éviter l'effusion du sang, et renouer les nœuds d'amitié qui unissaient autrefois la France avec la Porte. Vous nous aviez dit que vous nous enverriez bientôt des commissaires pour conférer avec nous au sujet de l'évacuation, et que la manière dont les commissaires s'occuperaient de ménager les intérêts de la Porte, prouveraient combien vous désiriez sincèrement la paix et le bien des deux nations.

Mais dans la lettre que je viens de recevoir, vous mettez à l'évacuation la condition que la Porte se détachera des puissances qui lui sont alliées, et qu'elle rompra avec elles. Cette clause ne s'accorde nullement avec les intentions amicales et pacifiques que vous prétendez avoir. Si vous voulez vous-même y réfléchir, vous sentirez que la Porte ne peut accepter une condition si contraire au traité d'alliance qu'elle a contracté avec les puissances ses amies.

Quoique vos commissaires ne soient point encore venus, j'espère qu'ils arriveront sous peu de jours. Aussitôt qu'ils seront ici, ils s'aboucheront avec les plénipotentiaires de la Porte et le commandant anglais Smith. S'ils proposent la clause susdite, ou tout autre semblable qui blesserait les intérêts de la Porte ou de ses alliés, nous ne l'accepterons point, et vous renouvellerez ainsi l'effusion du sang; mais s'ils sont véritablement animés du désir de terminer les choses à l'amiable, ils consentiront avant tout à une prompte évacuation de l'Égypte, qui est l'article 1er et fondamental de la pacification souhaitée.

Nous apporterons les meilleurs intentions à ces entretiens: si vos commissaires y mettent aussi de la bonne volonté, il suffira d'une ou deux conférences pour terminer la négociation.

Faites-moi savoir en définitif quel est le parti auquel vous vous arrêtez.

Signé Joussef-Pacha.

(N° 4.) Au camp ottoman de Ghazah, 9 janvier 1800.

Le commodore Sidney Smith aux citoyens Desaix et Poussielgue.

Messieurs,

Son altesse le suprême visir se trouvant à El-A'rych, je vais m'y rendre pour arrêter l'effusion du sang, pendant que nous sommes en négociation. Les Turcs ne ne voulant pas absolument entendre parler d'une trève qui les forcerait à rester dans l'inaction sur la lisière du désert, je pars sur un dromadaire pour aller plus vite. Le bâtiment que j'ai expédié, avec le développement des motifs qui me fesaient engager le suprême visir à tel armistice que la saine raison et l'usage commandaient, n'a pu s'approcher de la côte à cause du mauvais temps, et le parlementaire qu'a envoyé le général en chef Kléber, à ce même sujet, n'est arrivé que le lendemain de l'évément fâcheux du massacre d'une partie de la garnison d'El-A'rych. Les hommes composant cette garnison, n'ayant pas voulu écouter les sommations qui leur étaient faites avant l'approche d'une troupe effrenée qui devait les attaquer, sont entrés en pourparler, quand il était trop tard. Mais, pendant qu'on capitulait à la grande porte du fossé, ils y ont pénétré, et ont fait comme à leur ordinaire, de la manière la plus horrible. Le colonel Douglas accouru pour tâcher de contenir cette horde de furieux, a manqué vingt fois d'avoir la tête coupée, de même qu'un garde marine, qu'un mouvement naturel d'humanité et d'indignation avait engagé à suivre le colonel qui a été renversé, et le couteau déjà sur le cou, quand il a été délivré par les janissaires. Le visir n'a pas pu arrêter la troupe ni l'empêcher d'entrer dans le château. Cependant, le colonel Douglas, aidé par Rajeb-Pacha, a arrêté le torrent dans le fort, tant qu'il a pu, et a réussi à sauver le commandant et près de la moitié de la garnison.

M. Keith va se concerter avec vous sur votre réunion; la trêve m'ayant été annoncée par l'agent de Russie qui est venu du camp.

J'ai l'honneur d'être, avec estime et considération,

Votre serviteur très humble,

Smith.

(N° 5.) Au quartier-général du Caire, le 17 nivose an viii de la République française (17 janvier 1800).

Kléber, général en chef, au Grand-Visir.

Votre dernière lettre m'a été remise hier soir par le Tartare Moussa; ce même jour, j'avais expédié, vers le quartier-général de Votre Excellence, un homme de confiance du très honoré Moustapha-Pacha, portant des dépêches à mes plénipotentiaires que je croyais arrivés à Ghazah, et je vous ai fait connaître, par cette même occasion et par ledit Moustapha-Pacha, mon opinion sur l'événement d'El-A'rych, ainsi que les voies de rapprochement que j'ai à vous proposer, pour arriver à un accommodement également désirable pour les deux partis. Ce que j'ai dit hier, je vous le répéterai ici, afin que le gouvernement français ne puisse un jour m'accuser de n'avoir pas employé tous les moyens pour arrêter l'effusion du sang entre deux nations qui, plus que jamais, ont le plus grand intérêt de se réunir étroitement, et, pour qu'en cas que mes propositions ne soient point écoutées, Votre Excellence demeure seule comptable, non seulement envers son souverain Sélim II, mais encore envers l'Europe entière, de celui qui pourrait couler encore; qu'elle demeure comptable envers la Sublime Porte, d'avoir donné au hasard d'une bataille ce qu'elle aurait pu obtenir avec certitude de la manière la plus conforme aux intérêts de l'empire ottoman : je parle de l'évacuation de l'Égypte, et je m'explique.

Votre Excellence m'a proposé, dans ses lettres précédentes, 1°. notre libre sortie de l'Égypte avec armes, bagages et toutes autres propriétés; 2° qu'il serait fourni à cet effet à l'armée, de la part de la Sublime Porte, tous les bâtimens nécessaires, et pourvus de vivres pour son retour en France. J'accepte ces deux propositions à la simple condition qui suit; *savoir*, qu'aussitôt que les Français auront évacué l'Égypte, la Sublime Porte se retirera de la triple alliance, dans laquelle elle ne s'est et n'a pu s'engager, que pour maintenir l'intégrité de son empire, qui alors, et au moyen de cette évacuation, serait rétablie.

D'accord sur ces points capitaux, rien ne sera plus aisé que de s'entendre sur les différens détails d'exécution, et je propose pour cela trois moyens : Le premier serait d'abandonner ce travail aux plénipotentiaires actuellement à bord du *Tigre*, ou à Ghazah; le second, infiniment plus simple et plus prompt, serait d'envoyer votre reis-effendi, accompagné d'un autre grand de votre armée, à Cathiëh ou à Salêhiëh, où j'enverrai de mon côté un officier général chargé de mes pouvoirs, si, lorsque Votre Excellence recevra cette lettre, mes envoyés n'avaient pas encore paru à son quartier-général ; le troisième enfin serait d'autoriser et de donner pleins pouvoirs pour cet objet, au très honoré Moustapha-Pacha actuellement au Caire : en six heures de temps tout pourrait être terminé. Je demande à Votre Excellence une réponse cathégorique, en lui observant que de toutes les manières une suspension d'armes, garantie par des otages, est aussi indispensable que conforme aux droits de la guerre ; sans cette suspension, nos négociations ne deviendraient que le prétexte d'un affreux brigandage et de lâches assassinats. Je dois aussi vous prévenir que j'ai reçu la nouvelle officielle que déjà le 3 de ce mois, répondant au 26 du mois de Rageb, il a été conclu, à bord du *Tigre*, entre sir Sidney Smith et mes plénipotentiaires, un armistice d'un mois, sauf prolongation s'il y a lieu. J'y ai souscrit, et il me semble qu'il est obligatoire que Votre Excellence y consente ; on ne s'est jamais joué de choses aussi sacrées et aussi importantes.

Je prie Votre Excellence de croire à la haute considération que j'ai pour elle.

Signé KLÉBER.

Pour copie conforme,

Le général de division, chef de l'état-major général de l'armée,

Signé DAMAS.

(N° 6.)   A bord du Tigre devant Jaffa, le 8 janvier 1800.

LE GÉNÉRAL DE DIVISION DESAIX, ET LE CITOYEN POUSSIELGUE, CONTRÔLEUR DES DÉPENSES DE L'ARMÉE, ET ADMINISTRATEUR DES FINANCES, AU GÉNÉRAL EN CHEF KLÉBER.

Nous vous envoyons, citoyen Général, copie de la réponse de M. Smith, à notre dernière note : elle promet peu ; mais, dans l'entretien dont elle a été suivie, nous avons observé que s'il était impossible aux alliés de consentir 1°. à la dissolution de l'alliance ; 2°. à la restitution des îles, parce qu'elles sont occupées par les Russes ; 3°. à une garantie jusqu'à la paix de nos possessions dans la Méditerranée, toutes propositions pour lesquelles il pourrait être nécessaire d'avoir des ordres des gouvernemens respectifs, *il serait également impossible que vous consentissiez à l'évacuation pure et simple, comme on le proposait, sans y être autorisé par le Gouvernement français* ; que, dans ce cas, il y avait un moyen simple pour terminer tous les débats, c'est d'envoyer chacun de notre côté un courrier à nos Gouvernemens respectifs pour les informer du résultat des conférences, et attendre leurs ordres, que jusque-là et pour un temps déterminé, on suspendrait toute hostilité, si on pouvait y faire consentir le grand-visir, ou que s'il s'y refusait, on continuerait à se battre, sans que cela empêchât l'envoi des courriers.

C'est dans ces dispositions que nous nous sommes rendus devant Ghazah. M. Smith s'est rendu au camp ; il y a appris que El-A'rych s'est rendu le 8 nivose, que le grand-visir y était, qu'il s'était commis, dans la prise de cette place, des atrocités qui lui ôtaient la confiance de nous engager d'aller joindre le grand-visir, quoique le grand-visir fût dans les meilleures dispositions, et que son autorité et celles du pacha eussent été méconnues dans cette occasion. D'après ces considérations, plus détaillées dans la lettre de M. Smith ci-jointe, et dans les instructions à son secrétaire dont nous vous envoyons l'extrait, nous nous sommes décidés à attendre à Jaffa des nouvelles de M. Smith, en l'engageant à s'y rendre avec le reis-effendi. Nous le prions aussi de vous faire connaître directement la réponse qu'il aura à nous faire sur notre dernière note, en sorte que vous pourriez nous faire connaître vos intentions ultérieures.

Les conférences ont été poussées aussi avant qu'il était possible; tous les intérêts respectifs, tant de l'Europe que de l'Égypte, ont été repassés et débattus. Il paraît que nous nous entendons parfaitement sur tous les points, et, qu'en définitif, il faudra en venir à un courrier parlementaire, à moins que le grand-visir ne persiste à se battre pendant l'intervalle, et qu'alors vous changiez de détermination.

Bonaparte est arrivé à Paris le 24 vendemiaire; il y a été reçu avec enthousiasme, et comme vous le verrez par les gazettes que nous vous envoyons, et qui vont jusqu'au 25 octobre, il est probable qu'il va déterminer une crise, et qu'il nous fera envoyer promptement des secours ou des ordres. Ces gazettes vous donneront une idée assez exacte de la situation de l'Europe, des armées et de notre gouvernement à cette époque, pour que vous puissiez prévoir à peu près quelles mesures en seront la suite, en ce qui concerne l'Égypte.

Nous sommes extrêmement embarrassés pour correspondre avec vous, les occasions sont difficiles à trouver. Nous vous prions de donner ordre à un des avisos qui sont au bogaz de Damiette, ou à un de ceux qui sont à Alexandrie de venir nous joindre, et de rester à nos ordres, pour que nous puissions vous l'expédier toutes les fois qu'il sera nécessaire, et vous donner souvent des nouvelles, sans dépendre pour cela des convenances de M. Smith, quoiqu'il y mette beaucoup d'honnêteté et de bonne volonté.

Cet aviso peut venir en parlementaire à Jaffa; si nous n'y sommes plus quand il y arrivera, on lui indiquera le lieu où nous pourrons être.

Salut et respect,

Signé Desaix et Poussielgue.

(N° 7.)   Au camp impérial ottoman, à El-A'rych, le 15 janvier 1800.

Le commodore Sidney Smith au général en chef Kléber.

Monsieur le Général,

Messieurs vos envoyés s'étant un peu formalisés de la franchise de ma dernière note officielle, je ne suis pas sans appréhension que mon langage ait pu vous faire une impression différente de celle que je désirais produire, et je serais fâché de voir naître un sentiment d'éloignement, quand mon objet n'était que de découvrir jusqu'à leur base, les barrières qui nous séparent, afin de les ôter plus facilement.

Je ne vois pas pourquoi des militaires français, qui ont été les premiers à faire justice du système spoliateur et révolutionnaire, peuvent vouloir s'identifier avec les hommes exagérés qui ont fait le malheur de la France en gâtant une belle cause ; ou supposé qu'on ait voulu leur faire une pareille injure, le règne de la démagogne expirait à son foyer, il est de l'intérêt de tout le monde qu'elle ne renaisse pas ailleurs. Ce dont nous nous plaignons, et contre lequel nous nous défendons, c'est la continuation de cette manie de faire des Républiques bon gré malgré, partout où un soi-disant patriote peut trouver un exil honorable par une place qui le met à même d'achever, ou pour mieux dire, continuer ses expériences politiques sur le pauvre genre humain. Si tous les hommes de marque, attachés au Gouvernement français, avaient des vues aussi droites et des projets aussi raisonnables que M. Poussielgue et le général Desaix, cette méfiance cesserait bientôt.

J'ai l'honneur d'être, avec une parfaite estime et une considération des plus distinguées,

Votre très humble serviteur,
Signé SIDNEY SMITH.

(N° 7.)   Quartier-général de Salêhiêh, le 29 nivose an VIII
de la République française (19 janv. 1800).

Le général en chef Kléber au commodore Sidney Smith.

J'ai reçu votre billet du 18 janvier ; comme son contenu n'est nullement relatif à l'objet qui nous a réunis, et sur lequel nous traitons, vous trouverez bon que je me borne à vous en accuser la réception. Je profiterai toutefois de cette occasion pour avoir l'honneur de vous prévenir que, quoique j'aie donné pleins pouvoirs à mes plénipotentiaires de traiter en définitive de l'évacuation pure et simple de l'Égypte, je leur envoie néanmoins, par mon aide-camp Damas, l'ordre exprès de rompre les conférences, dès-lors qu'ils trouveraient, de la part du visir ou de la vôtre, trop de résistance à obtenir les conditions accessoires, et qui seraient relatives à l'honneur, la gloire et la sûreté de l'armée que je commande, parce que je crois avoir des moyens plus que suffisans pour arrêter l'ardeur, et réprimer l'orgueil de l'armée qui m'est opposée. Je m'en réfère, à cet égard, à votre propre jugement. La chose du monde qui me serait la plus pénible, monsieur le Général, serait d'être obligé de revenir le moindrement de la haute opinion que j'avais conçue de votre loyauté ; mais je n'ose le croire, et les circonstances vous mettent bien à même de m'y confirmer davantage, pour peu que cela vous tienne à cœur.

Signé Kléber.

(N° 8.) Au quartier-général de Salêhiëh, le 28 nivose an VIII
(18 janvier 1800).

Au Grand-Visir.

J'ai reçu à Salêhiëh la dernière lettre que Votre Excellence m'a fait l'honneur de m'adresser par le Tartare Moussa, resté à Cathiëh par malentendu.

Actuellement que mes plénipotentiaires sont arrêtés au quartier-général de Votre Excellence, et que j'ai rapproché le mien de manière à rendre nos communications aussi promptes que suivies, j'ai tout lieu d'espérer que nous nous entendrons mieux, et que nos négociations obtiendront bientôt le résultat heureux que Votre Excellence paraît désirer autant que moi. J'envoie à mes plénipotentiaires des instructions en conséquence. Ils ne rejeteront à l'avenir que ce qui pourrait être contraire à la gloire et à la sûreté de l'armée, dont le commandement m'est confié.

Je prie Votre Excellence de croire à la haute considération que j'ai pour elle.

Signé KLÉBER.

Le Grand-Visir au général en chef Kléber.

(N° 9.)   Du quartier-général à El-A'rych (sans date).

Au Modèle des Princes de la nation du Messie, au Soutien des Grands de la secte de Jésus, à l'honoré et estimé général français Kléber, *dont la fin puisse être heureuse ;* Salut.

J'ai reçu, et j'ai compris le contenu de la lettre que vous m'avez dernièrement adressée. Vous m'écrivez que vous vous êtes mis ces jours-ci en marche, accompagné d'une légère escorte, pour être à portée de donner les réponses nécessaires aux conditions que je vous proposerai, relativement à l'heureuse affaire de l'évacuation de l'Égypte que vous désirez, ou bien à la bataille ; et que vous vous êtes acheminé vers Belbéis et Salêhiëh, pour y attendre les réponses à vos dernières dépêches. Vous me dites aussi que si vos délégués n'étaient pas encore arrivés à mon quartier-général, il serait convenable de vous envoyer deux grands de la Porte, pour conférer sur l'affaire en question, et la terminer le plus tôt possible.

Votre loyauté ne croit pas convenable de verser le sang, et comme vous désirez l'heureuse réussite de la bonne affaire concernant l'évacuation de l'Égypte, et qui est un prélude à la paix, et que vous avez marché dans le chemin de la justice, ainsi que vous me l'avez écrit par le passé, il est clair que, d'après mon zèle et ma loyauté, je ne consentirai pas non plus à l'effusion du sang. Il est évident aussi que votre départ du Caire, et votre marche vers ces contrées, n'a pour but que de faire croire à votre justice et votre loyauté, et d'accélérer, d'une manière avantageuse pour la Sublime Porte, le terme de l'heureuse affaire de l'évacuation de l'Égypte, qui doit être le prélude de la paix et de la tranquillité.

Je dois vous prévenir que vos délégués, qui sont arrivés ces jours-ci à mon quartier-général, ont déjà ouvert les conférences, et que malgré votre assurance concernant le plein succès de l'affaire dont il s'agit, conformément à la loyauté et au zèle qui vous font aimer, ils *rendent difficile la réussite de cette si bonne affaire de l'évacuation*.

La Sublime Porte est depuis trois siècles amie de la France; mais ayant été destiné par mon souverain à m'emparer et à délivrer par la voie des armes, ou sans me battre, l'Égypte, dont les Français se sont emparés à l'imprévu, il est certain qu'avec le secours du Très-Haut, je dois faire mon possible pour y parvenir. Votre désir étant réellement d'évacuer l'Egypte, sans vous battre, loin de vouloir l'effusion du sang, mon désir est conforme au vôtre.

Je vous ai écrit cette lettre pour vous dire qu'il dépend de votre volonté de vous comporter d'après la préférence que vous aurez donnée à l'un des deux partis, de vous battre ou de ne point vous battre.

Quand vous aurez reçu la présente, et que vous en aurez compris le contenu, j'espère que vous vous conduirez toujours suivant votre loyauté et votre franchise.

Traduit par moi secrétaire interprète
du général en chef Kléber,

Signé Damielk Bracevisch.

(N° 10.) Quartier-général de Salèhieh, le 26 nivose an VIII
(16 janvier 1800)

KLÉBER, GÉNÉRAL EN CHEF, AU GÉNÉRAL DE DIVISION DESAIX ET AU CITOYEN POUSSIELGUE, PLÉNIPOTENTIAIRES PRÈS LE GRAND-VISIR.

Quatre heures après que je vous ai eu expédié ma dernière dépêche, est arrivé l'aide-de-camp Savary, m'apportant vos lettres des 23 et 24. Je n'ai, de mon côté, autre chose à ajouter à ce que je vous ai écrit, si ce n'est que je vous donne des pouvoirs illimités pour traiter et consentir l'évacuation de l'Égypte pure et simple, et de la manière la plus honorable pour l'armée française; mais il me semble qu'il est de l'intérêt même des Turcs de n'entrer en Égypte que lorsque nous l'aurons évacuée, du moins en partie; car, comment éviter sans cela un carnage, qui peut-être rendra tous les traités illusoires. Ainsi, un mois de trêve me paraît presque indispensable; l'évacuation de l'Égypte supérieure est surtout très difficile sans cela. Je remets, au reste, le tout à votre prudence et à votre sagacité.

KLÉBER, GÉNÉRAL EN CHEF DE L'ARMÉE D'ÉGYPTE,

Autorise et donne pleins pouvoirs à ses plénipotentiaires, le général de division Desaix et le citoyen Poussielgue, de traiter définitivement, et sans qu'il soit nécessaire de demander des instructions ultérieures de l'évacuation de l'Égypte, avec les plénipotentiaires du Grand-Visir, aux conditions les plus honorables pour l'armée française, et ainsi que peuvent le permettre les circonstances.

Signé KLÉBER.

(N° 11.)   Au camp de Saléhiëh, 30 janvier 1800.

Le commissaire ordonnateur en chef Daure au citoyen Ministre de la guerre, a Paris.

Citoyen Ministre,

Je vous fais passer ci-joint copie du traité passé entre le général en chef Kléber et les envoyés du grand-visir, à la suite des conférences qui ont eu lieu à El-A'rych. Vous verrez par ce traité que l'armée évacue l'Égypte, qu'elle doit en sortir dans trois mois, et qu'elle arrivera en France dans le courant de prairial ou de messidor. Je pense qu'elle débarquera à Toulon ou à Marseille.

Je dois vous prévenir que sa force est *d'environ vingt-cinq mille hommes de toutes armes, dont deux mille de cavalerie, trois d'artillerie, mille des troupes du génie, dix-huit mille d'infanterie*, et le reste d'administration, et autres individus employés à la suite de l'armée. J'ai cru devoir vous faire connaître de suite ce traité. J'ai profité du départ du citoyen Damas, aide-de-camp du général en chef Kléber, qui se rend à Paris, porteur des dépêches du Général en chef au Gouvernement. Je vous envoie le commissaire des guerres Miot, qui pourra vous donner tous les renseignemens nécessaires sur l'administration de l'armée. Il est à même plus que personne de le faire.

L'armée, à son arrivée, aura besoin d'un habillement complet. Celui qu'elle a reçu cette année ne peut lui être suffisant. La différence des uniformes, la mauvaise qualité des draps, sont des motifs pressans de lui en donner un autre. Le général Desaix devant partir sous peu de temps, je profiterai de cette occasion pour vous faire connaître les besoins de l'armée en tout genre.

J'ai l'honneur d'être, etc.

Signé DAURE.

(N° 12). Au quartier général du Caire, 30 janvier 1800.

BAUDOT, AIDE-DE-CAMP, AU GÉNÉRAL EN CHEF KLÉBER.

MON GÉNÉRAL,

Le citoyen Hamelin part à l'instant pour se rendre à votre quartier-général, avec l'aide-de-camp du général Dugua, qui vous porte des dépêches : c'est, sans doute, pour presser la conclusion de la spéculation commerciale qu'il vous a proposée, ce qui m'a engagé à vous prévenir qu'il n'y a au Caire qu'un cri général contre un pareil marché : on vous y donne comme intéressé, et on tient là-dessus des propos fort infâmes. Le citoyen Hamelin veut, dit-on, gagner Poussielgue pour vous parler en faveur du marché. Il doit même lui avoir offert une prime en cas de réussite. J'étais ce matin chez le général Dugua, lorsque le citoyen Hamelin y est entré. Le Général lui a donné lecture de la lettre que la commission vous écrit à ce sujet. Vous voyez vous-même qu'elle a composé avec sa façon de penser, et qu'elle a profité de l'absence du citoyen Leroy pour ne point donner d'avis, et vous laisser la responsabilité. Mon intention est de dire à ceux qui pourront m'en parler, et je ne crois pas être blâmé de vous, que l'objet proposé, intéressant l'armée, vous aviez voulu, pour prouver combien ses intérêts vous sont chers, et ne pouvoir être accusé par les malveillans de la moindre négligence, soumettre même ceci à une commission, quoique votre opinion, fortement prononcée, fût que vous ne vouliez pas que l'esprit le plus méchant pût vouloir faire regarder l'évacuation de l'Égypte comme une spéculation mercantile. Que je vous verrais avec plaisir débarrassé d'une armée où il se trouve des hommes aussi scélérats, qui, ne vous connaissant pas, ou feignant de ne pas connaître votre cœur désintéressé, croient, d'après leur propre cœur, que l'or est la seule idole que l'on doit encenser ! Ils n'ont jamais travaillé pour la gloire.

Je compte, mon Général, partir demain, ou après, pour vous rejoindre à Salêhiëh. Rapp arrive à l'instant; Damas compte partir demain. Il est inutile, je crois, en général, de vous assurer de mon respect et de mon dévoûment.

Signé A. BAUDOT.

P. S. Je crois devoir vous dire que tout ce qui se fait au camp et à El-A'rych, même de plus secret, est aussitôt su au Caire.

(N° 13.) Alexandrie, le 30 pluviose an VIII
(19 février 1800).

LANUSSE, GÉNÉRAL DE DIVISION, AU GÉNÉRAL EN CHEF.

Par sa lettre du 21 de ce mois, le général Damas me prévient que vous avez sursis au départ des blessés, et à celui de la Commission des Arts jusqu'à nouvel ordre. Leur armement est prêt, ils partiront quand vous voudrez. Cependant les Anglais pourraient encore leur occasionner quelque retard. Trois voiles étaient avant-hier devant Alexandrie ; les citoyens Tallien, Livron et Damas, votre aide-de-camp, croyant y reconnaître le *Thésée*, se mirent dans une chaloupe et furent à bord de la plus près. C'était une corvette venant en droiture d'Angleterre, sortie de Plymouth depuis six semaines. Le capitaine ne voulut point leur donner de nouvelles ; il leur dit seulement qu'il apportait des dépêches très pressées au commodore Smith. Votre aide-de-camp le prévint qu'il allait partir incessamment pour la France avec un passe-port du commodore. Il lui répondit qu'il avait, pour ne laisser sortir personne, des ordres que ceux de Sydney Smith ne pouvaient annuler. Le commandant d'un brick, qui se trouvait là dans le même moment, dit également à votre aide-de-camp que, malgré qu'il sût d'une manière positive qu'il était muni d'un passe-port de Smith, il ne le laisserait pas non plus passer, s'il pouvait faire autrement. Cela a donné matière à beaucoup de conjectures. La plus vraisemblable, suivant moi, est le rappel de Smith. Il est aussi possible qu'il se passe de grands événemens en Europe. Le *Thésée* est dans ce moment en Chypre ; il ne tardera pas à reparaître. Je m'empresserai de vous informer de ce qu'il nous apprendra d'intéressant à son arrivée.

Les travaux de l'armement sont en activité. Nos bâtimens seront prêts pour l'époque fixée pour l'embarquement, si l'argent ne nous manque point.

Salut et respect,

LANUSSE.

CONVENTION

POUR L'ÉVACUATION DE L'ÉGYPTE,

PASSÉE ENTRE LES CITOYENS DESAIX, GÉNÉRAL DE DIVISION, ET POUSSIELGUE, ADMINISTRATEUR GÉNÉRAL DES FINANCES;

ET LEURS EXCELLENCES MOUSTAPHA-RASCHID, EFFENDI TEFTERDAR, ET MOUSTAPHA-RAZYCHEH, EFFENDI REIS EL-KETTAB, MINISTRES PLÉNIPOTENTIAIRES DE SON ALTESSE LE SUPRÊME VISIR.

L'armée française en Égypte, voulant donner une preuve de ses désirs d'arrêter l'effusion du sang, et de voir cesser les malheureuses querelles survenues entre la République Française et la Sublime Porte, consent à évacuer l'Égypte, d'après les dispositions de la présente convention, espérant que cette concession pourra être un acheminement à la pacification générale de l'Europe.

ART. 1er. L'armée française se retirera avec armes, bagages et effets, sur Alexandrie, Rosette et Aboukir, pour y être embarquée et transportée en France, tant sur ses bâtimens que sur ceux qu'il sera nécessaire que la Sublime Porte lui fournisse; et pour que lesdits bâtimens puissent être plus promptement préparés, il est convenu qu'un mois après la ratification de la présente, il sera envoyé au château d'Alexandrie un commissaire avec cinquante personnes de la part de la Sublime Porte.

ART. 2. Il y aura un armistice de trois mois en Égypte, à compter du jour de la signature de la présente convention; et cependant, dans le cas où la trêve expirerait avant que lesdits bâtimens à fournir par la Sublime Porte fussent prêts, ladite trêve sera prolongée jusqu'à ce que l'embarquement puisse être complétement effectué ; bien entendu que de part et d'autre on emploiera tous les moyens possibles pour que la tranquillité des armées et des habitans, dont la trève est l'objet, ne soit point troublée.

Art. 3. Le transport des armées françaises aura lieu, d'après le réglement des commissaires nommés, à cet effet, par la Sublime Porte, et par le général en chef Kléber; et si, lors de l'embarquement il survenait quelque discussion entre lesdits commissaires, sur cet objet, il en sera nommé un par M. le commodore Sidney Smith, qui décidera les différends, d'après les réglemens maritimes de l'Angleterre.

Art. 4. Les places de Câthiëh et de Salêhiëh seront évacuées par les troupes françaises, le huitième jour, ou au plus tard, le dixième jour après la ratification de la présente convention. La ville de Mansoura sera évacuée le quinzième jour ; Suez sera évacuée six jours avant le Caire; les autres places, situées sur la rive orientale du Nil, seront évacuées le dixième jour ; le Delta sera évacué quinze jours après l'évacuation du Caire. La rive occidentale du Nil, et ses dépendances, resteront entre les mains des Français jusqu'à l'évacuation du Caire; et cependant, comme elles doivent être occupées par l'armée française jusqu'à ce que toutes les troupes soient évacuées de la Haute-Égypte, ladite rive occidentale et ses dépendances pourront n'être évacuées qu'à l'expiration de la trève, s'il est impossible de les évacuer plus tôt. Les places évacuées par l'armée seront remises à la Sublime Porte dans l'état où elles se trouvent actuellement.

Art. 5. La ville du Caire sera évacuée dans le délai de quarante jours, si cela est possible, ou au plus tard dans quarante-cinq jours, à compter du jour de la ratification de la présente.

ART. 6. Il est expressément convenu que la Sublime Porte apportera tous ses soins pour que les troupes françaises des diverses places de la rive occidentale du Nil, qui se replieront avec armes et bagages vers le quartier-général, ne soient, pendant leur route, inquiétées dans leurs personnes, biens et honneurs, soit de la part des habitans de l'Égypte, soit par les troupes de l'armée impériale ottomane.

ART 7. En conséquence de l'article ci-dessus, et pour prévenir toutes discussions et hostilités, il sera pris des mesures pour que les troupes turques soient toujours suffisamment éloignées des troupes françaises.

ART. 8. Aussitôt après la ratification de la présente convention, tous les Turcs et autres nations sans distinction, sujets de la Sublime Porte, détenus ou retenus en France, seront mis en liberté, et réciproquement tous les Français détenus ou retenus dans toutes les villes et Échelles de l'empire ottoman, ainsi que toutes les personnes de quelque nation qu'elles soient, attachées aux légations et consulats français, seront également mises en liberté.

ART. 9. La restitution des biens et des propriétés des habitans et des sujets de part et d'autre, ou le remboursement de leur valeur aux propriétaires, commencera immédiatement après l'évacuation de l'Égypte, et sera réglé à Constantinople par des commissaires nommés respectivement pour cet objet.

ART. 10. Aucun habitant de l'Égypte, de quelque religion qu'il soit, ne sera inquiété, ni dans sa personne, ni dans ses biens, pour les liaisons qu'il pourra avoir eues avec les Français pendant leur occupation de l'Égypte.

Art. 11. Il sera délivré à l'armée française, tant de la part de la Sublime Porte que de la Grande-Bretagne, les passe-ports, saufs-conduits, et convois nécessaires pour assurer son retour en France.

Art. 12. Lorsque l'armée française d'Égypte sera embarquée, la Sublime Porte, ainsi que ses alliés, promettent que, jusqu'à son retour sur le continent de la France, elle ne sera nullement inquiétée; comme de son côté, le général en chef Kléber, et l'armée française en Égypte, promettent de ne commettre, pendant ledit temps, aucune hostilité, ni contre les flottes, ni contre le pays de la Sublime Porte et de ses alliés, et que les bâtimens qui transporteront ladite armée ne s'arrêteront à aucune autre côte qu'à celle de France, à moins de nécessité absolue.

Art. 13. En conséquence de la trêve de trois mois, stipulée ci-dessus avec l'armée française pour l'évacuation de l'Égypte, les parties contractantes conviennent que si, dans l'intervalle de ladite trêve, quelques bâtimens de France, à l'insu des commandans des flottes alliées, entraient dans le port d'Alexandrie, ils en partiraient après avoir pris l'eau et les vivres nécessaires, et retourneraient en France munis de passe-ports des cours alliées, et dans le cas où quelques uns desdits bâtimens auraient besoin de réparations, ceux-là seuls pourraient rester, jusqu'à ce que lesdites réparations fussent achevées, et partiraient aussitôt après pour France, comme les précédens, par le premier vent favorable.

Art. 14. Le général en chef Kléber pourra envoyer sur-le-champ en France un aviso, auquel il sera donné les sauf-conduit nécessaires pour que ledit aviso puisse prévenir le Gouvernement français de l'évacuation de l'Egypte.

Art. 15. Étant reconnu que l'armée française a besoin de subsistances journalières pendant les trois mois dans lesquels elle doit évacuer l'Égypte, et pour trois autres mois à compter du jour où elle sera embarquée, il est convenu qu'il lui sera fourni les quantités nécessaires de blé, viande, riz, orge et paille, suivant l'état qui en est présentement remis par les plénipotentiaires français, tant pour le séjour que pour le voyage; celles desdites quantités que l'armée aura retirées de ses magasins après la ratification de la présente, seront déduites de celles à fournir par la Sublime Porte.

Art. 16. A compter du jour de la ratification de la présente convention, l'armée française ne prélèvera aucune contribution quelconque en Égypte; mais, au contraire, elle abandonnera à la Sublime Porte les contributions ordinaires exigibles, qui lui resteraient à lever jusqu'à son départ, ainsi que les chameaux, dromadaires, munitions, canons, et autres objets lui appartenant, qu'elle ne jugera pas à propos d'emporter, de même que les magasins de grains provenant des contributions déjà levées; et enfin, les magasins des vivres. Ces objets seront examinés et évalués par des commissaires envoyés en Égypte, à cet effet, par la Sublime Porte, et par le commandant des forces britanniques, conjointement avec les préposés du général en chef Kléber, et remis par les premiers au taux de l'évaluation ainsi faite, jusqu'à la concurrence de la somme de 3000 bourses (1) qui sera nécessaire à l'armée française pour accélérer ses mouvemens et son embarquement; et si les objets dési-

---

(1) La bourse équivaut à environ 1,000 francs, monnaie de France.

gnés ne produisaient pas cette somme, le déficit sera avancé par la Sublime Porte, à titre de prêt, qui sera remboursé par le Gouvernement français sur les billets des commissaires préposés par le général en chef Kléber, pour recevoir ladite somme.

Art. 17. L'armée française ayant des frais à faire pour évacuer l'Égypte, elle recevra après la ratification de la présente convention, la somme stipulée dans l'ordre suivant,

SAVOIR :

Le quinzième jour.	500 bourses.
Le trentième jour.	500
Le quarantième jour.	300
Le cinquantième jour.	300
Le soixantième jour.	300
Le quatre-vingtième jour.	300
Et enfin, le quatre-vingt-dixième jour	500 autres bourses.

Toutes lesdites bourses de 500 piastres turques chacune, lesquelles seront reçues en prêt des personnes commises à cet effet par la Sublime Porte; et pour faciliter l'exécution desdites dispositions, la Sublime Porte enverra, immédiatement après l'échange des ratifications, des commissaires dans la ville du Caire, et dans les autres villes occupées par l'armée.

Art. 18. Les contributions que les Français pourraient avoir perçues après la date de la ratification, et avant la notification de la présente convention, dans les divers points de l'Égypte, seront déduites sur le montant des 3000 bourses ci-dessus stipulées.

Art. 19. Pour accélérer et faciliter l'évacuation des places, la navigation des bâtimens français de transports qui se trouveront dans les ports français de l'Égypte, sera libre pendant les trois mois de trève, depuis Damiette et Rosette jusqu'à Alexandrie, et d'Alexandrie à Rosette et Damiette.

Art. 20. La sûreté de l'Europe exigeant les plus grandes précautions pour empêcher que la contagion de la peste n'y soit transportée, aucune personne malade, ou soupçonnée d'être atteinte d'une maladie, ne sera embarquée ; mais les malades pour cause de peste, ou pour toute autre maladie qui ne permettrait pas leur transport dans le délai convenu pour l'évacuation, demeureront dans les hôpitaux où ils se trouveront, sous la sauve-garde de son altesse le suprême Visir, et seront soignés par des officiers de santé français, qui resteront auprès d'eux jusqu'a ce que leur guérison leur permette de partir, ce qui aura lieu le plus tôt possible. Les articles 11 et 12 de cette convention leur seront appliqués comme au reste de l'armée, et le commandant en chef de l'armée française s'engage à donner les ordres les plus stricts aux différens officiers commandant les troupes embarquées, de ne pas permettre que les bâtimens les débarquent dans d'autres ports que ceux qui seront indiqués par les officiers de santé, comme offrant les plus grandes facilités pour faire la quarantaine utile, usitée et nécessaire.

Art. 21. Toutes les difficultés qui pourraient s'élever, et qui ne seraient pas prévues par la présente convention, seront terminées à l'amiable entre les commissaires délégués, à cet effet, par son altesse le suprême Visir, et par le général en chef Kléber, de manière à en faciliter l'exécution.

Art. 22. Le présent ne sera valable qu'après les ratifications respectives, lesquelles devront être échangées dans le délai de huit jours; ensuite de laquelle ratification la présente convention sera religieusement observée de part et d'autre.

Fait et scellé de nos sceaux respectifs, au camp des conférences près d'El-A'rych, le 4 pluviose an VIII de la République française, 24 janvier 1800, et le 28 de la lune de chaban, l'an de l'hégire 1214.

Signé le général de division Desaix, le citoyen Étienne Poussielgue, plénipotentiaires du général Kléber;

Et leurs excellences Moustapha-Raschid, effendi tefterdar, et Mousthpha-Rasycheh, effendi reis el-kettad, plénipotentiaires de son altesse le suprême Visir.

Pour copie conforme à l'expédition française, remise aux ministres turcs en échange de leur expédition en turc.

Signé Poussielgue, Desaix.

Le général Kléber renvoya l'exemplaire turc au Grand-Visir, avec sa ratification au bas, ainsi conçu :

« Je soussigné général en chef, commandant l'armée
« française en Égypte, approuve et ratifie les conditions
« du traité ci-dessus, pour avoir leur exécution en leur
« forme et teneur, devant croire que les vingt-deux
« articles y relatés sont entièrement conformes à la
« traduction française, signée par les plénipotentiaires
« du grand-visir, et ratifiée par son altesse, traduction
« dont le sens sera exactement suivi, chaque fois qu'à
« cet égard, et pour raison de quelques variantes, il
« pourrait s'élever des difficultés. »

Au quartier-général de Saléhiëh, le 8 pluviose (28 janvier 1800).

Signé Kléber.

LES ANGLAIS REFUSENT D'EXÉCUTER LA CONVENTION D'EL-A'RYCH.

BATAILLE D'HÉLIOPOLIS.

La lettre de Sidney donna une nouvelle impulsion aux mesures de défense que le général en chef avait arrêtées. Il pressa le retour du matériel qui se trouvait déjà à Rosette, et fit remonter en toute hâte des munitions qu'on avait transportées à Alexandrie. Il accéléra la marche des corps qui stationnaient à Rahmaniëh, expédia des courriers dromadaires à ceux qui étaient encore disséminés dans la Haute-Égypte, et se vit bientôt entouré de l'armée entière, avec laquelle il prit position vers la Koubbé. Il lui adressa une proclamation pour la préparer aux suites d'une rupture; en même temps il chargea le secrétaire de Sidney qui lui avait rendu la dépêche du commodore d'aller sur-le-champ donner communication de cette pièce au visir. Il appela auprès de lui Moustapha-Pacha, commissaire de la Porte, lui déclara qu'il différait l'évacuation du Caire, et qu'il regarderait comme un acte d'hostilité le moindre mouvement que ferait l'armée ottomane au-delà de Belbéis. Joussef se trouvait dans cette place lorsque la dépêche lui fut rendue. Son camp était déjà levé et lui-même prêt à monter à cheval. Il témoigna son étonnement de l'opposition que montraient les Anglais à l'exécution d'un traité qu'ils avaient mis tant d'insistance à conclure, et adressa à Sidney les représentations qui suivent :

Le Grand-Visir au commodore Sidney Smith.

« Il est superflu de vous faire savoir qu'il a été convenu, dans les conférences qui ont eu lieu à El-A'rych, entre mes plénipotentiaires et ceux de l'honoré général Kléber, que les escadres de la Sublime Porte, celles de l'Angleterre et de la Russie n'auraient pas inquiété les bâtimens sur lesquels doivent s'embarquer les Français qui évacueront l'Égypte. Ces conventions vous ont été connues, et elles ont été stipulées d'après votre avis, en vertu de votre qualité de ministre plénipotentiaire; vous étiez convenu en même temps que la Porte aurait fourni des firmans de route, et que vous auriez donné des passe-ports aux Français qui seraient sortis de l'Égypte en toute sûreté avec armes et bagages, et remis lesdits passe-ports au lord Nelson, qui se serait chargé de les faire arriver sains et saufs dans les ports de France.

« D'après cela, il est évident qu'il est de toute nécessité que cette convention soit complétement exécutée, sans qu'il puisse y être mis aucune opposition. Cependant le général en chef Kléber vient de m'envoyer copie d'une lettre que vous lui écrivez, et dont l'original a été vu par votre secrétaire Keith, dans laquelle vous lui faites part des ordres de lord Keith, mon honoré ami, amiral de l'escadre de Sa Majesté britannique dans la Méditerranée, qui sont contraires à l'exécution de la convention. Quoique vous n'ayez pas encore reçu la lettre du lord Keith qui contient les susdits ordres, votre lettre ayant singulièrement affecté le général Kléber, son excellence Moustapha-Pacha a fait savoir, par des dépêches réitérées, qu'il se refusait à évacuer le Caire. Comme vous mandez à ce général, en lui faisant part des ordres du lord Keith, qu'il serait nécessaire d'ouvrir de nouvelles conférences pour prendre des arrangemens en conséquence, il a élevé des doutes sur la libre sortie des Français de l'Égypte, et a déclaré qu'il n'évacuerait le Caire que lorsqu'il serait pleinement rassuré. Cependant l'époque où le Caire aurait dû être évacué, conformément à la convention, étant arrivée, et cette infraction au traité mettant dans le cas de recommencer les hostilités; mais étant convaincu que le général Kléber ne s'est point conformé au traité à cet égard, que parce qu'il a eu connaissance et a été très affecté des difficultés opposées par le lord Keith, et qu'il désirait, avant d'en venir à cette mesure, être rassuré de ce côté, on s'est borné à lui faire donner l'assurance que l'Angleterre ne mettrait aucun obstacle à l'arrivée de l'armée française dans les ports de France.

« Il est inutile de vous dire qu'il est certain que le lord Keith n'était point instruit de l'évacuation de l'Égypte, lorsqu'il a expédié ses dépêches, et que vous auriez dû lui en donner connaissance avant d'écrire au général français des lettres qui devaient nécessairement lui donner de l'inquiétude; vous devez donc montrer le plus grand zèle pour faire exécuter complétement tous les articles de cette convention, passée entre la Sublime Porte et les Français qui sont en Égypte, et à laquelle vous avez participé comme plénipotentiaire de votre cour; vous y êtes d'autant plus obligé que, conformément à l'alliance que la Sublime Porte a contractée avec l'Angleterre, et par laquelle cette puissance garantit l'intégrité de l'empire ottoman, vous devez mettre tout en œuvre afin que l'Égypte soit remise le plus tôt possible sous sa domination.

« L'ambassadeur extraordinaire de Sa Majesté britannique près la Sublime Porte, le lord Elgin, notre ami, lui a présenté plusieurs mémoires dans lesquels il dit que son roi n'apportera aucune difficulté dans les conventions qu'elle voudra passer pour l'évacuation de l'Égypte; que sa volonté, à cet égard, sera toujours exécutée, et que Sa Majesté Britannique se conformera toujours aux articles du traité d'alliance qui unit les deux puissances; d'après cela, il est de votre devoir de faire cesser promptement les difficultés que votre lettre a apportées à l'entière exécution de la convention passée pour l'évacution de l'Égypte.

« Je vous ai écrit la présente, afin que, mettant tous vos soins à ce que rien n'arrive de contraire à notre alliance et à la convention stipulée, vous m'expédiez le plus tôt possible une dépêche tendante à rassurer le général Kléber, par la certitude que vous me donnerez que les bâtimens sur lesquels seront embarqués les Français ne seront nullement inquiétés par les bâtimens anglais, et que ceux-ci, au contraire, les feront parvenir sains et saufs dans leur patrie; et que, conformément à notre alliance, vous et tous les préposés de votre cour emploierez tous vos moyens afin que les articles de la convention soient pleinement exécutés. Quand la présente vous sera parvenue, j'espère que vous ferez tout ce qui tendra à resserrer notre alliance, et surtout à faire exécuter la convention, et que vous vous empresserez de m'envoyer la lettre que je vous demande.

« *Signé* Joussef-Pacha.

Pour copie conforme,

Le général de division, chef de l'état-major,

« *Signé* Damas. »

Après ces observations, qui étaient en effet péremptoires, le visir se persuada que tout allait s'aplanir; il reprit son mouvement, se rendit auprès d'El-Hanka avec son armée, et portant son avant-garde à Matarié, à deux heures de chemin du Caire, il plaça dans la plaine de la Koubbé ses avant-postes au milieu des nôtres.

Sur ces entrefaites, le lieutenant Wright arriva au quartier-général, porteur d'une lettre adressée par le lord Keith, commandant de la flotte anglaise dans la Méditerranée, au général en chef de l'armée française en Égypte. Elle était datée de Minorque, le 8 janvier 1800, écrite en anglais, et ainsi conçue :

« Monsieur,

« Ayant reçu des ordres positifs de Sa Majesté
« de ne consentir à aucune capitulation avec l'ar-
« mée française que vous commandez en Égypte
« ou en Syrie, excepté dans le cas où elle mettrait
« bas les armes, se rendrait prisonnière de guerre,
« et abandonnerait tous les vaisseaux et toutes les
« munitions des ports et ville d'Alexandrie aux
« puissances alliées, et dans le cas où une capitu-
« lation aurait lieu, de ne permettre à aucune troupe
« de retourner en France, qu'elle ne soit échangée,
« je pense nécessaire de vous informer que tous les
« vaisseaux ayant des troupes françaises à bord, et
« faisant voile de ce pays avec des passe-ports signés
« par d'autres que par ceux qui ont le droit d'en
« accorder, seront forcés par les officiers des vais-
« seaux que je commande de rentrer à Alexandrie;
« et que ceux qui seront rencontrés retournant en
« Europe, d'après des passe-ports accordés en con-
« séquence d'une capitulation particulière avec une
« des puissances alliées, seront regardés comme
« prises, et tous les individus à bord considérés
« comme prisonniers de guerre.

« *Signé* Keith. »

Kléber prit à l'instant la résolution de livrer bataille, certain que l'armée partagerait ses sentimens, aussitôt qu'elle connaîtrait cette lettre odieuse; elle fut imprimée pendant la nuit, et servit de proclamation. « Soldats! ajouta le général, on ne répond « à de telles insolences que par des victoires : pré-« parez-vous à combattre. » Jamais outrage ne fut plus vivement senti. L'injure était commune, chacun brûlait de la venger. Tous les Français se reconnurent à cette généreuse indignation; l'on eût dit que l'armée poussait dans ce moment un cri de guerre unanime.

Le visir avait rejeté toutes les propositions qui lui avaient été adressées. Il ne voyait dans notre modération que le témoignage de notre faiblesse. Convaincu que les Français ne pouvaient s'opposer à la marche de son armée, il exigea, au terme convenu, l'évacuation du Caire, de tous les forts et du Delta. Dans les conférences qui se tinrent à la Koubbé, le reis-effendi et le teftedar, feignirent de regarder cette opposition des Anglais comme un événement peu considérable, qui, n'étant point émané de Constantinople, ne devait pas arrêter l'évacuation. Tout délai de notre part était, selon eux, une infraction au traité, et c'était offenser la Porte que d'exiger une autre garantie que ses firmans.

La communication de la lettre du lord Keith n'avait rien changé aux dispositions du visir. Sidney-Smith voulut, à son ordinaire, s'interposer entre les Turcs et nous, et conseilla inutilement de tout suspendre de part et d'autre. Le visir, qui n'appréciait pas les suites d'une rupture, repoussa le conseil donné par la prévoyance, persista dans ses prétentions, et consentit seulement à promettre des otages et des subsides.

Pendant que duraient les conférences, le visir faisait venir de nouvelle artillerie d'El-A'rych, il augmentait ses forces déjà très considérables, armait les habitans des villages. Il répandait dans les provinces des firmans, où les Français étaient représentés comme des infidèles, ennemis de l'Islamisme, infracteurs des traités. Il écrivait dans le même sens aux tribus d'Arabes, établissait des chefs de sédition dans toutes les villes, et notamment au Caire, à Méhallet-el-Kebis et à Taula, où elles ne tardèrent pas à éclater. Il ordonna aux odjakis qui composaient l'ancienne milice du Grand-Seigneur de se rendre à son camp, avec leurs chevaux et leurs armes; enfin, il enjoignit à tous, sous peine d'être traités comme rebelles, de se réunir, au nom de la religion et du souverain, pour exterminer les Français que leur petit nombre et la terreur de ses armes avaient glacés d'effroi.

Cependant les troupes françaises arrivèrent de la Basse-Égypte et du Saïd. Il n'y avait pas un instant à perdre, la position des deux armées suffisait pour amener des hostilités. Nos forces ne pouvaient augmenter, celles de l'ennemi allaient toujours croissant. Kléber fit cesser les conférences, et s'adressant à Moustapha-Pacha :

« Il faut, lui dit-il, que votre excellence sache « que les desseins du visir me sont connus. Il me « parle de concorde et forme des séditions dans « toutes les villes. C'est vous-même qu'il a chargé « de préparer la révolte du Caire. Le temps de la « confiance est passé. Le visir m'attaque puisqu'il « est sorti de Belbéis; il faut que demain il re-« tourne dans cette place, qu'il soit le jour suivant « à Saléhiëh, et qu'il se retire ainsi jusqu'aux fron-« tières de la Syrie, autrement je l'y contraindrai. « L'armée française n'a pas besoin de vos firmans, « elle trouvera l'honneur et la sûreté dans ses forces; « informez Son Altesse de mes intentions. »

Le même jour il convoqua les officiers généraux en conseil de guerre; il leur présenta la lettre de lord Keith, le plan de bataille, et leur dit :

Citoyens généraux,

« Vous avez lu cette lettre, elle vous dicte votre devoir et le mien. Voici notre situation : les Anglais nous refusent le passage après que leurs plénipotentiaires en sont convenus, et les Ottomans, auxquels nous avons livré le pays, veulent que nous achevions de l'évacuer conformément aux traités; il faut vaincre ces derniers, les seuls que nous puissions atteindre; je compte sur votre zèle, votre sang-froid et la confiance que vous inspirez aux troupes. Voici mon plan de bataille. »

Cette exposition ne fut suivie d'aucune délibération, chacun était animé d'un égal désir de soutenir la gloire de nos armes.

Ne voulant point attaquer le visir sans une déclaration expresse d'hostilités, Kléber lui adressa la lettre suivante :

Au quartier-général de l'armée française,
le 28 ventose an VIII.

« L'armée dont le commandement m'est confié,
« ne trouve point, dans les propositions qui m'ont
« été faites de la part de Votre Altesse, une garantie
« suffisante contre les prétentions injurieuses, et
« contre l'opposition du gouvernement anglais à
« l'exécution de notre traité. En conséquence, il a
« été résolu ce matin, au conseil de guerre, que ces
« propositions seraient rejetées, et que la ville du
« Caire ainsi que ses forts, demeureraient occupés
« par les troupes françaises, jusqu'à ce que j'aie
« reçu du commandant en chef de la flotte anglaise
« dans la Méditerranée, une lettre directement con-
« traire à celle qu'il m'a adressée le 8 janvier, et
« que j'aie entre les mains les passe-ports signés
« par ceux qui ont le droit d'en accorder.

« D'après cela, toutes conférences ultérieures entre
« nos commissaires deviennent inutiles, et les deux
« armées doivent dès cet instant être considérées
« comme en état de guerre.

« La loyauté que j'ai apportée dans l'exécution

« ponctuelle de nos conventions donnera à Votre
« Altesse la mesure des regrets que me fait éprou-
« ver une rupture aussi extraordinaire dans ces cir-
« constances, que contraire aux avantages com-
« muns de la République française et de la Sublime
« Porte. J'ai assez prouvé combien j'étais animé du
« désir de faire renaître les liaisons d'intérêt et d'a-
« mitié qui unissaient depuis long-temps les deux
« puissances. J'ai tout fait pour rendre manifeste la
« pureté de mes intentions. Toutes les nations y
« applaudiront, et Dieu soutiendra par la victoire
« la justice de ma cause. Le sang que nous sommes
« prêts à répandre rejaillira sur les auteurs de cette
« nouvelle dissension.

« Je préviens aussi Votre Altesse que je garde
« comme otage à mon quartier-général, son excel-
« lence Moustapha-Pacha, jusqu'à ce que le gé-
« néral Galbo, retenu à Damiette, soit arrivé à
« Alexandrie, avec sa famille et sa suite, et qu'il
« ait pu me rendre compte du traitement qu'il a
« éprouvé des officiers de l'armée ottomane, sur
« lesquels on me fait des rapports très extraordi-
« naires.

« La sagesse accoutumée de Votre Alteses, lui
« fera distinguer aisément de quelle part viennent
« les nuages qui s'élèvent ; mais rien ne pourra al-
« térer la grande considération et l'amitié bien sin-
« cère que j'ai pour elle.

« *Signé* KLÉBER. »

Pendant que Kléber faisait connaître ces nouvelles dispositions au visir, on ordonnait au Caire les préparatifs du combat.

Au milieu de la nuit suivante le général se rendit, avec les guides de l'armée et son état-major, dans la plaine de la Koubbé, où se trouvait déjà une partie des troupes. Les autres arrivèrent successivement et se rangèrent en bataille. La clarté du ciel, toujours serein dans ces climats, suffisait pour que les mouvemens s'exécutassent avec ordre; mais elle était trop faible pour que l'ennemi pût les apercevoir. Kléber parcourut les rangs et remarqua la confiance et la gaîté de nos soldats, présages ordinaires de la victoire.

La ligne de bataille était composée de quatre carrés; ceux de droite obéissaient au général Friant, ceux de gauche au général Reynier; l'artillerie légère occupait les intervalles d'un carré à l'autre, et la cavalerie en colonnes, dans l'intervalle du centre, était commandée par le général Leclerc : ses pièces marchaient sur ses flancs et étaient soutenues par deux divisions du régiment des dromadaires.

Derrière la gauche, en seconde ligne, était un petit carré de deux bataillons. L'artillerie de réserve, placée au centre, était couverte par quelques compagnies de grenadiers, et les sapeurs, armés de fusils; d'autres pièces marchaient sur les deux côtés du rectangle, soutenues et flanquées par des tirailleurs. Enfin, des compagnies de grenadiers doublaient les angles de chaque carré, et pouvaient être employés pour l'attaque des postes. La 1ʳᵉ brigade de la division Friant était commandée par le général Belliard, et formée de la 21ᵉ légère et de la 88ᵉ de bataille; les 61ᵉ et 75ᵉ de bataille formaient la 2ᵉ brigade, aux ordres du général Donzelot.

Le général Robin commandait la 1ʳᵉ brigade de la division Reynier, composée de la 22ᵉ légère et de la 9ᵉ de bataille. Le général Lagrange avait sous ses ordres la 13ᵉ et la 85ᵉ de bataille, formant la 2ᵉ brigade de cette division. Le général Songis commandait l'artillerie, et le général Samson le génie.

Nassif-Pacha, à la tête de l'avant-garde ennemie, avait deux autres pachas sous ses ordres. Le village de Matarié, qu'il occupait avec cinq ou six mille janissaires d'élite, et un corps d'artillerie, avait été retranché et armé de seize pièces d'artillerie. Les avant-postes se prolongeaient sur la droite jusqu'au Nil, et sur la gauche jusqu'à la mosquée de Sibil-Yalem; le camp du visir était situé entre El-Hanka et le village de Abouzabal. C'est dans cet endroit que son armée était rassemblée, elle y occupait un espace considérable; on ne peut décrire son ordre de bataille; les Turcs n'en observent aucun. Presque tous les rapports qui nous sont parvenus portaient cette armée à quatre-vingt mille hommes, quelques uns cependant ne l'évaluaient qu'à soixante mille.

On se mit en marche vers les trois heures du matin. L'aile droite arriva au point du jour près de la Mosquée (Sibil-Yalem), où l'ennemi avait une grand'garde de cinq ou six cents chevaux; quelques coups de canon les déterminèrent à se replier. Les deux carrés de gauche arrivèrent devant le village de Matarié. Ils s'y arrêtèrent hors de portée de canon, et donnèrent le temps à la division de droite de venir se placer entre Héliopolis et le village d'El-Mark, afin de s'opposer à la retraite des troupes ennemies, et à l'arrivée des renforts que le visir pouvait envoyer.

Tandis que ce mouvement s'exécutait, on aperçut un corps de cavalerie et d'infanterie turque réuni à une forte troupe de mameloucks, qui, après avoir fait un grand détour dans les terres cultivées, se dirigeait vers le Caire. Les guides eurent ordre de les charger; ceux-ci acceptèrent la charge, et renforcés successivement par de nouvelles troupes, enveloppèrent les nôtres. L'issue de cette mêlée eût été funeste, si le 22e régiment de chasseurs et le 14e de dragons ne fussent accourus. Le combat néanmoins fut long et opiniâtre; à la fin l'ennemi prit la fuite et s'éloigna à perte de vue dans les terres, continuant toujours de se diriger sur le Caire.

Le général Reynier commença l'attaque de Matarié; des compagnies de grenadiers mises en réserve pour cet objet, reçurent l'ordre d'emporter les retranchemens, et l'exécutèrent avec une bravoure digne des plus grands éloges; tandis qu'elles bravaient le feu de l'artillerie ennemie et s'avançaient au pas de charge, les janissaires sortirent de leurs retranchemens et fondirent à l'arme blanche sur la colonne de gauche; mais accueillis de front par une fusillade meurtrière, pris en flanc par les troupes de droite, ils sont accablés, défaits, tous reçoivent la mort. Leurs cadavres comblent les fossés dont ils s'étaient couverts, on s'élance sur leurs membres palpitans, on franchit tous les obstacles, le camp est emporté; drapeaux, pièces d'artillerie, queues de pachas, effets de campemens tombent dans nos mains. L'infanterie se jette en vain dans les maisons et cherche à s'y défendre, on la suit, on la force; tout ce qui oppose de la résistance est égorgé ou livré aux flammes. Pressées par le fer et le feu, quelques colonnes essaient de déboucher dans la plaine; mais elles tombent sous le feu de la division Friant. Le reste est tué ou dispersé par une charge de cavalerie.

L'ennemi avait abandonné ses tentes et ses bagages; mais l'armée sentait la nécessité de ne pas laisser reprendre haleine au visir, et de le poursuivre jusqu'aux limites du désert. Elle abandonna le butin aux Arabes, et continua le mouvement.

Nassif-Pacha désirait parlementer et demandait un officier de marque. Le chef de brigade Baudot, aide-de-camp du général en chef, fut chargé d'aller recevoir ses ouvertures; mais il ne fut pas plus tôt aperçu des troupes turques, qu'il se vit assailli de toutes parts. Blessé à la tête et à la main, il allait être mis en pièces, lorsque deux mamelroucks du pacha qui l'accompagnaient réussirent à l'arracher à cette multitude sauvage. Ils le conduisirent au visir qui le fit arrêter.

Cependant le général Reynier avait rassemblé sa division auprès de l'obélisque d'Héliopolis. Tout à coup des nuages de poussière s'élèvent à l'horizon; l'armée turque s'avance, conduite par le visir en personne, et prend position sur les hauteurs qui séparent les villages de Syriacous et d'El-Mark. Son chef s'établit derrière le bois de palmiers qui entoure le dernier de ces villages.

Nous marchons à sa rencontre; Friant se porte sur la gauche, Reynier sur la droite, toute l'armée s'avance et prend insensiblement son premier ordre de bataille. Les tirailleurs ennemis sont repoussés, chassés du bois qui les protége. Le groupe de cavalerie qui forme le quartier-général du visir est couvert d'obus et de mitraille. Les Ottomans ripostent, le feu s'échauffe, la canonnade devient terrible. Mais les boulets de l'ennemi se perdent au-dessus de nos carrés, et ses pièces, accablées de projectiles lancés avec justesse et précision, sont bientôt démontées. Il réunit ses drapeaux épars sur toute la ligne, c'est le signal ordinaire d'une charge générale; nous nous y préparons. Le général Friant laisse approcher les Osmanlis, démasque ses pièces et les couvre de mitraille. Cette terrible réception les ébranle; ils hésitent, flottent et prennent enfin la fuite. L'infanterie n'avait voulu tirer qu'à bout portant; elle ne brûla pas une amorce.

Le terrain était coupé, sillonné de profondes gerçures; cette circonstance avait ralenti l'impétuosité de la cavalerie ennemie, et ne permit pas à la nôtre d'accabler les fuyards.

Le visir était exposé au feu de nos pièces dans le village d'El-Mark. Il fait ses dispositions pour nous éloigner. Son armée s'ébranle, se divise et nous entoure de toutes parts. Ainsi placés au milieu d'un carré de cavalerie qui avait plus d'une demi-lieue de côté, nous tuâmes, nous fusillâmes, pas une de nos balles n'était perdue. Enfin, les Turcs désespérant de vaincre, s'éloignent à toute bride et gagnent El-Hanka.

Quoique battu, le visir était encore redoutable. Il avait des troupes nombreuses, et sa présence suffisait pour armer la population contre les Français : aussi Kléber était-il déterminé à le suivre au Caire, dans le désert, à travers les terres cultivées, partout où il porterait ses pas. Il se mettait sur ses traces, lorsqu'il vit venir à lui l'interprète qui avait accompagné son aide-de-camp. Le visir l'avait chargé de proposer à Kléber de faire cesser les hostilités, et d'évacuer le Caire, conformément au traité qu'ils avaient conclu. « Retournez à son camp, répondit le général, et dites-lui que je marche sur El-Hanka. » L'armée était en mouvement et fut bientôt à la hauteur du village. Une cavalerie nombreuse le défendait ; mais elle n'aperçut pas plus tôt nos troupes, qu'elle se replia confusément, et prit la fuite. De ceux qui étaient sur les flancs et les derrières, les uns revinrent sur leurs pas, les autres se dispersèrent. Quant à Mourâd-Bey, dès que l'attaque avait commencé, il s'était éloigné à perte de vue dans le désert, pour ne pas prendre part à l'action.

L'armée ottomane ne nous attendit pas à El-Hanka; elle s'éloignait, fuyait, abandonnait tout ce qui pouvait retarder son mouvement. Nous espérions la joindre dans son camp; nous forçâmes de marche; nous y fûmes rendus avant le coucher du soleil. Elle n'avait fait que passer; nous trouvâmes ses effets de campement, ses équipages, des objets précieux, une grande quantité de cottes de maille, de casques de fer. Nous étions accablés de fatigue, nous rencontrions des tentes qui nous invitaient à réparer nos forces; nous cédâmes. La nuit tendit ses voiles, tout fut bientôt calme, assoupi; on put distinctement entendre le bruit du canon qu'on tirait au Caire. Kléber avait laissé dans cette ville la 32ᵉ de bataille, et des détachemens de différens corps qui faisaient ensemble environ deux mille hommes, auxquels il avait ordonné, si quelque émeute générale venait à éclater, de se retirer dans les forts. Le général Verdier, qui en avait le commandement, devait se borner à maintenir la communication entre la ferme d'Ibrahim-Bey, la citadelle et le fort Camin. Le général Zayoncheck commandait à Gisëh. Ces dispositions suffisaient pour donner au général en chef le temps de repousser le visir; mais le corps de mamelucks et d'Osmanlis qui s'était détaché pendant la bataille, s'était sans doute joint aux séditieux;

il était nécessaire de marcher au secours. Le général Lagrange reçut, en conséquence, l'ordre de s'y porter avec quatre bataillons, deux de la 25°, un de la 61° et un de la 75°. Il partit vers minuit, et bientôt après l'armée s'achemina vers Belbéis. La route était couverte de pièces de canon, de litières sculptées, de voitures à ressorts, et de bagages abandonnés. A chaque pas, c'était des débris, des traces d'une déroute, telle qu'on n'en vit jamais. Nous arrivâmes sur le déclin du jour. L'infanterie occupait les forts, la cavalerie en défendait les avenues.

La division Reynier fit halte devant la ville. Le général Friant obliqua sur la gauche, et l'artillerie ouvrit le feu ; mais les escadrons ennemis n'ont pas plus tôt aperçu qu'on cherche à les tourner qu'ils tournent bride et s'éloignent. La division Friant continue son mouvement, le général Belliard pénètre dans l'enceinte, chasse successivement les Turcs des points les plus avantageux, et les refoule dans l'un des forts, où ils se défendent le reste du jour. On emploie la nuit à faire les dispositions d'attaque ; mais les Turcs proposent de rendre la place, à condition qu'ils seront libres de rejoindre le visir, et d'emporter leurs armes. Cette dernière clause est rejetée. L'action s'engage et devient terrible ; mais les pertes qu'ils essuient, le manque d'eau qui les accable, ne leur permettent pas de prolonger une défense meurtrière. Ils se rendent à discrétion ; ils supplient le général en chef de leur permettre de se rallier au visir, et de laisser à quelques uns d'entre eux les armes nécessaires pour se défendre contre les Arabes. Il y consentit, et la place nous fut remise. Pendant qu'on s'occupait à les désarmer, un d'entre eux, animé par le désespoir et le fanatisme, s'écrie qu'il préfère la mort; et comme s'il eût été indigné de ne pas la recevoir, il s'avance contre le chef de brigade Latour, et lui tire un coup de fusil à bout portant. Tous ceux qui ont des armes les jettent aussitôt : *Nous ne méritons pas de les conserver*, disent-ils à nos soldats ; *notre vie est à vous*. Le coupable fut sur-le-champ puni de mort par nos grenadiers. On ne laissa des armes qu'aux chefs, et on fit prendre à la colonne la route de Saléhiëh.

Nous trouvâmes dix pièces de canon dans la ville et dans les environs, indépendamment de celles que nous avions laissées lors de l'évacuation. Parmi les premières, étaient deux pièces anglaises semblables à celles qu'on enleva à Aboukir, et qui portaient la devise : *Honni soit qui mal y pense*. Pendant que cela se passait, la cavalerie du général Leclerc battait l'estrade sur la route de Saléhiëh et dans l'intérieur des terres. Le 7ᵉ régiment de hussards ramena, le 1ᵉʳ au matin, quarante-cinq chameaux avec leurs conducteurs. L'escorte était composée de mameloukcs et d'Osmanlis, qui déclarèrent qu'ils étaient chargés de porter au Caire, à Nassif-Pacha et à Ibrahim-Bey, une partie de leurs bagages. Kléber ne douta plus que le visir n'eût chargé ces deux chefs de se mettre à la tête de la révolte. L'armée ottomane était considérablement diminuée par la perte qu'elle avait essuyée dans la bataille et la séparation des corps qui occupaient le Caire. Il ordonna en conséquence au général Friant de marcher sur cette ville avec le général Donzelot et cinq bataillons, dont deux de la 61°, deux de la 75°, un de la 25°, quelques pièces d'artillerie légère, et un détachement de cavalerie. Il le chargea de maintenir les communications entre tous les forts jusqu'à son retour, et lui recommanda d'éviter des attaques qui pouvaient nous causer des pertes trop considérables.

Cependant le général Reynier marchait sur Saléhiëh avec sa division, le 22° régiment de chasseurs et le 14° de dragons. Kléber suivait avec la brigade du général Belliard, les guides et le 7° régiment de hussards. A peine était-il en marche, qu'un Arabe, escorté par un détachement de notre cavalerie, lui remit une lettre, par laquelle le visir proposait d'arrêter la marche des deux armées, d'établir des conférences à Belbéis (il croyait l'armée française à El-Hanka) pour l'exécution du traité. Il faisait, après la bataille, les propositions qu'il avait rejetées avant qu'elle fût engagée. Le général renvoya la réponse au lendemain, et s'arrêta au village de Seneka, où il passa la nuit. Il se remettait en marche à la pointe du jour pour gagner Koraïm, où était Reynier, lorsqu'une vive canonnade se fit entendre en avant de ce village. Il crut ce général fortement engagé, ordonna au général Belliard de presser sa marche, et se porta en avant pour prendre part à l'action. Il n'avait avec lui que les guides et le 7ᵉ régiment de hussards. Arrivé sur les hauteurs de sable qui sont à quelque distance du village, il découvrit la division Reynier occupée à repousser, avec son artillerie, trois ou quatre mille cavaliers qui l'entouraient; mais à peine est-il aperçu, que le corps ennemi fait un mouvement subit et fond sur son escorte. Il fallait franchir l'intervalle qui le séparait du carré du général Reynier, ou recevoir la charge. Elle fut si impétueuse, que l'artillerie des guides n'eut pas le temps de se mettre en batterie. Les conducteurs sont taillés en pièces; la mêlée devient affreuse, chacun s'occupe de sa défense personnelle. Les habitans de Koraïm voyant cette petite troupe enveloppée, la croient perdue. Ils s'arment de lances et de fourches, et se joignent aux assaillans. Le danger est extrême; la position désespérée. Tout à coup le 24ᵉ de dragons paraît; le général reprend l'offensive, charge, culbute l'ennemi, qui laisse trois cents des siens sur la place. Il joignit alors le carré du général Reynier, auquel se réunit bientôt celui du général Belliard. Kléber, encore tout échauffé de ce terrible combat, fit venir l'Arabe qui lui avait apporté le message du visir, et lui remit sa réponse aux propositions du musulman : elle était courte et sévère. « Tenez-vous prêt à combattre, je marche sur Salêhiëh. »

La cavalerie ennemie s'était reformée sur ces

entrefaites, et semblait vouloir de nouveau tenter la charge. Leclerc fit ses dispositions et marcha à sa rencontre; mais elle n'osa l'attendre : elle se mit en fuite et disparut. L'armée reprit son mouvement, et s'avança sur Salêhiëh. Le soleil était ardent, le kamsin impétueux; on ne respirait pas; on suffoquait de chaleur, de soif et de poussière. Un grand nombre de bêtes de somme succombèrent dans cet affreux trajet. Les troupes étaient moins abattues : elles se flattaient de joindre les Ottomans; c'était une nouvelle occasion de gloire; l'espérance les soutenait. Le général lui-même partageait cette illusion; il pensait que le visir rallierait toutes ses forces, courrait toutes les chances plutôt que de se laisser rejeter dans le désert. Il se disposait, en conséquence, à livrer bataille le lendemain au point du jour, et fit halte à deux lieues de Salêhiëh. L'armée, qu'avaient rafraîchie quelques heures de repos, se remettait en marche pleine d'espérance et de joie, lorsque les habitans, accourus à sa rencontre, lui apprirent que la veille, à l'heure de l'aw (environ trois heures après midi), le visir était monté à cheval, et s'était perdu dans le désert avec une escorte d'environ cinq cents hommes, seules forces qu'il eût pu réunir. Il avait abandonné, dans sa frayeur, son artillerie et ses bagages. Jamais déroute n'avait été accompagnée de tant d'épouvante et de confusion. L'occasion de vaincre était perdue; mais l'ennemi avait vidé l'Égypte; le but était atteint. Les troupes continuèrent le mouvement, furent bientôt à Salêhiëh, et se répandirent dans le camp que l'ennemi nous avait cédé. C'était une enceinte d'environ trois quarts de lieue que couvraient des tentes placées sans ordre ou renversées. Ici était un coffre brisé ; là, des caisses encore pleines de vêtemens, d'encens et d'aloès ; plus loin, des pièces d'artillerie, des munitions, des selles, des harnais, et des outres qu'on n'avait pas eu le temps de remplir. Des amas de fer gisaient à côté des litières sculptées ; des outres à demi pleines, posaient sur des ameublemens de prix ; tout était confondu pêle-mêle ; c'était un désordre, une confusion, qu'on ne vit jamais que dans le camp des Turcs. Mais ce n'était déjà plus que les débris de l'immense proie que les Osmanlis avaient abandonnée aux Arabes. Ceux-ci, suivant l'usage, étaient accourus au bruit du combat, prêts à se jeter sur celle des deux armées qui serait défaite. Une partie s'était mise sur les traces du visir ; l'autre pillait son camp : ils s'éloignèrent à notre approche.

L'armée était exténuée ; le visir avait fui. On fit halte ; la cavalerie seule eut ordre de suivre les fuyards. Elle s'enfonça aussitôt dans les sables ; mais la route était couverte de débris, l'arrière-garde aux prises avec les Arabes. L'affaire était en bonnes mains, elle revint au camp.

L'armée étrangère était défaite, il ne s'agissait plus que de pacifier l'intérieur. Damiette était au pouvoir des Turcs, le Saïd obéissait à Dervich-Pacha, et presque tous les habitans de la Basse-Égypte étaient soulevés contre nous.

Le général Rampon, qui commandait à Menouf, se porta sur la première de ces places; Belliard s'avança sur Lesbëh, Lanusse parcourut le Delta inférieur, Reynier s'établit à Saléhiëh, pour prévenir le retour des troupes qui avaient été refoulées dans le désert, et dissiper celles qui s'étaient jetées dans la Charkié. Ces dispositions prises, Kléber se rendit au Caire avec la 88ᵉ demi-brigade, deux compagnies de grenadiers de la 61ᵉ, le 7ᵉ régiment de hussards, et les 3ᵉ et 14ᵉ dragons. Il fit jeter quelques obus dans Boulac, et entra par les jardins dans son quartier-général, qui était assiégé. Il apprit alors ce qui s'était passé dans la capitale.

La bataille d'Héliopolis n'était pas engagée, que l'insurrection éclatait à Boulac. Excités par quelques Osmanlis, les habitans arborent quelques drapeaux blancs, s'arment de fusils, de sabres qu'ils avaient tenus cachés, et se portent avec fureur contre le fort Camin, qui n'a que dix hommes de garnison. Le commandant tire à mitraille et les ébranle; mais ils se remettent, reviennent à la charge. Le quartier-général est obligé d'accourir au secours. Trois cents des leurs sont couchés dans la poussière; ils se retirent, se barricadent, et font feu sur les troupes françaises de quelque part qu'elles se présentent pour entrer dans la ville. Le peuple du Caire avait été moins impétueux. Dès que les premiers coups se firent entendre, il se porta hors de l'enceinte et attendit pour se décider quelle serait l'issue de la bataille. Il vit arriver successivement des corps de mameloucks et d'Osmanlis qui nous étaient échappés et assuraient que notre défaite était inévitable. Bientôt après Nassif-Pacha se présenta à la porte des Victoires. Il était accompagné d'Osman-Effendi, kyaya-bey, l'un des personnages les plus considérables de l'empire; d'Ibrahim-Bey, de Mehemet-Bey-El-Elfy, d'Hassan-Bey-Jeddaoui; en un mot, de tous les chefs de l'ancien gouvernement, excepté Mourâd. Ils annonçaient que nous avions été taillés en pièces, qu'ils venaient prendre possession de la capitale au nom du sultan Sélim, et y célébrer le triomphe de ses armes sur les infidèles. Ils étaient accompagnés d'environ dix mille cavaliers turcs, de deux mille mameloucks, et de huit à dix mille habitans des villages qui s'étaient armés. Personne ne douta plus de la victoire, chacun s'efforça de faire éclater sa joie. Les uns étaient charmés de voir triompher le Prophète, les autres avaient à faire oublier les liaisons qu'ils avaient eues avec les infidèles.

Nassif-Pacha profite de cet élan de la multitude, et se rend de suite au quartier des Francs. Il en fait ouvrir les portes, et pendant que deux négocians tombent à ses pieds en lui montrant la sauve garde du visir, la foule se jette dans l'enceinte. Elle force les maisons, pénètre dans les magasins, les comptoirs; pille, massacre, incendie. En quelques instans tout est détruit, égorgé; et ce quartier, tout à l'heure si florissant, n'est plus qu'un monceau de cendres.

Le pacha profite de l'exaltation publique et pousse la multitude sur nos soldats. Il en inonde la place, les avenues qui conduisent au quartier-général, et s'avance à la tête de ses troupes pour la soutenir. L'adjudant-général Duranteau n'avait pas deux cents hommes à opposer à ces flots d'ennemis; néanmoins, il tente une sortie, et les repousse. Déconcerté par cette résistance inattendue, Nassif fait occuper les maisons et appelle le peuple aux armes. On arbore des drapeaux blancs; on prêche; on remue toutes les passions : dans un instant la population entière est sur pied. On attaque les Cophtes; on massacre les Grecs, les Syriens; partout le sang ruisselle. On se porte à la police ; on saisit Moustapha-Aga et on l'empale. La populace regarde le supplice de ce magistrat comme le gage de l'impunité; elle applaudit, et se livre avec fureur à la sédition et au pillage. Sept soldats français se trouvaient auprès de Moustapha, lorsqu'il fut arrêté. Les séditieux se promettaient de les tailler en pièces, et réussirent à en mettre trois hors de combat; mais, percés eux-mêmes à coups de baïonnette, ils n'osèrent faire tête à ces braves, qui, attaquant, se défendant, emportant leurs blessés, arrivèrent enfin à la citadelle, après s'être débattus pendant une lieue, au milieu des flots qui les pressaient.

L'insurrection durait depuis deux jours, et les forces réunies des mameloucks, des Osmanlis et des séditieux, n'avaient pu triompher de la résistance de deux cents Français. Nassif-Pacha préparait une nouvelle attaque, lorsqu'il aperçut la colonne du général Lagrange qui arrivait d'El-Hanka. Il retire aussitôt ses troupes, rassemble quatre mille chevaux, et court à sa rencontre. Le général forme ses carrés, et ouvre la fusillade. Les assaillans se dispersent ; il continue son mouvement, et entre au quartier-général. Il apporta un secours aussi nécessaire qu'inattendu, et la première nouvelle de la victoire.

Le poste fut bientôt inexpugnable ; la citadelle et le fort Dupuy continuèrent à tirer sur la ville, qu'ils bombardaient dès les premiers instans de la révolte.

Nous fûmes cependant obligés d'abandonner successivement les maisons que nous occupions sur la place. Les insurgés s'avançaient aussi sur notre gauche, dans le quartier cophte. Ils prenaient les positions les plus propres à intercepter nos communications et à conserver celles qu'ils avaient au-dehors. Le général Friant arriva sur ces entrefaites avec cinq bataillons. Il repoussa l'ennemi sur tous les points ; mais les succès même qu'il obtint, lui firent sentir combien il était difficile de pénétrer dans l'intérieur de la ville, de quelque part qu'on se présentât. On trouva dans toutes les rues, et pour ainsi dire à chaque pas, des barricades de douze pieds en maçonnerie et à double rang de créneaux. Les appartemens et les terrasses des maisons voisines étaient occupés par les Osmanlis qui s'y défendaient avec le plus grand courage.

On mettait tout en œuvre pour entretenir l'erreur du peuple sur la défaite des Français. Ceux qui paraissaient en douter étaient livrés aux tortures ou emprisonnés. Les insurgés déployèrent une activité que la religion peut seule donner dans ce pays; ils déterrèrent des pièces de canon qui étaient enfouies depuis long-temps. Ils établirent des fabriques de poudre, parvinrent à forger des boulets avec le fer des mosquées, les marteaux et les outils des artisans. Ils formèrent des magasins de subsistances des provisions des particuliers, qui sont toujours très fortes; ceux qui portaient les armes ou qui travaillaient aux retranchemens, avaient seuls part aux distributions; les autres étaient oubliés. Le peuple ramassait nos bombes et nos boulets à dessein de nous les renvoyer; et comme ils ne se trouvaient pas du calibre de leurs pièces, ils entreprirent de fondre des mortiers, des canons, industrie extraordinaire dans ce pays, et ils y réussirent.

Le général Friant arrêta les progrès de l'ennemi, en faisant mettre le feu à la file des maisons qui ferment la place Esbekié, à la droite du quartier-général. Une partie du quartier cophte fut aussi incendié, soit par nous, soit par les insurgés.

Telle était la position du Caire lorsque Kléber s'y rendit. Nous n'avions qu'une très petite quantité de fer coulé à notre disposition; nous manquions surtout de bombes et d'obus. Toute entreprise partielle lui parut dangereuse; il se détermina à attendre le retour de nos munitions, celui des troupes du général Belliard, qui devait remonter au Caire aussitôt qu'il aurait occupé Damiette, et celui de la division Reynier, qu'il rappela; en même temps, il fit achever les retranchemens, établir une batterie et préparer des combustibles; il travailla aussi à diviser les insurgés, à les intimider, à répandre la défaite du visir. Il fit parvenir des lettres aux cheiks et aux principaux habitans du pays. Moustapha-Pacha, qu'il avait retenu, écrivit par son ordre à Nassif-Pacha et à Osman-Effendi. Les mameloucks, le peuple du Caire et les Osmanlis, dont les intérêts sont tout-à-fait opposés, ne restèrent pas long-temps unis. Nassif-Pacha, Othman-Kayaya et Ibrahim-Bey, effrayés de ces dispositions, qu'ils ne pouvaient contenir, firent des ouvertures, et la capitulation fut arrêtée.

Elle leur était avantageuse sous bien des rapports, cependant elle ne fut pas exécutée. Ceux des habitans qui avaient excité et entretenu la sédition craignirent de rester exposés à notre vengeance, qu'ils jugeaient devoir être terrible comme elle l'est toujours dans l'Orient. Ils soulevèrent de nouveau la populace, firent distribuer de l'argent, des subsistances, et ordonnèrent des prières publiques; les femmes et les enfans arrêtaient les janissaires, les mameloucks; les conjuraient de ne pas les abandonner, et leur reprochaient leur désertion. D'un autre côté, les notables de la ville parvinrent à rapprocher plusieurs chefs de mameloucks et d'Osmanlis, parmi lesquels le général Kléber avait semé la dissension;

les janissaires refusèrent de livrer les portes, et les hostilités recommencèrent sur tous les points.

Les circonstances étaient difficiles; nous n'avions pu assembler les ressources dont nous disposions, et nous étions obligés de ménager la place. Il fallait la réduire, mais par des moyens qui ne compromissent ni l'armée ni la population. Le Caire nous était indispensable, sa ruine eût fait dans l'Orient une impression fâcheuse; Kléber résolut de tout tenter avant de recourir à une attaque de vive force pour le soumettre. Mourâd-Bey jouissait d'une haute estime parmi les siens : le courage, la constance, le génie de ressources qu'il avait déployés dans cette lutte inégale, avaient encore accru la réputation que lui avait faite ses anciennes victoires. Les intelligences qu'il entretenait avec les Français devaient exercer une haute influence sur l'opinion; c'était un aveu d'impuissance, de lassitude, dont l'effet moral pouvait calmer l'exaltation populaire; le général en chef s'en prévalut avec habileté : il laissa percer le secret des négociations, et fit répandre les rapports, les communications qu'il avait depuis long-temps avec Mourâd.

Surpris à Sédiman par Zayoncheck, qui lui enleva sa tente, ses bagages; poursuivi par le général Belliard, qui le poussa à toute outrance au milieu du désert, ce bey s'était décidé à traiter. Il avait obtenu une trêve, et s'était retiré à Benesëh, où il se remettait de ses fatigues, lorsque le visir l'appela dans son camp. Il connaissait la perfidie des Turcs;

il délibéra long-temps s'il devait s'y rendre ; une autre considération le retenait encore. Il s'était rapproché des Français, leur loyauté ne l'avait pas moins charmé que leur bravoure ; il sentait que sa vie, sa puissance, couraient moins de risques avec eux qu'avec les Osmanlis : il ne voulut pas joindre les pachas sans consulter le général Kléber. Mais aucune rupture n'avait encore éclaté, celui-ci ne crut pas devoir gêner ses déterminations ; il lui répondit que sous les tentes du visir comme sous les siennes, il ne voyait jusqu'à présent que des amis ; qu'il pouvait, s'il le jugeait convenable, réunir ses troupes à celles que commandait Youssef.

Les hostilités ne tardèrent pas à devenir inévitables. La face des choses était changée, Kléber résolut de s'assurer des dispositions de Mourâd-Bey. Il chargea le président de l'Institut, Fourier, de faire les ouvertures ; elles furent accueillies. Setty-Fatmé, qui avait passé des bras d'Aly-Bey dans ceux de Mourâd, et dont la maison était depuis trente ans le seul asile qui fût ouvert aux malheureux, se chargea de les transmettre au bey. Elle ne dissimula pas combien il était disposé à traiter ; mais elle craignait qu'on eût trop attendu, que Mourâd, qui était dans la matinée à quatre lieues du Caire, ne s'en fût éloigné. Il était encore sur les bords du Nil ; l'émissaire de Fatmé le joignit et ne tarda pas à rapporter sa réponse. Elle était précise : « Si les Français consentent à livrer bataille au visir, j'abandonne les Turcs pour me joindre à eux ; mais tant que la rupture sera incertaine je ne puis m'engager à rien. » Kléber, charmé de sa franchise, se borna à lui demander de ne prendre aucune part à l'action. Il y consentit, rassembla ses mameloucks, au moment où l'on se disposait à en venir aux mains, et gagna la rive droite du Nil. Ibrahim le sollicita vainement de se joindre à lui pour se jeter dans le Caire ; il fut sourd à ses instances, et alla s'établir à Tourah Les négociations en étaient à ce point, lorsque Nassif-Pacha et Ibrahim-Bey refusèrent d'exécuter la capitulation qu'ils avaient consentie. Osman-Bey-Bardisy fut chargé de les suivre. « Vous déclarerez aux Français, lui dit Mourâd, que je m'unis à eux, parce qu'ils m'ont mis dans l'impossibilité de continuer la guerre. Je demande à m'établir dans une partie de l'Égypte, afin que s'ils la quittent, je m'empare, avec les secours qu'ils me fourniront, d'un pays qui m'appartient et qu'eux seuls peuvent m'enlever. » C'est à cela que se réduisaient ses instructions. Kléber lui répondit avec la même franchise ; il lui garantit qu'il ne serait plus inquiété par nos troupes, et qu'après les intérêts de l'armée qui lui était confiée, il n'aurait rien de plus cher que ceux des mameloucks. Ces conditions furent agréées, des conférences s'établirent au quartier-général, et furent souvent interrompues par le bruit des pièces qui tonnaient sur le Caire : enfin, le traité fut conclu. Mourâd-Bey, suivant son expression, devint sultan français, et alla prendre possession des provinces qui s'étendent des cataractes à Kenëh. Il nous expédia aussitôt des convois de subsistances, désarma les Osmanlis qui s'étaient rassemblés dans son camp, et ne cessa d'entretenir des intelligences qui préparèrent la capitulation. Peu satisfait néanmoins de la lenteur avec laquelle elles opéraient, il proposa à Kléber d'incendier la place, et lui envoya même des barques chargées de roseaux. Son intervention fut plus prompte et plus efficace sur les peuplades de la Haute-Égypte. Derwich-Pacha, qui, en vertu de la convention d'El-A'rych, était allé prendre le commandement des provinces qu'elles habitent, les avaient soulevées à la nouvelle de la rupture, et s'avançait sur le Caire à la tête d'un rassemblement nombreux. Mourâd expédia des ordres aux villages; les fellâhs furent rappelés. Le bey reçut sur ces entrefaites l'ordre de dissiper les bandes qu'avait insurgées le pacha; la chose était faite, il se borna à répondre à Kléber que ses intentions avaient été prévenues, que Derwich avait déjà perdu les deux tiers de ses gens : « Au reste, ajouta-t-il, faites-moi savoir si vous demandez sa tête ou si vous exigez seulement qu'il quitte l'Égypte. » C'était en effet tout ce que voulait le général en chef; il ne tarda pas à être satisfait, Derwich repassa en Syrie.

Les Turcs n'étaient pas plus heureux dans le Delta. Douze à quinze mille d'entre eux s'étaient jetés à Damiette, et en occupaient les forts, les arsenaux. Le général Belliard, chargé de les suivre à la tête de douze cents hommes, les joint, les culbute, leur enlève quatorze pièces de canon et les disperse. Les habitans, stupéfaits de sa victoire, accoururent au-devant de lui et implorèrent sa clémence; mais ils s'étaient portés à mille excès; ils avaient pris les armes, outragé les Français, brûlé le général en chef en effigie; il les renvoya à Kléber, qui leur imposa une contribution de 200,000 francs; correction bien légère en comparaison de celle qu'ils attendaient.

Maître de cette place importante, le général Belliard s'avança sur Menouf, calmant, pacifiant cette population farouche que le fanatisme avait soulevée. L'adjudant-général Valentin obtenait le même résultat devant Méhallé-el-Kebiré, et marchait sur Senrenhoud, dont les habitans, plus opiniâtres, refusaient de se soumettre au vainqueur. Il somme la place de rendre les armes; on lui répond que c'est par ordre du visir qu'on les a prises, qu'on ne reconnaît d'autres firmans que ceux du grand-seigneur. Il fait ses dispositions; l'ennemi croit qu'il se retire, et fond sur lui par toutes les issues; mais tourné, accablé, rompu, il est obligé de demander grâce, et se rend à discrétion. Tantah éprouve le même sort. Nos colonnes vont, viennent, parcourent le Delta et font tout rentrer dans l'ordre. Cependant le siége du Caire se poussait avec vigueur. Reynier était arrivé avec une partie de ses troupes; on avait reçu quelques munitions, la place était resserrée de tous côtés. Le général Almeiras reçut ordre d'attaquer le quartier cophte : il s'y porta à l'entrée de la nuit, força les maisons, enfonça les barricades qui abritaient l'ennemi, pénétra fort avant, et s'établit la gauche au mur du rempart et la droite à la hauteur de nos postes sur la place Esbekié. Les Turcs revinrent à la charge; mais enfoncés, battus sur tous les points, ils se retirèrent en nous laissant quatre drapeaux dans les mains. Nos communications furent dès-lors plus promptes et plus rapides; elles s'étendaient directement d'une extrémité de la ligne à l'autre. Elles devinrent encore plus faciles par le succès qu'obtint le général Reynier. Les insurgés avaient retranché près du fort Sulkowski un santon qui nous incommodait beaucoup. Il l'enleva; et profitant de l'effroi qu'il avait jeté parmi les Turcs, il attaqua, força les maisons qu'ils défendaient, et livra aux flammes toutes celles qui n'étaient pas nécessaires à la sûreté du poste qu'il avait emporté.

A la droite, les travaux ne se poussaient pas avec moins d'activité. On voulait se mettre en mesure de faire une attaque combinée qui commencerait par les ailes et se propagerait jusqu'au centre, en avant de notre position. En conséquence, un détachement du régiment de dromadaires que soutenait une compagnie de grenadiers, se porte brusquement sur la droite de la place Esbekié, attaque la maison qu'avait occupée la direction du génie s'en empare, et s'y retranche sous une grêle de balles.

Le feu continuel que la citadelle et les forts étaient obligés de faire, pour seconder des attaques si vives et si multipliées, eut bientôt épuisé nos munitions. L'ennemi s'en aperçut, et profita de cette circonstance pour échauffer le peuple, dont l'ignorance et le fanatisme se prêtaient à toutes les séductions que les chefs imaginaient. Nous étions aux dernières extrémités, nous manquions de poudre, de subsistances; nous allions être à la merci des croyans. C'était des prédications, des chants, tout ce qui pouvait exalter la multitude. Mais nous avions reçu des munitions, le général Belliard nous avait joints; nous nous soucions peu des secours qu'ils attendaient du ciel. Ils s'imaginaient que nous n'osions attaquer Boulac, que nous étions trop faibles pour le réduire, que nous ne pourrions arriver à eux. L'idée qu'ils avaient de nos forces était de nature à prolonger la défense, Friant fut chargé de les détromper. Il cerna, investit Boulac, et le somma d'ouvrir ses portes. Malheureusement, il offrit de tout oublier, de ne rechercher personne; on le crut hors d'état de sévir, on refusa de se soumettre. Le général Belliard, qui conduisait l'attaque résolut, de faire encore une tentative. Les Orientaux n'obéissaient qu'à la force : il la déploya, ouvrit un grand feu d'artillerie et essaya une dernière sommation. Elle fut aussi vaine que les premières. Les insurgés voyant qu'on parlemente encore, reviennent de l'effroi que leur a causé ce déluge inattendu de projectiles. Ils se retranchent, se barricadent, occupent tous les créneaux qu'ils ont ouverts, et répondent par une fusillade meurtrière. Le général, outré de cette obstination, ne les ménage plus; la charge bat, les soldats s'ébranlent; les retranchemens, les redontes, tout est emporté. En vain l'ennemi se jette dans les maisons; les flammes, la baïonette, courent sur sa trace; il est brûlé, mis en pièces : ce n'est partout que sanglots, que désespoir. Le général accourt au milieu de cet affreux désordre; il veut sauver cette aveugle population, il lui offre la vie, l'oubli du passé; elle lui répond par des cris de fureur. Le carnage recommence alors, le sang coule à flots, et cette cité populeuse n'est bientôt qu'un monceau de cadavres et de cendres. Tout est dissipé, tout est vaincu; il n'y a plus de résistance possible; les chefs des corporations accourent auprès du général et se mettent à sa disposition. Aussitôt le carnage cesse, les hostilités s'arrêtent et l'armistice est proclamé.

Boulac était réduit, le Caire détrompé, Kléber résolut de mettre à profit l'impression qu'avait dû produire cette exécution sanglante; mais la pluie survint, nous fûmes obligés d'ajourner nos apprêts. Le temps néanmoins ne tarda pas à se remettre au sec. Les bois, les toitures, perdirent l'eau dont ils s'étaient chargés; nos moyens d'incendie avaient repris toute leur force, nous fîmes nos dispositions. Les Turcs s'étaient retranchés dans les maisons qui avoisinent la place Esbekié. Ils avaient placé de l'artillerie dans les unes, établi des postes dans les autres, et crénelé avec soin le palais Setty-Fatmé, où s'appuyait leur gauche. C'était là que s'organisaient les sorties, là que se formaient les colonnes qui venaient chaque jour assaillir le quartier-général. Ce fut aussi là qu'on résolut de commencer l'attaque. Tentée de front, elle eût été meurtrière, on recourut à l'art; on découvrit, on mina l'édifice, hommes et bâtimens tout eut bientôt disparu. Les troupes s'ébranlent aussitôt; l'action s'engage, devient générale; partout on lutte avec fureur. Culbutés à la droite par le général Donzelot, les Osmanlis sont rompus au centre par le général Belliard, qui les cerne, les replie, les pousse de rue en rue, lorsqu'une balle l'atteint et le met hors de combat : cet accident rend la poursuite moins ardente. Les insurgés se forment de nouveau et menacent de revenir à la charge. Mais le général Reynier a forcé la porte Bab-el-Charyëh, l'incendie et la mort courent sur ses pas. Toute espérance est désormais perdue. Nassif-Pacha s'éloigne; il cherche à sauver sa cavalerie, suit les détours, s'engage, pousse à travers les décombres, et se croit hors de danger, lorsqu'il trouve au débouché d'une rue, une compagnie de carabiniers qui le reçoit à bout portant. Il essaie de se faire jour, mais ses efforts sont inutiles; il n'échappe à la mort qu'en abandonnant son cheval pour se jeter dans les maisons voisines, d'où il gagne les quartiers qu'occupent encore les siens. Une partie des Turcs était couchée dans la poussière, le reste avait fui; il n'y avait plus qu'une batterie qui continuât le feu. Les carabiniers, qui marchaient contre elle lorsqu'ils s'étaient trouvés en présence du pacha, reprennent leur mouvement, escaladent les mosquées, franchissent les terrasses, arrivent à la tour où sont les pièces et les enclouent.

Les Osmanlis étaient accablés; ils n'avaient pu défendre leurs retranchemens ni leurs murailles; l'élite de leurs troupes avait succombé, la ville était en feu; ils ne s'abandonnaient plus aux vaines espérances dont ils s'étaient bercés. D'un autre côté, les cheiks, qui n'avaient cessé d'être en relation avec le général en chef, insistaient auprès des pachas sur les dangers d'une plus longue résistance. Ils leur représentaient qu'inutile au visir, cette lutte pesait au peuple, dont elle compromettait la vie et la fortune. Osman-Bey-Bardisy, que Mourâd avait dépêché à Ibrahim, joignit ses instances à celles des cheiks. Il offrit la médiation de son chef aux insurgés, et les pressa vivement de rendre la place. Ils y consentirent, mais à des conditions telles que le bey ne voulut pas les transmettre au général Kléber, et se contenta de lui adresser les deux officiers qui en étaient porteurs. Le général les reçut en présence de son état-major, écouta patiemment les propositions qu'ils étaient chargés de lui faire, et les conduisant à l'embrasure d'une croisée, il leur montra l'incendie du Caire et les ruines de Boulac.

Ce fut toute sa réponse. Il prit ensuite à part l'envoyé d'Ibrahim, et lui donna connaissance du traité qu'il avait conclu avec Mourâd. Le bey fut stupéfait. On put juger à son étonnement de l'effet que cette transaction produirait dans la place dès qu'elle y serait connue.

Les deux envoyés se retirèrent, et ne tardèrent pas à reparaître avec des propositions moins incompatibles avec l'état des choses. Ils sollicitèrent une suspension d'armes; le général refusa. Ils insistèrent, et demandèrent que du moins on ne fît pas d'attaque aussi vive que l'avait été la dernière. Ils déploraient ces actions sanglantes, et prétendaient qu'à la veille de s'entendre, comme on l'était, sur l'évacuation du Caire, elles n'avaient plus d'objet. Kléber examina, modifia le projet de capitulation qu'ils lui présentaient, et leur permit de visiter ceux de leurs compatriotes que le général Belliard avait faits prisonniers à Damiette. Ils apprirent de leur bouche les défaites qu'ils avaient essuyées, le désastre du visir, et la reprise de toutes les places de la Basse-Égypte. Cette entrevue les rendit plus humbles; ils allèrent porter au Caire la consternation dont ils étaient frappés. On résolut de l'augmenter encore; on marcha aux retranchemens dès que la nuit fut close; on les força, on culbuta ceux qui les défendaient, on ne s'arrêta que lorsque tout fut débusqué. L'attaque ne tarda pas à se rallumer; mais le jour commençait à poindre, Osman-Aga accourut avec la capitulation revêtue de la signature de Nassif-Pacha.

Les hostilités cessèrent, les otages furent échangés, et nos postes établis sur le canal, depuis la Prise d'eau, jusqu'à la porte Bal-el-Charyëh.

Les Turcs se mirent aussitôt en mesure d'évacuer la place, et se retirèrent enfin emmenant avec eux les principaux chefs de l'insurrection. Trois à quatre mille habitans les suivirent aussi, et se dispersèrent dans les villages pour se soustraire à la vengeance des Français, dont ils se faisaient une idée monstrueuse.

Le général avait cependant promis de n'en exercer aucune; il avait même garanti paix et protection à tous ceux qui retourneraient tranquillement à leurs travaux. Il se réservait une satisfaction mieux entendue; c'était d'imposer le commerce, de faire contribuer les riches, et d'en tirer les moyens de faire face aux besoins de l'armée.

Le général Reynier, chargé d'escorter les Turcs jusqu'à Salêhieh, retira ses troupes de la porte des Victoires, afin d'éviter de leur donner ombrage. Il ne prit avec lui qu'un régiment de cavalerie, se rendit à la Koubbé, où l'attendaient les Osmanlis; il se mit en route avec cette escorte, suivi à une assez longue distance par toute sa division. L'ennemi ne cacha pas la frayeur que lui causait ce redoutable voisinage; mais il éprouva bientôt que nos soldats ne sont pas moins généreux après la victoire, que terribles au milieu du feu, et cessa de s'abandonner aux alarmes qu'ils lui causaient. Nassif-Pacha surtout ne revenait pas de l'ordre, des égards qui présidaient à la marche. Ibrahim-Bey n'était pas moins étonné ; ils ne pouvaient concevoir cette subordination qui fait la force des armées européennes, et témoignaient à l'envi l'admiration, la reconnaissance qu'elle leur inspirait.

Ibrahim, fatigué des revers d'une guerre qui ne lui offrait ni espérances ni compensations, s'était laissé ébranler par l'exemple de Mourâd; il avait témoigné au général Kléber le désir d'obtenir les conditions qu'avait acceptées son rival, et devait se séparer des Turcs dès qu'il aurait atteint la lisière du désert. Il était muni d'un passe-port du général en chef, qui l'autorisait à gagner la Haute-Égypte. Mais, soit crainte, soit répugnance, il ne se sépara pas de Nassif-Pacha, comme il s'était engagé à le faire, dès qu'il serait parvenu à Belbéis ou à Salêhiëh, et repassa en Syrie.

Pendant que nous étions aux prises avec les Turcs, les Anglais avaient débarqué à Souez, où ils s'étaient établis avec des troupes, de l'artillerie. Informé de cette occupation par Mourâd, Kléber résolut de jeter les insulaires à la mer, et fit marcher contre eux, dès qu'il eut emporté Boulac. Le chef de brigade Lambert et l'adjudant-général Mac-Sheedy allèrent les chercher à la tête d'un détachement de la 21ᵉ légère, d'une compagnie de grenadiers de la 32ᵉ de ligne, de cent dromadaires, d'un détachement de dragons, de quelques sapeurs, et de trois pièces d'artillerie légère.

Mac-Sheedy, qui avait déjà commandé Souez,

avait ordre de reprendre le commandement de la place, et Lambert de ramener les troupes qui ne seraient pas nécessaires pour la conserver. Cette colonne cheminait à travers les sables, et était près d'atteindre le fort d'Adgeroud, lorsqu'elle rencontra Osman-Bey-Hassan avec plusieurs kiachefs, des mameloucks et des Arabes, au nombre d'environ deux cents. Le bey venait de Ghazah; il avait passé par Souez pour s'entendre avec les Anglais, et les engager à l'accompagner au Caire, où il allait rejoindre Ibrahim-Bey, pour l'aider, disait-il, à exterminer les Français qui souillaient encore cette capitale. La fusillade s'engagea; mais la nuit était épaisse; les mameloucks perdirent quinze à vingt hommes, et échappèrent à la faveur des ténèbres qui ne permettaient pas de les poursuivre. Nous continuâmes; nous espérions joindre les Anglais qui occupaient Souez avec cinq cents nationaux, et sept à huit cents Mekkins; mais Smith avait déjà donné l'éveil à l'officier qui les commandait. L'artillerie avait été embarquée, les troupes européennes étaient à bord et n'avaient laissé sur le rivage que des postes insignifians. Tel était l'état des choses, lorsque quatre mameloucks, échappés à la rencontre d'Adgeroud, vinrent annoncer que nous approchions. Toujours prodigue de déceptions, l'Anglais blâme la frayeur qui les emporte; il proteste que l'armée française est détruite, que le détachement est un ramassis de fuyards qu'il livre au glaive des Mekkins, et regagne son vaisseau.

Cependant, la colonne arrive devant Souez. Les dromadaires se portent sur la montagne de Kalyoumëh, les grenadiers de la 32ᵉ tournent la place, interceptent la mer, et empêchent les bâtimens marchands de sortir du port. Ces dispositions faites, on marche à l'ennemi; on l'attaque, on l'enfonce, on entre pêle-mêle avec lui dans la ville, on s'empare de tous les forts. Cette journée mit le complément aux succès qui nous assuraient de nouveau la possession de l'Égypte.

Les Anglais essayèrent d'empêcher les bâtimens de commerce de rentrer dans le port, d'où le combat les avait éloignés. Ils en incendièrent même un qui avait échoué hors de portée de canon et en détruisirent huit autres qui cherchaient à regagner la place. Cette conduite atroce envers des hommes qui, la veille, se battaient pour eux, nous rallia les habitans. Tout étonnés de la bienveillance que nous leur témoignions, ils ne savaient ce qu'ils devaient admirer le plus, de la générosité de leurs vainqueurs, ou de la perfidie de leurs alliés.

L'expédition terminée, le chef de brigade Lambert ramena une partie des troupes au Caire, que les Osmanlis venaient d'évacuer. Les palissades, les fortifications dont ils l'avaient coupée, furent aussitôt détruites, et l'armée se réunit dans la plaine de la Koubbé. Elle reçut les éloges de Kléber, exécuta diverses manœuvres, qui firent l'admiration des beys Osman-El-Bardisy et Othman-

El-Achâr; elle défila ensuite, et fit une entrée triomphante, au bruit répété des décharges de l'artillerie des régimens et des forts, qui célébraient à l'envi les succès que nous avions obtenus. La population ne resta pas étrangère au spectacle qui était étalé sous ses yeux; elle s'était répandue dans la plaine, elle couvrait les terrasses, les avenues, et suivait avec émotion les ploiemens et les déploiemens qui lui avaient été si funestes.

L'Égypte était pacifiée, les pachas avaient repassé le désert; Kléber put se livrer tout entier à sa solitude administrative. Le Caire et Boulac attendaient avec anxiété les châtimens qu'il réservait à leur révolte. Cette disposition se prêtait aux mesures qu'il méditait; il frappa le commerce, fit contribuer les riches, et imposa ces deux places à 12 millions. Elles s'attendaient à beaucoup plus; elles acquittèrent avec joie une contribution que, dans leurs mœurs orientales, elles regardaient comme une vengeance bien légère pour le mal qu'elles nous avaient fait. Elle suffit néanmoins pour solder l'arriéré, aligner la solde, et mettre le général à même d'attendre la saison du recouvrement; mais ce n'était pas assez d'être au pair; il fallait s'assurer, se créer des ressources, se faire un fonds de réserve, élever, en un mot, la recette au-dessus de la dépense. Ce fut là que tendirent les efforts de Kléber. Il prit connaissance de toutes les sources du revenu public; il s'adressa à tous ceux qui en avaient fait une étude spéciale, demanda, recueillit partout des lumières, et acquit bientôt la preuve qu'une partie des contributions nous échappait. Il mit fin à cet abus, fit rentrer dans les caisses de la colonie tout ce que la perception en détournait, et se trouva bientôt dans la situation la plus prospère. Il pourvut alors à ce qu'exigait la défense du pays qu'il occupait; il répara, étendit les fortifications qui existaient déjà, et en éleva de nouvelles dans les lieux où le besoin s'en était fait sentir: les places, comme la capitale, les côtes, comme le désert, se couvrirent également d'ouvrages. Les chances de l'agression extérieure étaient diminuées, et celles de l'attaque intérieure n'existaient plus. Nous avions formé, avec le seul parti qui pût la tenter, une alliance d'autant plus durable, qu'elle était utile à l'un et nécessaire à l'autre; elle était nécessaire aux mameloucks, parce qu'elle seule pouvait leur assurer une existence tranquille, et les faire jouir d'un repos dont deux ans de guerre continue leur avaient révélé tout le prix; elle nous était utile par l'effet moral qu'elle produisait sur les indigènes. Nous avions battu le visir; Mourâd s'honorait du titre de sultan français. Le peuple, qui voyait notre prise de possession sanctionnée par la victoire et par celui qui l'avait si long-temps combattue, la jugeait irrévocable, et s'accoutumait à regarder l'Égypte comme nous étant bien acquise. Ces dispositions avaient encore un autre avantage; elles nous donnaient le moyen de faire des recrues parmi les naturels, de réparer les pertes que nous éprouvions. Déjà la légion grecque, qui, au départ de Bonaparte, était encore peu nombreuse, comptait deux mille hommes dans ses rangs. Elle avait ses grenadiers, ses canonniers, son artillerie de campagne, et avait fait preuve de bravoure pendant le siége du Caire. Une nouvelle compagnie de Syriens s'était formée ; on avait aussi organisé des mameloucks de la même nation, et appelé les Cophtes sous les drapeaux. Tous les corps s'organisaient, se disciplinaient, et promettaient de rivaliser avec les demi-brigades, dont ils admiraient la bravoure. L'armée, la colonie, tout prenait une face nouvelle, lorsque Kléber tomba sous les coups d'un assassin.

FIN DES MÉMOIRES DU MARÉCHAL BERTHIER
SUR LA CAMPAGNE D'ÉGYPTE.

TABLE DES MATIÈRES

CONTENUES

DANS CE VOLUME.

	Page.
Avertissement.	
NOTICE SUR BERTHIER..........................	v
Expédition d'Égypte.	1
Débarquement des Français en Égypte. — Prise d'Alexandrie...	ibid.
Marche de l'armée française au Caire. — Bataille de Chebreisse. — Bataille des Pyramides................	9
Combat de Saléhieh. — Ibrahim-Bey est chassé de l'Égypte...	22
L'armée marche en Syrie. — Affaire de El-A'rych. — Bataille du mont Thabor.—Prise de Ghazah et de Jaffa.	27
Siége de Saint-Jean-d'Acre........................	56
Expédition dans la Haute-Égypte..................	104
Combat de Souhama..............................	130
Combat de Copthos. — Assaut du village et de la maison fortifiée de Benout................................	133
Combats de Bardis et de Girgé....................	140
Combat de Géhémi................................	142
Combat de Bénéadi................................	144
Combat de Sienne.................................	148
Bataille et siége d'Aboukir........................	147
Dispositions de Bonaparte avant de quitter l'Égypte. — Motifs qui le déterminent, etc....................	165
Commandement de Kléber........................	187
Des mesures qu'il prend pour assurer la défense et calmer la population.....................................	ibid.

TABLE DES MATIÈRES.

PIÈCES JUSTIFICATIVES..................... *Page* 221
Fragmens de la correspondance de l'état-major......... *ibid.*
Kléber hasarde une nouvelle tentative auprès du visir... 235
PIÈCES JUSTIFICATIVES......................... 276
Réponse du grand-visir, à la lettre qui lui a été écrite par le général en chef Kléber, le 5ᵉ complémentaire an VII, apportée le 1ᵉʳ brumaire an VIII par le trésorier de Moustapha-Pacha, prisonnier au Caire............ *ibid.*
ARTIFICES DE SIDNEY........................... 297
Insurrection. — Prise d'El-A'rych................ *ibid.*
PIÈCES JUSTIFICATIVES........................ 316
NÉGOCIATIONS DE SALÉHIEH..................... 330
Les Français consentent à évacuer l'Égypte........... *ibid.*
PIÈCES JUSTIFICATIVES........................ 357
LES ANGLAIS REFUSENT D'EXÉCUTER LA CONVENTION D'EL-A'RYCH................................. 386
Bataille d'Héliopolis............................ *ibid.*

FIN DE LA TABLE.

DE L'IMPRIMERIE DE CRAPELET,
rue de Vaugirard, n° 9.

www.ingramcontent.com/pod-product-compliance
Lightning Source LLC
Chambersburg PA
CBHW051819230426
43671CB00008B/769